成年後見における
意思の探求と日常の事務
事例にみる問題点と対応策

松川 正毅 [編]

日本加除出版株式会社

推薦の言葉

「成年後見における意思の探求と日常の事務―事例にみる問題点と対応策―」の発刊に寄せて

　近畿司法書士会連合会は，近畿二府四県の司法書士会で構成する団体です。

　当会では，平成18年に日本司法書士会連合会が始めた大学等との学術交流事業を引き継ぎ，現在，後見分野・ADR分野・民事法分野・企業法務分野についてそれぞれ各大学と提携し研究会を組織し，各司法書士会に所属している司法書士を研究員として派遣し，研究を実施しているところです。

　本書は，大阪大学大学院高等司法研究科の松川正毅教授の御指導の下，成年後見業務に取り組んでいる司法書士が，成年後見等事務の執務を行うに際して様々な問題や疑問を持った事項について，各研究員がそれぞれ研究を行い，研究会での発表・議論を踏まえたものを，松川教授の助言を得ながら取りまとめたものです。

　本書は，実務に即した事項を内容としており，成年後見事務に取り組んでいる司法書士をはじめとする成年後見等の事務に携わられる方の執務の参考となり，有用な示唆を与えるものであると考えています。多くの方々に広く利用され，成年後見事務がより良いものとなることを願う次第です。

2015年12月

　　　　　　　　　　　　　　　　　近畿司法書士会連合会
　　　　　　　　　　　　　　　　　理事長　中　谷　豊　重

推薦の言葉

　わが国は，昨年1月に，「障害者の権利に関する条約」を批准しました。この条約は，今まで障害者を保護する対象として把握しがちであった点を変革し，障害者を権利の主体として，「私たち抜きに私たちのことを決めないで！」（Nothing about us without us！）というスローガンの下，障害者の自己決定を可能な限り支援することを高らかに宣言した内容となっています。

　わが国の成年後見制度はこの条約に適合していないのではないかと指摘する声もあり，いずれ，わが国の成年後見制度の見直しが具体的な課題となる時が来るものと思っています。さらに，この条約のいう障害者の意思決定支援という概念が，代理又は代行意思決定を一切認めない趣旨であるのか，それとも一定の範囲で代理又は代行意思決定も認める趣旨なのかについても，見解が分かれています。しかし，いずれの見解を採用するにせよ，高齢者・障害者本人の意思決定をできる限り支援し，本人の自己決定を尊重する方向をめざしていくべきことに変わりはありません。

　ところで，当法人は，昨年5月に，「後見人の行動指針」をわが国で初めて策定し公表しました（当法人のホームページに掲載しております）。「障害者の権利に関する条約」の理念にも目を向けつつ，わが国の成年後見制度の下，可能な限り，本人の自己決定を尊重して後見事務を遂行することを後見人の行動指針の根幹に置きました。

　本書の各論述の基調をなすものは，成年後見人としての実践を通した日々の悩みである，本人の保護をはかりつつも，本人の自己決定をいかに尊重していくかという点にあるのだろうと思いました。各論述は，「障害者の権利に関する条約」の理念や当法人の「後見人の行動

指針」に繋がるものとして，大いなる意義を有するものであると思っています。

　本書出版の母体となっている成年後見分野研究会は，平成18年10月から，当初は日本司法書士会連合会の大学提携事業として，現在は近畿司法書士会連合会の大学提携事業として，ほぼ毎月１回の例会を継続して開催してきました。大阪大学大学院高等司法研究科の松川正毅教授のご指導を受け，近畿各府県から成年後見実務の経験豊富な当法人の会員である司法書士等が集い研鑽する中で，平成23年２月には，「成年後見における死後の事務」を出版し，本書は，その姉妹編ともいえる書物であって，その後の研究の成果として出版されたものです。まさに，「継続こそ力なり」の言葉が当てはまるこの研究会の努力の賜物です。

　本書が，成年後見の実務家にとって，日々の成年後見事務を遂行する中で，本人の自己決定と本人保護との間で多くの悩みを持たれながらも，高齢者・障害者が自らの意思に基づき安心して日常生活を送ることができるように支援する上で，多くの示唆を与えてくれるものと確信しております。

　そして，本書が，成年後見制度が誰でも安心して利用でき，利用者の生活の質の維持・向上そして権利の擁護に寄与する制度となるための一助となりますように祈念しまして，私の推薦の言葉といたします。

2015年12月

　　　　　　　　公益社団法人成年後見センター・リーガルサポート
　　　　　　　　　　理事長　多　田　宏　治

は　し　が　き

　本書は，平成18年から大阪大学にて開催されている成年後見分野研究会の研究成果である。司法書士の有志とのこの研究会も間もなく10年を迎えようとしている。すでに平成23年に「成年後見における死後の事務」と題して，研究成果を公刊している。これが研究会の第一番目の成果である。本書は，その後の研究成果をまとめた第２弾である。

　後見事務に当たっては，被後見人の意思の尊重が，重要であるとの条文が民法典の条文の中にある。しかし，事理弁識能力がないとされている後見において，被後見人の意思を探ることは，どのようにしてできるのだろうか。事理弁識能力がなくても，人の意思は存在しているのは確かである。わが国の実務の現場は，被後見人の意思を探りながら，その実現に努力していることが，本書に収めた研究報告から伝わってくる。しかし，場合によっては，意見の食い違う場合もあり，このようなときに，本人の意思の実現を図るのか，一般的な正当性を求める事務を遂行するのかで，判断に迷うことがあろう。

　後見では，理論的に，本人が代理行為をコントロールすることが不可能である。このような場合に，事務に如何にして正当性を与えるかの問題は大きい。本人の意思と反することも事務としてはありえ，事務の正当性の判断が現場では難しいときもある。

　本書は，後見の事務の指針である，被後見人の意思を探ることの意味を，後見開始から順をおって考察を進めている。実務で遭遇するであろう重要な問題を題材にして，被後見人の意思，また事務の正当性を，問題指摘とともに探求している。

はしがき

　本書を公刊するにあたって，日本加除出版編集部の牧陽子さん，野口健さんの格別のご支援を頂いた。また研究会の幹事，福田麻紀子さんには，原稿の整理や執筆者との連絡に献身的な貢献をして頂いた。ご支援に心からお礼申し上げたい。

　2015年12月

大阪大学大学院高等司法研究科教授
松　川　正　毅

凡　例

[法　令]
　文中の（　）に掲げる場合の法令については，主に次の略記法を用いました。

　　家事 …………… 家事事件手続法
　　後見登記 ………… 後見登記等に関する法律
　　児福 …………… 児童福祉法
　　障害者権利条約 …… 障害者の権利に関する条約
　　人訴 …………… 人事訴訟法
　　精神福祉 ………… 精神保健及び精神障害者福祉に関する法律
　　租特 …………… 租税特別措置法
　　知的福祉 ………… 知的障害者福祉法
　　任意後見 ………… 任意後見契約に関する法律
　　不登 …………… 不動産登記法
　　民 ……………… 民法
　　旧民 …………… 旧民法
　　民訴 …………… 民事訴訟法

[判例・出典略語]
　判例・出典につきましては，主に次の略記法を用いました。
　最高裁判所第二小法廷昭和29年6月11日判決最高裁判所民事判例集8巻6
　　号1055頁　→　最二小判昭和29年6月11日民集8巻6号1055頁
　　民録 …………… 大審院民事判決録
　　民集 …………… 最高裁判所民事判例集
　　新聞 …………… 法律新聞
　　家月 …………… 家庭裁判月報
　　金判 …………… 金融・商事判例
　　金法 …………… 旬刊金融法務事情
　　判時 …………… 判例時報
　　判タ …………… 判例タイムズ
　　法教 …………… 法学教室

[表記について]
　本書に出てくる事例は，執筆者が後見人等としての経験をもとに創作したものであり，実際の事件や人物とは一切関係ありません。

執筆者紹介(〈 〉内は執筆部分)

編集・執筆

松川　正毅　　大阪大学大学院高等司法研究科教授〈序〉

執　筆

黃　詩　淳　　国立台湾大学法律学院副教授〈第4章〉

〈成年後見分野研究会〉(50音順)

石田　頼義　　大阪司法書士会所属〈第3章4〉
上野　貴志　　兵庫県司法書士会所属〈第1章1〉
上野　博子　　大阪司法書士会所属〈第3章　コラム4〉
馬場　雅貴　　大阪司法書士会所属〈第3章3〉
岡根　昇　　　大阪司法書士会所属〈第2章5〉
岸川久美子　　大阪司法書士会所属〈第3章1〉
迫田　博幸　　兵庫県司法書士会所属〈第2章8〉
田尻世津子　　京都司法書士会所属〈第2章2〉
田中　利勝　　滋賀県司法書士会所属〈第2章1〉
寺田　康子　　兵庫県司法書士会所属〈第1章　コラム1／第2章　コラム3〉
中谷　卓志　　大阪司法書士会所属〈第1章2〉
林　光子　　　大阪司法書士会所属〈第2章4〉
福田麻紀子　　大阪司法書士会所属〈第3章2〉
松田　義浩　　京都司法書士会所属〈第1章3〉
安井　祐子　　兵庫県司法書士会所属〈第2章6〉
山岸　憲一　　奈良県司法書士会所属〈第1章4〉
吉田　結貴　　兵庫県司法書士会所属〈第2章7〉
吉野　一正　　大阪司法書士会所属・土地家屋調査士〈第2章　コラム2／第2章3〉

目　次

序　成年後見における被後見人の意思

- はじめに …………………………………………………………………… 1
- Ⅰ　法律から見た被後見人の意思 ………………………………………… 3
  - (1)　民法典での位置づけ　*3*
    - ①　被後見人の意思の制限　*3*
    - ②　後見人の権利義務　*4*
    - ③　被後見人の意思の尊重　*5*
  - (2)　手続法上の位置づけ　*7*
    - ①　人事訴訟法事件　*7*
    - ②　家事事件手続法　*7*
- Ⅱ　実務から見た被後見人の意思 ………………………………………… 8
  - (1)　後見人が選任される時の問題　*8*
    - ①　後見人の選任の問題　*9*
    - ②　市町村長申立ての問題　*9*
    - ③　支援信託の問題について　*10*
    - ④　任意後見の活用の意味　*10*
  - (2)　後見事務の進行中の問題　*11*
    - ①　郵便物の開封の問題　*11*
    - ②　不動産の管理の問題　*11*
    - ③　銀行実務と補助　*12*

④　被後見人がなす無償行為の意味　　*13*
　　　⑤　後見人の監督者責任の問題　　*13*
　　　⑥　日常生活に関する行為　　*14*
　　　⑦　後見監督人の問題　　*15*
　　　⑧　未成年者に対する成年後見の問題　　*15*
　　(3)　親族法と相続法に関連する問題　　*15*
　　　①　身分行為と財産　　*15*
　　　②　扶養と介護の費用　　*16*
　　　③　相続人たる被後見人　　*17*
　　　④　被後見人と遺言　　*18*
　むすび……………………………………………………………………*19*

第 *1* 章　後見が始まるとき

1　後見人を選任するとき ── 利害関係について ── ……23

　はじめに………………………………………………………………*23*
　Ⅰ　成年後見等開始申立書を作成した司法書士を成年後見人等
　　に選任することについて…………………………………………*24*
　　(1)　本人が申立人である場合　　*25*
　　(2)　本人以外の者が申立人である場合　　*25*
　　(3)　利害関係があると判断された事例　　*25*
　Ⅱ　介護サービス提供事業者やケアマネージャーを，利用者で
　　ある本人の成年後見人等に選任することについて………………*26*
　　(1)　本人と介護サービス提供事業者との関係　　*26*
　　　①　ケアマネージャーとは　　*26*
　　　②　介護サービス提供事業者やケアマネージャーが本人か
　　　　ら成年後見人等への就任要請を受ける背景　　*27*

(2) 介護サービス提供事業者やケアマネージャーの成年後見
　　　　人等の選任状況　*27*
　　　　① 現　状　*27*
　　　　② 介護サービス提供事業者でもある社会福祉協議会が成
　　　　　　年後見人等や監督人に選任されている背景　*28*
　　(3) 介護サービス提供事業者やケアマネージャーを，利用者
　　　　の成年後見人等に選任する可能性について　*28*
　Ⅲ　身分関係がある場合の成年後見人等の選任について……………30
　　(1) 身分関係がある複数の者の成年後見人等に同一人が選任
　　　　される背景　*31*
　　(2) 本人等の成年後見人等に同一人を選任することを避ける
　　　　べき場合　*31*
　　(3) 本人等の成年後見人等に同一人が就任後，扶養に関する
　　　　利害関係が生じた場合の対応について　*32*
　　(4) 問題提起として，本人の推定相続人を成年後見人等に選
　　　　任することについて　*33*
　むすび………………………………………………………………………34

2　成年後見制度における市町村長申立て ── 36

　はじめに……………………………………………………………………36
　Ⅰ　市町村長申立ての意義と現状………………………………………38
　　(1) 後見等開始の審判の申立権者　*39*
　　(2) 市町村長申立ての重要性　*39*
　　(3) 市町村長申立ての現状　*40*
　Ⅱ　市町村長申立ての実務と運用………………………………………41
　　(1) 市町村長申立ての端緒　*41*
　　(2) 本人に関する調査の実施　*42*
　　　　① 本人の心身状況等の調査　*42*
　　　　② 本人の親族関係の調査　*43*

③　本人の資産及び収支状況の調査　*44*
　(3)　家庭裁判所に対する申立て　*44*
　(4)　後見等開始の審判確定後　*45*
Ⅲ　市町村長申立ての課題と検討 …………………………………… 46
　(1)　市町村長申立てにおける人材的課題　*46*
　(2)　市町村長申立てにおける財政的課題　*47*
　(3)　市町村長申立てにおける実務的課題　*48*
むすび ……………………………………………………………………… 49
　コラム１　後見等開始前の本人財産の侵害について …………… 53

3　被後見人の財産が支援信託されるとき ―――― 58

はじめに …………………………………………………………………… 58
Ⅰ　後見制度支援信託の導入の背景について …………………… 59
　(1)　成年後見制度の事件数及び需要の増加　*59*
　(2)　親族後見人等の不正防止策として　*59*
Ⅱ　後見制度支援信託とはどのようなものなのか ……………… 60
　(1)　指示書（家庭裁判所）と信託商品（金融機関）とを両輪と
　　　する仕組み　～指示書による事前チェックの実現～　*60*
　(2)　後見制度支援信託の利用が想定されているケース　*61*
　　　①　親族が成年後見人もしくは未成年後見人になる場合に
　　　　利用　*61*
　　　②　本人の意思や財産状況等も配慮した上での利用検討　*62*
　　　③　専門的知見や第三者性の要請有無の検討，安定した収
　　　　支見込みの策定　*62*
Ⅲ　本件事例での利用の検討について …………………………… 63
　(1)　後見制度支援信託のメリット　*63*
　(2)　デメリット・リスクの検討　～本人意思を踏まえた利用
　　　適否の検討～　*63*
　(3)　利用の際の手続の流れ　*64*

むすび ……………………………………………………………………… 65

4　自立した老後に向けて
　　　――任意後見契約の問題点について―― ――――――――――― 67

　はじめに ………………………………………………………………… 67
　　Ⅰ　任意後見契約締結前 ……………………………………………… 69
　　　(1)　任意後見契約に関連する契約の利点と欠点　*69*
　　　　①　任意後見契約　*69*
　　　　②　見守り契約　*69*
　　　　③　財産管理委任契約　*70*
　　　　④　死後事務委任契約　*70*
　　　　⑤　利点と欠点　*70*
　　　(2)　信頼関係の作り方　*71*
　　　(3)　本人の動機　*72*
　　　(4)　費　用　*73*
　　Ⅱ　任意後見契約締結後から発効まで ……………………………… 74
　　　(1)　信頼関係の維持　*74*
　　　(2)　一時的な財産管理　*75*
　むすび ……………………………………………………………………… 76

第2章　財産管理に関する行為

1　被後見人に郵便物が届いたとき ――――――――――――――― 79

　はじめに ………………………………………………………………… 79
　　Ⅰ　郵便の転送手続（転居届）をした事例と関係法規 …………… 80
　　　(1)　事　例　*80*
　　　(2)　関係する法規範　*82*

① 憲法の「通信の秘密」　*82*
　　　② 刑法の「信書開披罪」　*82*
　　　③ 郵便法に定める「転送」　*83*
　　　④ 民法の「意思表示の受領能力」　*83*
　　　⑤ 障害者権利条約の批准　*84*
　Ⅱ　実務上の取扱いとその分析……………………………………*85*
　　(1)　郵便物の種類　*85*
　　　① 封書とはがき　*85*
　　　② 信書と信書以外　*85*
　　　③ 私信と私信以外　*86*
　　(2)　郵便物の転送方法とその可否　*86*
　　　① 個別転送方法　*86*
　　　② 包括転送方法　*87*
　　(3)　郵便物の開封　*87*
　　　① 個別転送方法により届く信書の開封について　*87*
　　　② 包括転送方法により届く信書の開封について　*88*
　Ⅲ　事例の検証による包括転送方法の適否……………………*88*
　　(1)　事例1について　*88*
　　(2)　事例3について　*88*
　　(3)　事例2について　*89*
　むすび……………………………………………………………………*89*

2　不動産の管理と処分 ──────────── 92

　はじめに……………………………………………………………………*92*
　Ⅰ　本人の身上に配慮した財産管理……………………………*94*
　Ⅱ　不動産の管理について………………………………………*96*
　　(1)　家庭裁判所による不動産の管理業務の評価　*96*
　　(2)　様々な場面における問題点　*97*
　　　① 所有か賃借りか　*97*

② 単独所有か共有か　*98*
　　　③ 賃貸不動産の場合　*99*
　　　④ 空き家，ゴミ屋敷に対する社会からの要請　*99*
　　　⑤ 第三者に対する責任　*99*
　Ⅲ　不動産の売却・賃貸などの処分について……………………*100*
　　(1)　家庭裁判所の許可　*100*
　　(2)　居住用不動産の処分について　*100*
　　　① 居住用不動産とは？　*100*
　　　② 許可の必要な処分とは？　*101*
　　　③ 許可の要件　*101*
　　(3)　居住用でない不動産の処分について　*102*
　むすび……………………………………………………………*103*
　　コラム2　土地の筆界確認……………………………………*106*

3　被補助人本人がなす銀行取引 ———————— *110*

　はじめに…………………………………………………………*110*
　　(1)　金融機関への補助制度利用の届出の現状　*111*
　　(2)　届出の効果　*112*
　Ⅰ　司法書士の実務………………………………………………*113*
　　(1)　現状の代理権の設定内容　*113*
　　(2)　本人が金融取引を希望しない場合　*114*
　　(3)　本人が金融取引を希望する場合　*114*
　　(4)　代理権・同意権の特定　*115*
　　　① 口座毎の権限付与　*115*
　　　② 預金残高の補助人による管理　*116*
　　　③ 日常生活費用管理用口座　*116*
　Ⅱ　補助の開始……………………………………………………*117*
　　(1)　補助開始の審判　*117*
　　(2)　金融機関の預金取引約款　*118*

(3)　代理権付与の対象としての「特定の法律行為」　*120*

　　　(4)　代理権・同意権の設定の態様　*122*

　むすび………………………………………………………………… *123*

4　被後見人がなす無償行為 ——————————————— *125*

　はじめに……………………………………………………………… *125*

　Ⅰ　本人による無償行為………………………………………… *126*

　　(1)　後見開始前　*126*

　　(2)　後見開始後　*126*

　　　①　成年後見人による財産管理　*126*

　　　②　本人意思尊重義務・身上配慮義務　*127*

　　　③　事例1の検討　*129*

　Ⅱ　成年後見人による無償行為………………………………… *130*

　　(1)　成年後見人の意思による場合　*130*

　　(2)　本人の意思に基づく―本人が望んでいる―場合　*131*

　　　①　事例2の検討　*132*

　　　②　事例3の検討　*132*

　むすび………………………………………………………………… *134*

5　本人の意思尊重と法定監督義務者としての責任について ― *137*

　はじめに……………………………………………………………… *137*

　Ⅰ　民法714条1項の「監督者責任」の考察………………… *139*

　　(1)　伝統的な考え方　*139*

　　　①　法定監督義務者とは　*139*

　　　②　監督義務の内容について　*140*

　　(2)　民法714条1項の「監督者責任」の考え方の変化　*141*

　　　①　法定監督義務者の該当性について　*141*

　　　②　監督義務の内容について　*142*

　Ⅱ　事例検討と課題……………………………………………… *143*

(1) 事例について　*143*
　　(2) 今後の課題　*144*
　Ⅲ　実務家として注意すべきこと……………………………………… 145
　むすび……………………………………………………………………… 146

6　本人が日常生活に関する行為をするとき ── 152

　はじめに…………………………………………………………………… 152
　Ⅰ　取消権………………………………………………………………… 154
　Ⅱ　日常生活に関する行為……………………………………………… 155
　　(1) 日常生活に関する行為の範囲　*155*
　　(2) 取引の相手方の保護　*156*
　Ⅲ　事例の検討…………………………………………………………… 158
　　(1) 日常生活に関する行為と取消しの可否　*158*
　　(2) 取消しと本人の意思の尊重　*159*
　むすび……………………………………………………………………… 160
　　コラム3　自己決定尊重と本人保護の間で揺れる日々……………… 164

7　成年後見等監督人の監督事務 ── 監督人の「監督事務」の実情と同意権の有無の問題点を中心として ── 170

　はじめに…………………………………………………………………… 170
　Ⅰ　成年後見等監督人の監督権限……………………………………… 171
　　(1) 総　説　*171*
　　(2) 成年後見監督人に特有な事項　*172*
　Ⅱ　監督人による「監督事務」の実情………………………………… 172
　　(1) 総　説　*172*
　　(2) 成年後見監督人の監督事務の事例　*172*
　　　① 「本来型の監督事務」のモデル事例　*172*
　　　② 「助言・指導型の監督事務」のモデル事例　*174*
　　(3) 「助言・指導型の監督事務」の問題点とその効果　*175*

    ① 法的根拠の不明確さ　*175*
    ② 親族後見人を選任する意義の希薄化防止と専門職後見
     等監督人の研修機関としての役割　*175*
  Ⅲ　同意権のない保佐監督の問題点 …………………………………… 177
   (1) 総　説　*177*
   (2) 成年後見監督人と保佐監督人の比較　*178*
    ① 「成年後見監督人の場合」のモデル事例　*178*
    ② 「保佐監督人の場合」のモデル事例　*179*
   (3) 保佐監督人による保佐監督の問題点　*180*
    ① 監督人の同意権の有無とその影響　*180*
    ② 保佐監督人への同意権付与　*180*
  むすび ……………………………………………………………………… 181

8　未成年者の成年後見人に選ばれたとき ── 186

  はじめに …………………………………………………………………… 186
  Ⅰ　本人の支援に必要なこと ……………………………………………… 187
   (1) 問題の所在　*187*
   (2) 本人と擁護者の関係　*188*
  Ⅱ　本人支援として利用できる制度 ……………………………………… 189
   (1) 未成年後見　*189*
   (2) 成年後見　*191*
  Ⅲ　年長の未成年障害者の支援の在り方 ………………………………… 193
   (1) 「家族支援」としての後見制度　*193*
   (2) 社会への参加と成年後見制度　*195*
  むすび ……………………………………………………………………… 196

第3章　身分に関する行為

1　被後見人が養子縁組をしたとき
　──身分行為に隠れた財産行為── ────────── 199

　はじめに ……………………………………………………………… 199
　Ⅰ　身分行為と財産 ………………………………………………… 200
　　(1)　養子縁組とは　*201*
　　(2)　高齢者の養子縁組の目的　*202*
　　(3)　養子縁組による財産的な影響　*202*
　Ⅱ　不適切な縁組を解消する方法 ………………………………… 203
　　(1)　縁組の無効　*203*
　　　①　どのようなときに無効を主張できるか　*203*
　　　②　誰が主張できるか　*204*
　　　③　縁組無効の効果　*204*
　　(2)　縁組の取消し　*205*
　　　①　どのような時に取消しを主張できるか　*205*
　　　②　誰が主張できるか　*205*
　　　③　縁組取消しの効果　*205*
　Ⅲ　問題解決にむけて ……………………………………………… 205
　　(1)　事例での検討　*205*
　　(2)　改善策　*206*
　むすび ………………………………………………………………… 207

2　親族が介護の日当を請求したとき ───────── 210

　はじめに ……………………………………………………………… 211
　Ⅰ　親族による本人に対する介護の金銭的評価 ………………… 211
　　　親族の本人に対する介護が「特別」の寄与にあたるか　*212*

目　次

　　　　① 夫婦間の同居・協力・扶助義務　*212*

　　　　② 親族間の扶養義務　*212*

　　　　③ 親族間の互助義務　*214*

　　Ⅱ 介護の日当を支払う場合の留意点……………………………*215*

　　(1) 契約の締結　*215*

　　(2) 契約の内容　*215*

　　　　① 日当の支払額　*215*

　　　　② 日当の負担　*216*

　　　　③ その他　*216*

　　(3) 契約の効果　*216*

　　　　① 介護を行う親族にとってのメリット　*216*

　　　　② 本人にとってのメリット　*217*

　　(4) 過去の日当　*217*

　むすび………………………………………………………………………*217*

3　被後見人が相続人になったとき　——————————— *220*

　はじめに……………………………………………………………………*220*

　　Ⅰ 遺産分割を行うに際しての後見人等の基本的執務姿勢………*221*

　　(1) 成年後見人の場合　*221*

　　(2) 保佐人・補助人の場合　*222*

　　Ⅱ 遺産分割を行うに際しての後見人等の事務に関して…………*222*

　　(1) 単純承認・限定承認又は相続放棄の申述　*223*

　　(2) 相続財産の調査・確認における後見業務特有の事情　*223*

　　(3) 具体的な相続財産の調査・確認方法　*224*

　　(4) 分割協議内容の決定に関する家庭裁判所の許可等　*224*

　　Ⅲ 事例の検討………………………………………………………*225*

　　(1) 事例1　*225*

　　　　① 事案の内容　*226*

　　　　② 経緯（遺言書の存在，内容等）　*226*

　　　　③　補助人としての対応　*226*
　　　　④　まとめ　*227*
　　⑵　事例2　*228*
　　　　①　事案の内容　*229*
　　　　②　経緯，補助人の対応　*229*
　　　　③　まとめ　*230*
　むすび………………………………………………………………*230*

4　後見人の管理行為が被後見人の遺言処分と抵触するとき─232

　はじめに……………………………………………………………*232*
　Ⅰ　遺言処分の成年後見人による撤回について（民法1023条2項の撤回）……………………………………………………………*233*
　Ⅱ　処分する財産の順番について…………………………………*237*
　　⑴　本人自身の意思・言葉　*238*
　　⑵　本人の推定される意思の探求　*238*
　　⑶　総合的・現実的判断　*239*
　Ⅲ　処分に伴う成年後見人の責任について………………………*240*
　むすび………………………………………………………………*241*
　　コラム4　会社経営者が被後見人になったとき─事業承継─……*244*

第4章　特別寄稿

台湾の後見と介護───────────────*249*

　Ⅰ　はじめに…………………………………………………………*249*
　　⑴　介護行為は成年後見人の職務内容ではない　*249*
　　⑵　親族後見人兼介護者の現実とその問題　*250*
　Ⅱ　後見報酬請求の裁判例…………………………………………*251*

(1) 第三者後見人の報酬請求事件　*251*
    ① 台北地院97家声13　*252*
    ② 新北地院102家訴114と士林地院94財管47　*252*
    ③ 彰化地院103監宣28　*253*
    ④ 小　括　*253*
  (2) 親族後見人の報酬請求事件　*254*
    ① 報酬請求が棄却されたもの　*254*
    ② 報酬が低額のもの　*255*
    ③ 報酬が高額のもの　*256*
    ④ 小　括　*257*
 Ⅲ　親族後見人の報酬の特徴と機能……………………………………258

序

成年後見における被後見人の意思

序 成年後見における被後見人の意思

はじめに
Ⅰ　法律から見た被後見人の意思
Ⅱ　実務から見た被後見人の意思
むすび

はじめに

　平成18年に始まった司法書士との研究会も，定期的に研究会を続けて，間もなく10年の経過を迎えることになろうとしている。その間，「成年後見における死後の事務」と題して，平成23年に研究会の成果を公刊した。その後，この問題は，多方面で議論がなされ，問題の共有化が次第に図られ，問題意識が高まりつつあると思われる。そして，「成年後見の事務の円滑化を図るための民法及び家事事件手続法の一部を改正する法律案」要綱素案が公表されるまでに至っている。[1] これからますます議論が深まって行くものと思われる。

　本書は，この本の公刊後の研究会の成果をまとめたものである。主として，研究会メンバーの方々が留意した点は，成年後見において，後見人には事理弁識能力がないという意味，つまり行為能力が欠缺しているということの意味を問うことであった。そしてそれと並行して，身上配慮義務，被後見人の意思の尊重の意味を問いつつ，研究会が回を重ねていった。

　条文上，「事理弁識能力」を欠いている常況にある場合には，後見の可能性がある（民7条）。被後見人には事理弁識能力がないので，みずから法律行為をすることができず，法定代理の制度を必要としている（民8条）。また，本人には，事理弁識能力がない以上，後見人は本人に意思確認ができないのが一般的であると思われる傾向がある。しかし，民法858条では，被後見人の生活，療養看護及び財産の管理に関する事務を行うにあたっては，成年被

序

後見人の意思を尊重し，かつ心身の状態および生活の状況に配慮しなければならないと規定している。意思が欠けていたり，不十分な場合には，本人の意思を推測し，尊重しつつも，最終的には法定代理人として法の正義に従い判断することになるのかもしれない。場合によっては，本人の意思に忠実に従うと言うよりは，普通一般に社会で正当と考えうる妥当な「意思」に従い，代理行為を行わなければならない場合があると考えられる。このように考えると，後見では，本人には「意思がなく」，本人の希望をそのまま考慮することなく，後見人は法的な正義に従い代理行為を遂行してくことが職務であると思われがちである。このことは，病などで，意思の表示が完全にできなくなった者の後見人になる場合には妥当するように思われる。

しかし，現実の後見の多くの事例では，本人は普通のように日常生活を営んでいる。認知症などで判断力が衰えてきたということはあっても，本人は普通のように生活をしており，意思（意志）が存在している。手続上，事理弁識能力を欠くと判断されても，彼にはしたいこともあれば，したくないこともある。購入したい物もあるし，また喜怒哀楽の感情はもちろんのこと，愛憎の情も有しており，それが表現として現れてくる。

このような中で，民法858条が規定する本人の意思を尊重し，心身の状態，生活状況に配慮するということは，具体的にはどのような意味を有しているのであろうか。この指導原理のもとで，後見はどのように行われていくのであろうか。ただ単に機械的に，本人と接点なしに，本人の財産管理をすればよいというのではないことは確かであろう。専門職による後見の現場は，本人の意思を完全に無視することはできず，連絡をとり合い，その希望や意思を探りながら，ある意味納得の上，後見を進めていると言われている。場合によっては，意見が食い違うこともあり，苦慮していることも伝えられている[2] 本人の存在を度外視することはできないし，現にそれが重要なものであると意識されている。

このような中にあって，後見の現場からは，本人の意思の尊重はどこまで必要となるのか，その指針となるものが求められている。あるときには，説得できず，本人の意思に反することになってしまうこともあるが，社会一般

的な観点からは，後見人の行為，判断は妥当であると思われる場合がある。結果的には，本人の意思は無視せざるを得ない状況があるともいえよう。しかしながら被後見人の反対の意思が明確である場合には，むしろ後見事務は進めるべきではなく，本人の意思に従うことが最善のことなのだろうか，この判断が必要となってくる。

　本書は，この被後見人の意思を，後見ではどのように取り入れて行く必要があるのか，また考慮しなくてもよい場合があり，それはどのような場合なのかという，後見実務の基本的な問いかけを世に発することを目的とする。そして，その問題の姿と解答への道筋を模索するものであると位置づけることができる。

I 法律から見た被後見人の意思

(1)　民法典での位置づけ

①　被後見人の意思の制限

　現行の民法典の規定の上では，後見では，法律行為は本人に代わって法定代理人である後見人が行うことが規定されている（民859条1項）。効果は本人に帰属することになるが，契約による代理と異なって，授権行為によって代理の内容や範囲が定まることはない。むしろ本人の個々にわたる授権行為を前提としていないところに，後見という法定代理の核心がある。いわゆる包括的な代理権である。したがって，たとえ本人の意思に反した代理行為であったとしても，法定後見では，なされた行為は有効である。その効力は問題とならず，また問題として現れることはない。代理権の濫用の理論などによって，代理行為の否定を導きだすことは可能ではあるが，このような事柄は，例外的な位置づけになる。

　この包括代理権は，後見人が行使し得ることを前提としているが，居住用不動産の処分に関しては，家庭裁判所の許可を必要としている（民859条の3）。被後見人の，慣れ親しんだ生活の本拠を奪うことになるので，与える影響は大きいと考えられ，家裁の許可を求めたといえる。

後見人の権限，後見の効果から分析すれば，一つ一つの法律行為の代理には授権を必要とせず，それらには被後見人の意思は関係していないようにも思える。しかし，民法典には，後見にあたって本人の意思尊重の規定がおかれている。民法858条は以下のような規定である。「成年後見人は，成年被後見人の生活，療養看護及び財産の管理に関する事務を行うに当たっては，成年被後見人の意思を尊重し，かつ，その心身の状態及び生活の状況に配慮しなければならない」。

　これは，いわゆる後見を行う際の指針である。被後見人の意思の尊重と身上配慮義務と呼ばれるものである。このことから，後見事務にあたっては，基本的には，本人の意思を無視することはできないといえよう。本人が意思表示できる状態であるか否かにかかわらず，基本的には，事務の遂行にあたって，本人の意思を探ることが求められており，それが必要になる。しかしながら，本人の意思は社会的には尋常でないというときには，被後見人の意思と反する結果となってしまうおそれがある。このような場合，なお本人の意思に従うべきなのか，意思に反してもいわゆる社会正義に従い事務を進めるべきなのかの問題が生じうる可能性がある。事務は進めるべき場合があると思われるが，このような場合には，民法858条の規定は，本人の意思の尊重よりも，身上配慮，生活状況への配慮が優先するという解釈になるものと思われる。

②　後見人の権利義務

　成年後見人の権利としては，代理権（民859条），取消権（民120条1項）と追認権（民122条）である。被後見人は法律行為ができないので，後見人には同意権は付与されていない。

　これに対して，義務としては，財産管理義務（民859条）と身上配慮義務（民858条）がある。

　医療契約の締結や，施設への入所のための契約の締結などは，身上配慮義務の表れである。成年被後見人のおかれた生活状況から，本人の意思，身上に配慮して法律行為を代理することになる。この意味において，身上配慮義務には，介護労働は含まれていないとはいえ，後見人は被後見人と

の現実の接点が法的に求められていることになる。まったく事務所での仕事のみで，本人に会わないで事務を進めることはできないということになろう。

③ 被後見人の意思の尊重

わが国の後見制度には，後見人は，単独で法律行為はできないが，日用品の購入など，日常生活に関する行為に関しては，単独で法律行為が可能となっている。

本人が代理人によらずに，自らなし得る法律行為がある。

まず第一に，民法典では，本人が，代理人によらずになし得る法律行為が規定されている。民法9条ただし書では，日用品の購入その他日常生活に関する行為については，本人自らなし得ることを前提としている。このような行為に関しては，後見人による代理は必要ではなく，後見人は，成年被後見人のした法律行為であるとして取り消すことはできないことになる。いわゆる，被後見人も通常の生活を行うことができるようにという配慮を示すノーマライゼーションの表れとして位置づけられている[3]。

この解釈に対して，本来的には，「後見は日常の買い物すら満足にできない者を対象としており，成年被後見人について自己決定を語ることができるのか，疑問である。むしろ，この例外は，成年被後見人については実際上の便宜が重視された結果だと思われる。この例外を認めておかないと，成年被後見人が日用品の取引すら拒否されるおそれがあるからである」と分析する学説もある[4]。このように，本人の生活を行う上での便宜上の規定と解すれば，場合によっては本人の保護のために取消しの可能性が認められる余地が残されているように思われる[5]。

第二に，日用品の購入以外にも，本人自らなし得る行為がある。身分上の行為は本人自らなし得て，法定代理人が代わりになすことはできない。身分行為がこれである[6]。このような行為は，法定代理人の代理には親しまないとされている。また後見人が一人で行うにあたって，後見人の同意も必要としないことは，婚姻に関して民法典でも規定している（民738条）。

このような身分に関する行為として，婚姻（民738条以下），協議離婚（民

764条)，任意認知（民780条），養子縁組（民799条），離縁（民812条）がある。いずれも，成年後見人の同意を要しないとする規定を有するか，それを準用している。このような行為は，愛憎に基づく行為でもあり，個人の判断を尊重し，本人のみがなし得るとしている。この結果，後見人は代理も，同意もなし得ないし，取消しもできない。医師の立会も，診断書も必要とされていない。理論上，これらの私的な行為に介入できないことになっているといえる。時には，被後見人の意思が無視されて，被後見人の権利が侵害されることも容易に考えうる[7]。

また加えて，民法962条，973条で，成年被後見人は，法定代理人の関与なしに，自ら遺言書を作成することが認められている。事理弁識する能力が一時回復した時に，医師二人以上の立会を求めているが，後見人の関与は求められていない。この意味において，後見事務とは別に，成年被後見人は自らの意思で，遺言書を作成し，財産処分が可能となっている。ここでは，もっぱら被後見人の意思が尊重されている[8]。

これらの身分行為や遺言書作成の背後には，財産問題が潜んでいる。公の介入なく届出によって，身分行為ができるという点にも問題があると思われるが，被後見人の財産を目当てになされうる婚姻や養子縁組の問題は，現実に後見の現場でも起こりうることである。身分行為には財産的な要素も濃厚に存在していることに留意しなければならない時代である。

このように分析すれば，被後見人の意思に関して，二つの側面があることがわかる。一つは，事理弁識能力がないということを前提に，定型的に被後見人は法律行為ができない側面である。ここでは，被後見人の意思を尊重して代理行為が行われることになる。

他の一つは，日常生活の基本となる行為であり，単独で行いうる。加えて，身分行為に関しては，個人の私的な問題であり，代理に親しまず，被後見人自身の意思，判断に任されている。これらには，原則的には，後見人の介入はない。場合によっては，後見人の全く知らない間に，身分行為や遺言書作成がなされることがありうる[9]。

(2) 手続法上の位置づけ

　被後見人は，婚姻，離婚など身分に関する行為は一人で可能である。それと同時に，訴訟能力に関しても，民事訴訟と異なる扱いがなされている。

① 人事訴訟法事件

　離婚や認知の訴えなど人事訴訟法関係の訴訟行為では，人事訴訟法13条1項で，成年被後見人は法定代理人によらなければ訴訟行為をすることができないとする民事訴訟法31条の規定を排除し，例外扱いが規定されている。その結果，本人自ら訴訟行為をなしうる。これは，残存する能力をできうる限り尊重しようとする精神の表れであるといわれている[10]。また同時に後見人も，被後見人に代わって，訴訟行為をなし得る（人訴14条）。後見人の法的な地位に関しては，法定代理説と訴訟代位するという訴訟担当説が対立している[11]。

② 家事事件手続法

　家事事件手続法では，手続行為は原則できないとし（家事17条1項，民訴28条，31条），その例外を成年被後見人に認めている（家事118条）。家事事件手続法において，成年被後見人が自ら手続行為が可能なものは，118条を準用することによって認めている[12]。また，後見人も被後見人を代理して手続行為をすることができる（家事18条）[13]。

　調停に関しては，被後見人自ら手続行為のできる事件が定められている。家事事件手続法252条がそれを規定している。1項の1号で夫婦間の協力扶助に関する処分の調停事件，3号で養子離縁後に親権者となるべき者の指定の調停事件が規定されている。このいずれも財産上の給付を求めるものは除かれている点に注意しなければならない。

　人事訴訟法2条に規定する訴えを提起することができる事項についての調停事件に関しては，人事訴訟法13条1項の規定が適用されることにより訴訟行為をすることができることになる者に，調停事件の手続行為をすることを認めている（家事252条1項5号）。すなわち，被後見人も可能ということになる[14]。

　調停に関しては，後見人は原則，本人に代わって調停を成立させる合意

をすることができる。しかし，身分関係に関する事件は，本人の意思を尊重し，後見人が調停を成立させる合意をすることができないものがあり，それらが家事事件手続法252条2項で規定されている。例えば，離婚についての調停で，夫又は妻を代理して，後見人が調停を成立させる合意をなすことはできない（家事252条2項後段参照）。

II 実務から見た被後見人の意思

このような，本人の意思を尊重してすることを前提としている後見事務において，まさにこのこと自体が危険にさらされたり，判断に困る事例がでてくる。以下で，本書で取り扱かった事例を，被後見人の意思の観点から，概観することにする。

(1) 後見人が選任される時の問題

後見では，契約による代理と異なり，本人の授権行為はない。結果的に，本人の意思に反しても，本人保護の目的を達することができれば問題は生じないし，それが制度の目的であろうと思われる。本人の意思を尊重はするが，場合によっては，それに反することもありうることは，本人の保護の観点から推測される。

しかしながら，本人の意思に従って行動できる場合は問題が生じないと思われるが，本人の意思に反する場合，実務では苦慮していると思われる。本人の意思をどのように理解するのかの問題，また場合によっては説得の必要性の問題が生じうる。本人の意思を探り，説明をし，納得をさせる努力はどこまで必要か。このような難しい問題と遭遇することが，実務では多々あると聞く。

事理弁識能力を欠いているという前提であれば，本人の判断力は弱っている場合が多く，本人の意思探求にあたっても，後見人の影響を受けやすくなることも否定できず，意思探求と言えども，その実は理解しにくい。本人の意思も考慮せずに，自由になし得るとなると，不正の温床にもなりかねない

危険性がある。この意味で，後見は，公正さをいかに実現するのかに多大の課題があり，努力を必要とする。

① **後見人の選任の問題**

後見開始の時から，被後見人になる者の置かれた状況を考慮すれば，被相続人の意思尊重の問題点が見えてくる。後見の開始審判の申立てに際して，家庭裁判所は後見人を選任する（民843条1項）。その際に，だれを後見人とするかの問題がある。後見人となる者によっては，判断力が衰えた人の意思を尊重できなくなってしまう恐れがあることが指摘されている。まさに民法843条4項に規定している「利害関係の有無」に関する考慮が重要である。

判断力の衰えた被後見人の財産を管理し，意思は尊重するというものの，実際上，代理行為がなされてしまえば，尊重したのかどうかが分かりにくいのが現状である。このような中にあって，利害関係を有する者が選任されると，事実上，被後見人の意思実現は後見人の意思によって影響を受け，被後見人の意思は無視されて行くことが懸念される。このことに関して，後見の申立書を作成した司法書士，介護サービス提供業者，ケアマネージャー，被後見人と身分関係のある者に関して本書では，分析がなされている（上野貴志論文）。

親族関係にある者が，後見人に選任されることが相当数あると思われるが，財産管理の正当性という観点から考えてみれば，将来の相続問題もからみ，親の財産をあたかも自分の財産かのような意識で接することもありえ，問題は山積していることが伺われる。財産管理に関しては，親族が選任されることには，公正さに問題が生じることが容易に理解できる。専門職である第三者が後見人になることが望ましいと思われる場合は多いと推測される。事務の正当性を担保するために，監督の制度の充実も一つの解決方法になると思われる。

② **市町村長申立ての問題**

また，後見を申し立てる者が周りにいない問題も，現在の社会を反映している。高齢者が孤立しており，しかも無縁の社会がその姿を現しつつあ

る。このようなときには、後見を必要としているにもかかわらず、選任の申立てがなされないまま過ぎ去ることがある。契約から高齢者が除外されて行くことにもなりかねない。そこで、一定の要件のもと、市町村長に対しても申立てが認められている（老人福祉32条、知的福祉28条、精神福祉51条の11の2）。本人自ら申し立てることは可能であるが、手続が複雑であり、事理弁識能力がかなり衰えている者には、容易なことではないと言われている。ここに、市町村長申立ての意義がある。衰えた本人の意思を補うことになる。市町村長申立ては、近隣住民、民生委員、地域の支援センター等の関係者から、高齢者等についての相談や要請が市町村の担当部署に寄せられることがきっかけとなるのが一般的である。身寄りのない者や、親族による申立てが期待できない高齢者の保護に動く可能性がある。

　後見では、その開始のところから、サポートが必要な場合があることが示されている（中谷卓志論文参照）。

③　支援信託の問題について

　被後見人の財産は、公正に管理されることが前提となっているが、後見人が、自分の財産と被後見人の財産を区別して管理することが期待できない場合などに、財産の管理の明確化をはからせるために、後見制度支援信託がなされることがある。日常的な支払いを要する金銭を後見人が管理し、その他の通常使用しない財産（本制度では金銭）を、信託銀行などに信託する制度である。被後見人の意思を尊重した後見が困難であるような場合に、代理行為の実体を明確にし、財産を守ることがこれによって期待されている。不明瞭な行為が行われる危険性があり、被後見人の財産を侵害する恐れがあるからこそ、このように制度化されているのである。従来の事後チェックから、事前チェックへの転換と位置づけることが可能であろう（松田義浩論文参照）。公正さを図るという意味で、被後見人の意思の尊重に向けた歩みともいえよう。

④　任意後見の活用の意味

　判断力が衰えて行くことを見据えた、自己の老後の将来にむけての財産管理に関して、自己の意思を確かなものとする手段としては、任意後見契

約がある。わが国では利用が少ない。しかしながら、発効に至るまでの問題などいろいろと指摘されることはあるが、自立した老後を考えるに際しては、本来的には、もっとも適した制度であると思われる。将来、事理弁識能力がなくなった場合に備えて、財産を管理する者（後見人）を自ら決め、また後見事務の内容も明確にしておくので、本人の意思を明確に実現するという意味では、興味深い制度であると思われる。財産管理に関する委任契約とともに、もっと活用されても良いものと思われる[15]（山岸憲一論文参照）。

(2) 後見事務の進行中の問題

① 郵便物の開封の問題

　後見人のもとに届けられた郵便物に関して、財産管理をしている後見人といえども、勝手に開封することはできず、処置に困ることがあると聞く。本人を前にして同意のもとで開封することが多いと思われるが、本人がその場にいない時もあり、現行法のもとでは実務は対応に苦慮している（田中利勝論文を参照）。転送を、後見人が依頼することにも問題が生じうる。被後見人にあてた信書による意思表示は、手紙が開封されて、後見人がその内容を知らなければ、民法98条の2により、被後見人に受領されていないことになる可能性があるなど、問題が指摘されている。被後見人の財産管理を、意思を尊重し実現するにあたって、親書の開封の問題がその阻害となる場合がある。管理を行うにあたって、改善が必要な問題である。

② 不動産の管理の問題

　財産管理の中で、不動産は重要な対象財産を構成している。この不動産を管理する際にどのような問題が出てくるのであろうか。居住用の財産の処分には、家庭裁判所の許可が必要であり、被後見人が反対していても、理論的には、必要性が合理的であれば、この手続を経れば可能になる。また複数の不動産を有している場合には、どの不動産を売却すればよいのかも問題となってくる。本人の意思を最大限、尊重して、必要性との関連性で決められていくものと思われる。

不動産の所有から納税の手続など，付属する管理事務が加わってくることは容易に想像できよう。賃借であれば，家賃の支払いなどの事務がある。賃貸不動産があれば，賃料回収も事務に入ることになると思われる。また，空き家であれば，近隣の迷惑にならないようにも配慮する必要性がでてくる。

被後見人の生活の必要のために，売却しなければならない場合もあろう。居住用でない不動産の売却には家庭裁判所の許可が求められていない。このようなときには，本人の意思，希望を全く無視することはできず，意見が食い違うときにはむずかしい問題を引き起こしかねない。可能な限り，説明をして納得させる努力は必要と思われる。いずれにしろ，求められている善管注意義務の内容それ自体は，居住用の場合と異ならないと言われている。また，いざ売却となれば，妥当な金額であることも求められることになろう（田尻世津子論文参照）。本人の意思尊重が，社会的な妥当性によって修正されることもありうると思われる。

③　**銀行実務と補助**

銀行実務では，取引に際して，同意権を付与された補助や，代理権が付与された補助の事例で，本人に意思確認をしていることが報告されている。補助を受けているということの証明書があれば，このように本人相手の直接の意思確認が必要なのかどうか問題提起がなされている。本人の負担への考慮である。特に専門職が，善管注意義務を負う中での事務の遂行にあたっては，その中ですでに意思の尊重が行われているのであり，重ねての手続は銀行実務において不要ではないのかという問題指摘である。

なお，民法上，代理権のみの付与であれば，被補助者の行為能力は制限されておらず，被補助者が自らしても，その法律行為は有効であり，取り消すことはできない。

また，銀行実務では，補助に関しても，一律に取引をできないようにしているとも言われている。民法の権利義務の内容に即した実務上の手続はなく，銀行取引における問題点を考慮しての修正と思われるが，本人の意思尊重は，取引の安全の前に譲歩している印象を与えている。

さらに，日用品の購入など，日常生活に関する法律行為は被後見人の自由に行い得るものであるが，それに配慮した銀行取引におけるサービスの必要性についても指摘されている（吉野一正論文参照）。

④　被後見人がなす無償行為の意味

　被後見人のなす贈与は，本人の意思尊重とともに判断に難しい問題を引き起こす。理論的には，このような法律行為は，本人はできず，後見人は取り消すことが可能となる。しかし，本人の意思を尊重し，被後見人の財産状態を考慮すれば，贈与がわずかな価値のものであれば，問題はないとも思われる。友人に，資産と比較すればわずかな価値の指輪や時計を与えた場合の問題である。このようなときには，後見人は，取り消さなくても，善管注意義務違反にはならない場合もあると思われる。

　これに対して，子に対する定期的な資金援助をしてきた場合や，宗教団体に対する寄付の場合には，問題が複雑化してくる。子に対する贈与は相続とも絡んでくるので，問題を引き起こしかねない。被後見人の資産との関連ではあるが，まさに意思尊重をどのように考えるかで異なってくる。財産を維持管理するという立場からは，本来的に，無償行為は，対価を伴わず，財産消滅の危険性があり，消極的に考えるべきものと思われる。

　被後見人が贈与をなす場合もあれば，後見人が被後見人に代理して贈与をなす場合も想定される。

　宗教団体や，友人に対するプレゼントは資産の大きさとの関連で考慮することになろうが，相続人に対する贈与は，将来の遺産分割で解決すべき事柄であり，贈与は控えるべきと考えられる（林光子論文参照）。いずれにしろ，本人の意思を尊重するということと，財産を守るということで，後見人との意見の相違が生じうる可能性の高い法律行為であることには相違ない。

⑤　後見人の監督者責任の問題

　被後見人の不法行為に，後見人が責任を負う可能性についての問題も無視できない。後見人は，主として財産管理を職務として，その遂行のために，本人の意思尊重，身上配慮義務が定められている。本人と接点を持つ

のは，この意思把握のために必要であると思われる。それがために，民法714条の監督義務者の責任がかかってくることになるのは，加重な責任負担のように思われる[16]。責任能力をどのようにとらえるかの法的な問題とともに，被害者の救済をどのように図るかの問題も潜んでいる（岡根昇論文参照）。この問題は，後見の進展を阻害する恐れもあり，医療行為への同意の問題と同様，あらたに探求すべき大きな問題と思われる。

⑥　日常生活に関する行為

被後見人が，自らなしうるとされている行為の一つに，日常生活に関する行為（民9条）がある。このような行為は，後見人が取り消すことはできない。被後見人も可能な限り日常生活を送れるようにという配慮から設けられた規定と位置づけられている。しかしながら，日常生活に関する物品の購入であっても，数量的に，また金額的にも，度を超した購入の可能性がある。例えば，嗜好品などを余るほど購入する可能性もある。大量に買っても，資産との比較から出費が影響を与える物ではないときには，それを望む本人の意思を尊重することになるのだろうか。それとも客観的な社会的判断基準に基づき，大量購入は日常生活に関する費用とは言えないとして，取消しの対象とするのであろうか。本人の意思を尊重すれば，資産状態からそれが許される範囲のものであれば，本人の望むようにしておくことも考えられる。

しかし，一般的な観点からは意味のない購入である場合に，被後見人がしたこのような行為を否定するには，日常生活に関する費用でないとして，取り消すことが可能であろう。また同時に，このような日常生活に関する費用であるといえども，本来的には法律行為はできないのであり，便宜上，可能にしたに過ぎないと解し，原則に戻り，取り消すことができると解することも可能であろう。また場合によっては，意思能力の欠缺とも言えよう。

日常生活に関する物の購入ではあるが，それが取消しの対象となりうる場合も存在するのではないかということは，実務の経験が示している。このような場合でも，ある程度は，被後見人に納得させる努力が行われていることが報告されている（安井祐子論文参照）。

⑦　後見監督人の問題

　後見人として，弁護士や，司法書士が選任されずに，いわゆる法の素人が，後見人となる場合がある。親族であれば，本人の意思を知り，精神状態，健康状態などもよくわかっていると考えられる。しかし，同時に，財産の混同や，意識的また無意識で，財産の不正な使用の可能性がある。このような場合に備えて，後見監督人を選任する意味は，実務上高いと言われている。ただ現行法のもとでは，監督人の権限は，助言をしたり指導をしたりするには，制度として充分であるとは言えないのが現状である。専門職による，監督機能，助言指導機能が充実すれば，家庭裁判所の負担の軽減にも寄与することになると思われる。成年後見監督人に同意権を付与することは（民864条），取消権はないものの（民865条），監督機能を高める役割を果たしていることが指摘されている（吉田結貴論文参照）。

⑧　未成年者に対する成年後見の問題

　成年後見は，事理弁識能力を欠く状況にある者の保護のために用いられ，未成年後見は親権者を欠く場合や，親権者が管理権を有しない場合に，未成年者の保護を図るものである（民838条1号）。この成年後見が，未成年者の保護に用いられる場合がありうることが紹介，分析されている。民法の規定では，未成年後見人が選任されない場合で，親以外の者による保護の必要性がある場合を想定している。知的障害により事理弁識能力を欠く常況にある未成年者は，親権者がいる場合にも成年後見人の選任が可能とされている。知的障害により事理弁識能力のない未成年者で，しかも親による未成年者のネグレクトや虐待で親権を剥奪されていない事例の場合である。成年後見によって，未成年者支援が広がっていくという位置づけである。子の意思決定を尊重しつつ財産管理を行い，身上に配慮することになる（迫田博幸論文参照）。

(3)　親族法と相続法に関連する問題

①　身分行為と財産

　身分行為は，被後見人も自由に一人ですることが可能である。身分行為

は代理に親しまない行為であることをその理由としている。したがって後見人が，被後見人の身分行為に介入する余地は原則として存在しないことになる。一人でした身分行為は，取り消されることなく有効である。

　しかし，身分行為には，相続権が付加してくるものがある。養子縁組も婚姻も相続権が発生する。形式的要件として，単なる届出だけが求められており，財産目当ての養子縁組や婚姻が比較的容易にできる。本人に無断で届けられることもありうる。このような場合には，無効を主張できるが，事理弁識能力が衰えているときには，この主張は容易ではないと推測される。またさらに，本人の知らない間になされた場合に，無縁の者であれば，被後見人の死亡後に争われることはない。

　このような届出がなされているときに，後見人は被後見人がした身分行為を争うことは可能であろうか。本人がそのようなことを知らず，全く勝手になされた場合には，後見人は意思を尊重して，無効の訴えを提起し得る。しかし，本人がその身分行為を望んでいる場合には，たとえ財産目当てでなされたことが明白であっても，争うことはむずかしいと思われる。少なくとも，届出に関して，本人の知らないうちに届けられることのないように意思確認が形式要件の中で実現する手続に改正することは必要と思われる（岸川久美子論文参照）。

② **扶養と介護の費用**

　被後見人の身の回りの世話の問題と絡み，扶養の問題が生じ得る。被後見人に充分な財産のある場合に，子の一人が親と同居し，身の回りの世話をして，その費用の支払いを求めることがある。また場合によっては，仕事を辞めて身の回りの世話をすることがある。このようなときに，子は被後見人に，報酬請求が可能であろうか。仕事を辞めてしまう場合には，その給与相当分を請求することは可能かどうかも現実に問題となっている。

　扶養の根本的な問題にも絡み，また将来の相続とも絡んでおり，複雑である。扶養義務者間では平等に負担するが，扶養は本来，扶養権利者に対しては無償のものである。死亡後には，日本法では寄与分として，修正が図られることがある。しかしながら，このようないわゆる面倒見は，普通

の扶養の範囲を超えているものと位置づけ，第三者に対してと同じように有償の特別の行為であると位置づけることは可能であろう。

　子が親になす面倒見をどのようにとらえるのか，法的な扶養の範囲で無償なのか，それを超えるものとして有償なのか。このような問題設定も不可能ではあるまい。特に，親に資産がある場合には，面倒見は金銭給付を基本とする民法の扶養と異なる。このように考えることが可能であれば，当該子との間で，身の回りの世話に関して契約を締結することができよう。

　被後見人の資産とも関連する妥当な金額であることは必要と思われるが，必ずしも最低限必要な範囲に留まる必要性はないと思われる。ある場合には，ホームヘルパーの費用程度の場合もあろうし，また他の場合には，第三者や施設と契約がなされるように，子の一人と契約を締結することは可能であろう。その際の内容は，被後見人の資産状態によるのは，施設の選択と同じであろう。この意味において，ここでは，被後見人の意思を尊重して事務を進めることが必要になるように思われる。

　将来の相続にあたって，すでに労働に対価を得た以上，もはや寄与分の主張はできないことになるが，贈与としてなされた処分ではなく，持戻しの必要性や遺留分減殺の可能性もないと考えられることになろう。しかしながら，相続人の平等を図る必要性もあり，対価の妥当性の判断はむずかしいことには変わりない。このような実務上の問題に関しては，福田麻紀子論文を参照されたい。

③ 相続人たる被後見人

　また，後見の最中に，被後見人が相続人となる場合がある。このような時に，後見人は遺産分割に参加するという事務が生じ得る。相続財産の範囲を把握することから始まる。その際には，後見人としての善管注意義務として，債務が多い事例では，放棄することが考えられるが，法定相続を主張するということになると思われる。積極財産が多い場合には，相続放棄はできないものと思われる。この点に関して，被後見人が異なる意思を有していた場合には，どちらの意思を優先すべきなのか判断はむずかしい。法定相続に従い手続を進めていくのが分かりやすいし，望ましいように思

われる。遺留分減殺請求は，しなければならないのかも問題になり得る。遺留分減殺請求は，本人の意思に任されている要素もあり，判断はむずかしい。主張しないという明確な意思を有しているときには，その意思を尊重することになろうか。そうでなければ，減殺請求をするということも善管注意義務の範囲になるものと思われる（馬場雅貴論文参照）。

④　被後見人と遺言

　また，遺言に関しても，後見との関連で問題が多い。遺言がすでに作成されているが，後にその対象となる財産を処分する必要性がでてきた場合に，どのように考えるのであろうか。処分することによって，遺言で当該処分が撤回されたことになるからである。後見人は，遺言作成を代理することはできず，遺言によって撤回することはできない。しかし，当該財産を処分すれば，その効果は本人に帰属する以上，撤回されることがある[17]。

　受遺者が数人いる場合には，後見人はどの財産から処分を始めるのか，どのように処分すべきなのかについては，規定はなく，判断に困ることが報告されている。財産を処分された受遺者は，当該財産を取得できなくなるからである。本人の生活，療養看護及び財産管理にあたっては，被後見人の意思を尊重し，かつその心身の状態及び生活の状況に配慮して決めていくことになると思われる（このような問題に関して，石田頼義論文参照）。

　以上の相続法上の問題に加えて，後見が開始すれば，遺言者は遺言撤回が困難な状況になる可能性が高まることを考慮して，フランス法では，法改正がなされている。フランス法では，「成年後見」が付されても，原則として遺言は効力を維持するが，遺言書の内容が，もはや遺言をした原因と無関係な状況になっている場合には，遺言の効力を争うことができる旨の規定が，2007年に設けられている。フランス民法476条4項は以下のような規定である。「遺言は後に遺言者に後見が開始しても有効である。但し，後見開始後，遺言を決定づけた原因が消滅したことを証明したときはこの限りでない」。つまり，遺言を決定づけた原因に基づき，遺言が解釈される。その結果，遺言することを決定づけた原因が消滅してしまってい

る場合には、遺言は効力を持たないことになる。遺言作成上の事情の変更への考慮である。成年後見に付されれば、事理を弁識する能力がなく、もはや撤回が困難な状態になり、撤回し忘れたと思われる状況が生じうるから、このような規定が設けられている。

フランス民法476条3項は、後見開始後、被後見人は裁判官や家族会の許可なく遺言を一人で作成することはできない旨の規定に続いて、以下のような規定を設けている。「しかしながら、後見開始前又は後に遺言者は単独で遺言を撤回することができる」。撤回に向けた行為は、単独でなしうる。その結果、法定相続に導くことになる。

このように、後見と遺言の効力の問題に関しての立法上の整備がなされている。能力的に遺言者が撤回できない状態になっていることがあり得、このことへの考慮は重要である。

わが国では、遺言者は能力的に、遺言を撤回できない状況になっている場合へ配慮した法の整備が必要と思われる。

むすび

成年後見に関しては、事理弁識能力を欠くということで、民法は規定している。完全に意思を欠いたり、表示でない事例であれば、被後見人の意思を尊重して事務を行うものの、被後見人の意思と齟齬をきたすことはない。

しかし、何らかの意思があり、表示できる状態であれば、事理弁識能力がないといえども、いわゆる意思を表示することはあり得る。後見人は、この被後見人の意思を無視することはできず、尊重し、心身の状態、生活の状況に配慮して、場合によっては意思を修正しつつ事務を進めることになる。

必ず、意思通りにしなければならないということはないと思われるが、本人の意思と、後見人の判断との不一致の場合には、後見人の判断には、特に正当性が求められよう。本人の意思に従う場合にも、本来的には被後見人の資産であり使用方法は本人の自由といえども、資産の状態や心身の状態などから正当性は必要であろう。購入に何ら意味のないことでも、被後見人の喜

びであれば許されるのか，やはり意味のない出費であれば許されないのか，そのバランスが後見では難しくなっていく。本人の意思の尊重は，本人に寄り添ってこそ実現できる事務であるともいえよう。Ⅱで検討したように，現実に，本人の意思の尊重は，いろいろな側面で現実に問題になっている。

　被後見人の人生の中で，生じうる出来事は多い。不動産の処分，扶養の問題の現実化，相続も起こりうる。また自らの資産の承継の問題も現れてくる。まさに善管注意義務は法的なものでもあり，そのレベルは高いものがある。専門職の後見への参加が，何らかの形で求められることが多くなっていくと同時に，事理弁識能力なしとした被後見人の意思尊重の観点から，事務の正当性が求められる。意思の食い違った場合や，意思を表示できない人の代理の場合には，普通にも増して，法的な正義に従うことになる以上，後見事務に正当性と信頼が求められていく。

　契約による代理と異なり，本人のなすコントロールは理論上あり得ないのであるから，密室で行われる危険性が常にある。行われた事務の正当性を担保する手段が存在し，常に説明できることが必要である。また同時に，不正の防止の機能（監督や支援信託）が，効率よく働くことが，手続上必要であろうと思う。

注

1）日司連日政連要望議員立法。http://tokyo-seiren.jp/giren4.pdf参照
2）本書の諸論文には，本人の意思の尊重の中で遭遇する様々な問題が取り上げられている。
3）山本敬三『民法講義1 総則』57頁（有斐閣，第3版，2011）など参照
4）佐久間毅『民法の基礎1』92頁（有斐閣，第3版，2008）
5）この学説と異なり，このような場合には，日常生活に必要な行為の範囲に入るか入らないかで分けて考える説もある。山本・前掲3）58頁参照
6）松川正毅『民法　親族・相続』31頁（有斐閣，第4版，2014）参照
7）本書，岸川久美子論文参照
8）遺言に関しては，Ⅱの(3)参照
9）後見人のなす代理行為にあたっては，被後見人の意思や生活状況に配慮して行うことが基本方針として求められている。日用品の購入などの場合や，身分

行為は，本人の自由に任されており，後見人は関係しない。しかし，この場合にも，身上配慮義務は及んでいると解釈することも可能であろう。この義務に基づき，場合によっては，原則に戻り，日用品の購入や身分行為も取消しの可能性を導くことは可能であろう。

10）松川正毅・本間靖規・西岡清一郎編『新基本コンメンタール 人事訴訟法・家事事件手続法』38頁以下〔髙田昌宏〕（日本評論社，2013）参照。なお人事訴訟法13条2項も参照
11）詳しくは，髙田・前掲10）40頁参照
12）松川正毅・前掲10）120頁参照。118条を準用している者に関しての一覧がある。
13）坂田宏・前掲10）153頁参照
14）岩田淳之・前掲10）520頁以下参照
15）松川正毅「高齢社会における老後設計と任意後見契約の活用可能性」家族法研究（韓国）29巻1号111-128頁
16）窪田充見「成年後見人等の責任―要保護者の不法行為に伴う成年後見人等の責任の検討を中心に」水野紀子・窪田充見編『財産管理の理論と実務』87頁（日本加除出版，2015）の分析が興味深い。
17）梅謙次郎も，このように分析していた。梅謙次郎『民法要義巻之5 相続編』416頁以下（信山社出版，復刻版，1992）参照

　なお，1023条2項にいう，処分行為による遺言の撤回は，遺言者自らがなし得るものであり，後見人はなし得ないとする学説がある（松原正明「遺言の解釈と遺言の撤回」久貴忠彦編集代表『遺言と遺留分』309頁（日本評論社，第2版，2011）参照）

〔松川　正毅〕

第1章

後見が始まるとき

1 　後見人を選任するとき
　　――利害関係について――

2 　成年後見制度における市町村長申立て

3 　被後見人の財産が支援信託されるとき

4 　自立した老後に向けて
　　――任意後見契約の問題点について――

1 後見人を選任するとき
――利害関係について――

はじめに
Ⅰ 成年後見等開始申立書を作成した司法書士を成年後見人等に選任することについて
Ⅱ 介護サービス提供事業者やケアマネージャーを，利用者である本人の成年後見人等に選任することについて
Ⅲ 身分関係がある場合の成年後見等の選任について
むすび

はじめに

　家庭裁判所は，後見開始の審判をするとき，職権で，成年後見人を選任する（民843条1項）とし，後見開始と同時に成年後見人を選任しなければならない。そして，成年後見人には，成年被後見人の心身の状態並びに生活及び財産の状況，成年後見人となる者の職業及び経歴並びに成年被後見人との利害関係の有無（成年後見人となる者が法人であるときは，その事業の種類及び内容並びにその法人及びその代表者と成年被後見人との利害関係の有無），成年被後見人の意見その他一切の事情を考慮しなければならない（民843条4項）とされている。同条で，成年後見人等を選任する際に考慮すべき事項が列挙されている。しかし，家庭裁判所では，成年被後見人（以下「本人」という。）を含む申立人が希望する成年後見人等候補者（以下「候補者」という。）に掲げられた者と本人との利害関係の有無を審査し，利害関係がない場合に当該候補者を選任しているのが現状であろうと思われる。判断能力が不十分な本人と，本人を保護する立場にある成年後見人等との間の利害関係は「本人にとって不利益で成年後見人にとって利益」な関係を成年後見人が単独で創出できる立場にあるため，一般的な利害関係の有無の審査以上に厳格に考える必要があると考えれば当然の帰結であろう。また同時に，本人にとっては成

年後見人等に自らの財産を預け、管理を委ねることになるから、相当信頼を寄せる者であって、かつ良き理解者を選任してもらいたいと考えることも当然である。本稿では、成年後見人等を選任するときの利害関係が問題となる事例を取り上げ、成年後見と利益相反に共通する理念である「本人の保護」と、成年後見制度の基本理念である「本人の意思の尊重（本人の意見）」が相反するとき、どのように調和を図るべきか、考察する。

I 成年後見等開始申立書を作成した司法書士を成年後見人等に選任することについて

【事例1】

本人（80歳代女性）は、訪問介護サービスを受け、亡夫と暮らしていた自宅で独居生活を送っています。最近になってキャッシュカードの暗証番号を忘れ出金できなかったことや、電気代の支払いができず電気が止まってしまうことが続きました。そこで、ケアマネージャーは、遠方に住む本人の娘に「本人の認知症がすすみ、ご自身で財産管理をすることが難しくなっている」と伝えました。

心配になった娘が、本人に会いに行くと、一見以前と変わらないように見えますが、仏壇を開けると相当額の現金入り封筒が無造作に置かれているなど、財産管理の支援が必要な状況のようです。娘は、娘の子（本人の孫）が幼いこともあり、本人を日常的に支援することが難しく、成年後見制度の利用のため、後見等開始申立書の作成と成年後見人等への就任について、ケアマネージャーから紹介を受けた司法書士に依頼することにしました。

司法書士は、本人やその親族から、家庭裁判所への成年後見等開始申立てに関する相談や依頼を受けると同時に、成年後見人等へ就任要請を受けることがある。申立人と委任契約を締結した司法書士を、本人の成年後見人等に

選任することは，本人と利害関係が生じることはないのであろうか。

(1) 本人が申立人である場合

　司法書士に対し，成年後見等開始申立書の作成依頼があれば，司法書士法3条1項4号の「裁判所若しくは検察庁に提出する書類業務（裁判所提出書類作成業務）」の受任者として，委任者（申立人）との間で，業務に関する報酬の約定を付して委任契約を締結することが一般的である。契約であるから，契約に基づく業務が継続している限りは利害関係があるとも考えられるが，当該契約の権利と義務（司法書士側から見ると，権利＝報酬の受領，義務＝後見等開始申立書の作成）が完全に履行されたときには，利害関係を脱したと考えることができる。

　なお，申立書作成司法書士が候補者の場合，申立前に申立書作成に関する報酬等を精算しておくべきである。仮に精算できなかった場合は，本人の財産目録負債欄に司法書士の報酬を計上し，家庭裁判所による監督と申立人（本人）の了承のもと精算することになる。

(2) 本人以外の者が申立人である場合

　親族が申立人である場合，後見等開始申立書の作成に関する委任者は親族となり，委任契約を締結したことをもって本人との間で利害関係の問題は生じない。ただし，成年後見制度の利用が専ら親族の意向であって，本人自らは積極的に制度を利用したいとの意思が確認できないときは，本人の意見に反して制度の利用を助長したとも考えることができ，本人との信頼関係を基礎とする成年後見制度では，本人の意思に反する関係にある，との見方もできよう。

(3) 利害関係があると判断された事例

　概ね，司法書士が成年後見等開始申立書の作成業務の受任者として関わった場合に，当該司法書士を成年後見人等に選任したとしても，利害関係が生じることはないと思われるが，透明性の確保という観点から候補者に掲げら

れた司法書士が選任されなかった事例を紹介する。
① 成年後見制度の利用に積極的な親族と消極的な親族との間で，本人の身上監護方針について意見の相違があり，申立てに積極的な親族の依頼に基づき申立書を作成した司法書士が候補者として掲げられた事例。
② 夫婦両名が，全財産を日常世話になっている第三者に相続させるという内容で，相互に遺留分を侵害している遺言があって，その遺言執行者に指定されている司法書士が，夫婦両名の候補者に掲げられた事例。

II 介護サービス提供事業者やケアマネージャーを，利用者である本人の成年後見人等に選任することについて

【事例2】

> 本人（80歳の女性）は訪問介護サービスを受け，自宅で独居生活を送っています。本人に子供はなく，唯一の親族として故郷に兄弟がいるはずですが，長年連絡を取り合っておらず，兄弟の生死すらわかりません。
> 最近になって，本人自身物忘れが多くなったと自覚していることに加え，長時間歩行することが難しくなったため，車椅子を利用し近隣の金融機関までケアマネージャーに同行してもらって各種支払いや入出金をしています。今後，認知症がすすんでしまった場合や，本当に動けなくなったときのことを不安に感じており，長年に渡って相談し信頼しているケアマネージャーに成年後見人等になってもらいたいと本人は強く希望しています。

(1) 本人と介護サービス提供事業者との関係
① ケアマネージャーとは
ケアマネージャー（介護支援専門員）とは，介護保険法において要支援・要介護の認定を受けた者から相談を受け，介護サービス計画（ケアプラン）

を作成し，介護サービス提供事業者との連絡や調整等を行い，取りまとめる者とされている。ケアマネージャーの多くは介護サービス提供事業者に所属しており，介護サービスの提供を受けようとする利用者は，ケアマネージャーの所属する介護サービス提供事業者とサービス利用契約を結ぶことが多い。ケアマネージャーのケアプラン作成に関する報酬は，介護保険から全額が支払われるため，介護サービス利用者の自己負担はない。

② 介護サービス提供事業者やケアマネージャーが本人から成年後見人等への就任要請を受ける背景

本人にとって，介護サービス提供事業者やケアマネージャーは，身の回りのことをいつでも相談できる関係にあり，本人からの信頼に基づいて介護のことはもちろん，家族関係や財産の状況等も相談しやすい身近な存在であることが多い。介護サービス提供事業者やケアマネージャーとしても本人の生活全般に渡って支えることが使命であると感じている方が多く，本人からの援助や支援の要請にできる限り応じたいとの思いがあって，双方の思いが通じ合うと，利用者である本人は，介護サービス提供事業者やケアマネージャーの本来の業務範囲を超えて，財産管理に関する援助（成年後見人等への就任）を要請することがある。

介護サービス提供事業者やケアマネージャーが利用者である本人の成年後見人等へ就任することは，利害関係が生じることはないのであろうか。

(2) 介護サービス提供事業者やケアマネージャーの成年後見人等の選任状況

① 現　状

介護サービス提供事業者やケアマネージャーを，利用者である本人の成年後見人等に選任している事例は，極めて少ないと思われる。介護サービス提供事業者やケアマネージャーが本人の成年後見人等に就任した場合，成年後見人であるケアマネージャーが所属する介護サービス提供事業者と本人との間で介護サービス利用契約を締結することになって自己契約にあたるとされているからであろう。また，本人との介護サービス利用契約が

第1章　後見が始まるとき

成年後見制度利用前に締結されていた場合でも，ケアプランは利用者である本人の心身の状態の変化などに配慮し，随時変更・更新される。成年後見人等は，身上監護義務の一場面として，更新されるケアプランが適切であるか，ケアプランに沿った介護サービスが提供されているか確認する義務を負っている。介護サービス提供事業者やケアマネージャーが成年後見人等も兼務することになると，実際はどうあれ，本人の意向よりも介護サービス提供事業者側の都合を優先して成年後見人等として活動するおそれがあるため利害関係があるという認定を受けることになる。

② 介護サービス提供事業者でもある社会福祉協議会が成年後見人等や監督人に選任されている背景

一方，成年後見人等の担い手不足が指摘される中で，市民後見人の養成が全国で行われている（老人福祉32条の2）。都道府県・市町村から委託された社協が市民後見人の養成に関わっている地域や，市民後見人の監督人に介護サービス提供事業者でもある社会福祉協議会（以下「社協」という。）が選任されている地域，事案によって社協が法人として成年後見人等に選任されている地域もあるようである。社協が本人との関係において，単に成年後見人等と本人という関係であれば利害関係の問題は生じないが，社協が介護サービスを提供している事業者でもある場合は，利害関係の問題が生じることになる。それでも社協が成年後見人等に選任されている理由は，社協の社会における役割が一般社会から十分認知されていること，社協法人内の決裁権限部署が異なるためと理由づけられているようである。しかし，社協だけが他の社会福祉法人やNPO法人等と区別して許されるとする理由としては不十分で，依然として利害関係にあると解するしかないと考える。

(3) 介護サービス提供事業者やケアマネージャーを，利用者の成年後見人等に選任する可能性について

【事例2】のように本人や親族が，介護サービス提供事業者やケアマネージャーに，成年後見人等としても支援してもらいたいと強く希望しているケースや，介護施設等を運営している法人等に，成年後見人としても活動し

1 後見人を選任するとき——利害関係について——

てもらうことによって成年後見人の担い手不足が解消されないだろうかという期待も込めて，その可能性について検討する。

そもそも，介護サービス提供事業者が成年後見人等に就任することが問題とされる実質的な理由としては，前述のように「本人の意向よりも介護サービス提供事業者側の都合を優先して成年後見人等として活動する」おそれがあるためと考えられている。

成年後見人等として活動するためには，代理権が付与されていることが前提であるから，保佐・補助類型の場合では，代理権設定の場面で「介護契約，福祉サービスの利用契約及び福祉関係施設への入所に関する契約の締結・変更・解除及び費用の支払（以下「介護契約等」という。）」に関する代理権をあえて設定しなければ，形式的には利害関係がない状態を創出することができる。

しかし，本人は介護サービスを受ける必要のある要介護者であって，かつ判断能力が不十分な常況にある者である。介護サービスそのものや介護保険制度に関する情報に精通していないことを前提にして考えると，自己決定による介護サービス提供事業者の選定や，介護サービスの種類や量の選択を求めることは困難と推定すべきである。さらに形式的に利害関係が生じていない状況であったとしても，本人の健康状態は常に変動するものであって，在宅から施設へ入所するときには，介護サービス提供事業者やケアマネージャーが交代することが通常であって，その都度成年後見人を交代することは本人の支援という観点からもあまり好ましくない。継続的に適切な介護サービスが提供されているか確認することは成年後見人の身上監護事務の中核を為すものでもあるから，成年後見人に就任するために利害関係がない状態を創出するため，あえて介護契約等の代理権を設定しないとするのは本末転倒であろう。

そこで，この問題の解消策として監督人を選任する方法を検討する。監督人は，後見人又はその代表する者と被後見人との利益が相反する行為について被後見人を代表すること（民851条4号）が職務とされている。

本人が介護サービス提供事業者やケアマネージャーを選任してもらいたいとの意見が強く，その意見を尊重して介護サービス提供事業者やケアマネー

ジャーを成年後見人等に選任する場合には，介護契約等に関する代理権も含めたうえで成年後見人等に選任し，加えて親族又は第三者を監督人に選任する。介護サービス提供事業者やケアマネージャー兼成年後見人と，本人との間で利害関係にある介護契約等については，監督人が本人を代表して契約し，提供される介護サービスの質と量の確認を行うことで，本人の保護と本人の意見との間が相反する場面において，双方の調和を図ることが可能と考える。

　また，本人が介護施設等に入所している事案において，当該施設から在宅に復帰し，他の施設に移動するなどの可能性が極めて少ない場合で，かつ法律的な問題も解消されているときはどうであろうか。本人の収入（通常は年金のみ）と支出は安定し，成年後見人等の事務負担は軽減し，専門職後見人がその専門性を活用する場面が限られるような事例では，監督人を選任し，介護施設を運営する法人等を成年後見人等に選任する道筋もあってもいいのではないだろうか。

　ただし，実務での運用となると，成年後見人等が介護サービス提供事業者やケアマネージャーである必要性と，第三者を監督人に選任した場合には，監督人に対する報酬が追加的に発生するという経済的な課題が新たに生じることになり，それらを含め総合的に検討することになるであろう。

　なお，職務分掌（身上監護と財産管理）し，身上監護を介護サービス提供事業者が，財産管理を第三者が担う方法も検討したが，介護契約等は身上監護に関する事務であると考えられているため，利害関係の問題は解消しないと考えたことを付け加える。

身分関係がある場合の成年後見人等の選任について

【事例3】

本人等は高齢の夫婦で，介護サービスの提供を受けながら二人で生活していました。夫婦の間では，主に妻が日常の財産を管理しており，夫

は預貯金がいくらあるのか，年金がいくら支給されているのかも把握していません。

　その妻が突然倒れ，脳梗塞と診断され会話も難しい状態になりました。夫は，一定の判断能力はありますが，財産管理は難しく夫婦双方に支援が必要な状況です。夫婦の通帳をみると，夫名義の預金は1,000万円，妻名義の預金は3,000万円の残高が確認できます。収入は，年金だけのようで夫が月18万円，妻は月6万円です。支出としては，年金支給の度に夫の預金から30万円引き出され，その他生活費（公共料金・介護サービス費）等も全て夫の預金から引き落としされており，夫はマイナス収支で，妻の預貯金に変動はなく年金分プラス収支で推移しています。

(1) 身分関係がある複数の者の成年後見人等に同一人が選任される背景

　成年後見制度を利用しようとする段階で，高齢の夫婦双方や，同居している親子など，身分関係がある複数の者（以下「本人等」という。）を対象に同時に成年後見制度の利用が勧められることがある。【事例3】のように，それまで主に財産管理を担っていた夫婦の一方が病気になった場合や，障害のある子の親が高齢に達した場合などが典型的な事例である。このような事例はいわゆる「財布が一緒」になっていることが多く，成年後見人等が同一人であった方が，もともとの本人等の意思に沿って行われていた財産管理の方針を承継し易いという側面もあって，身分関係がある複数の者の成年後見人等に同一人が就任する方向で調整されることが多い。

　身分関係がある本人等の成年後見人等に，同一人が就任している事例は実務でも見られるが，利害関係が生じることはないのであろうか。

(2) 本人等の成年後見人等に同一人を選任することを避けるべき場合

　本人等がそれぞれの資産や収入によって生計を維持できる場合は，本人等の間で財産の移動等を伴う可能性は低く，利害関係の問題は生じないと考えることもできる。しかし，成年後見制度は長期に亘って法定代理人であるこ

第1章　後見が始まるとき

とが想定されている。制度利用期間中、予期せぬ事態が生じるなどし、扶養義務の履行と扶養を受ける権利の行使を検討しなければならない事態が生じることもあるであろう。そういった場合に、双方の成年後見人等が同一人であったときは、その扶養の方法や扶養する金額等を同一人が検討することになるから、双方代理（民108条）に該当すると考えられる。

　したがって、成年後見等開始時において扶養に関する権利義務関係にある複数の者の一方がもう一方の者から扶養を受けなければ生計を維持できない場合や、将来そうなることが予見できるときは同一人を成年後見人等に選任することを避けるべきである。

　また【事例3】のように、当面は双方の財産で生計を維持できる場合でも、一方の者に財産が偏在している場合や、一方の者だけの収入を活用して生活費を支出してきたことが伺えるようなときに、成年後見制度を利用すると各々の生活費は各々の財産から支出するように一般的には管理することになる。そうすると、それまでの生活費等の負担方法や割合を変更することになって、結果的に本人等の財産形成にも変更を来たすことになるから、同一人を成年後見人等に選任することは慎重に考えるべきであろう。

(3)　本人等の成年後見人等に同一人が就任後、扶養に関する利害関係が生じた場合の対応について

　本人等の成年後見人等に同一人が就任している場合に、予定していなかった支出が生じるなどして、一方の資産では生計を維持できなくなり扶養の問題が現実化したときには、第一義的には特別代理人の選任を検討することになる。しかし、特別代理人は、成年被後見人等が相続人として遺産分割協議をする場合や、施設へ入所する際の一時入居金を支出する場合など、一時的かつ特定された法律行為について利害関係が生じた場面の活用が想定されている。随時変動する生活費等を扶養するような場合に特別代理人を選任する方法は予定されておらず、同一人が双方の成年後見人等を継続する場合には、監督人の選任を検討することになる。

　本人等が双方後見類型である場合に、扶養義務者である者が、扶養権利者

であるもう一方の者に対し「援助してやってほしい」という主旨の意思の表明があったしても，判断能力を欠く常況にある扶養義務者の意思の表明を無権代理の追認的な意思表示と同視すべきではないと考える。また，扶養義務者が保佐又は補助類型の場合に，同様の意思の表明があったとしても，判断能力が不十分な本人の保護という理念を重視する立場からは，扶養義務者と成年後見人等との間だけで，扶養権利者に対する生活費援助額等を決定することは避けるべきであるということになる。したがって，扶養義務者に監督人を選任する方法を検討するか，一方又は双方を辞任して，成年後見人等を交代する方法を検討することになる。

　ただし，監督人を選任する方法をとった場合には，監督人報酬が追加的に発生するという課題が生じるため，事例によっては監督人を選任することなく監督機関である家庭裁判所の許可審判事項（民860条ただし書）として「成年後見人等は，扶養義務者である本人の財産から，扶養権利者に対し，月金〇〇万円を限度として扶養することを許可する」等の処分をすることで，本人の意思の尊重と本人の保護との調和を図ることができると思われる。

(4)　問題提起として，本人の推定相続人を成年後見人等に選任することについて

【事例4】

　本人は，中度の認知症を発症している80歳代の女性です。不動産賃貸業を営む資産家で，長男と一緒に事業を行い二人で暮らしています。本人には三人の子がいますが，長男以外の娘二人には，将来の相続税の節税対策のため既に相応の贈与をしており，残っている財産は長男に全て相続させる遺言を遺し，本人自ら相続税の節税対策を行ってきたことが窺い知れます。

　本人名義の普通預金残高が乏しくなってきたことから，長男が，本人名義の定期預金を解約しようとしたところ，金融機関から本人か成年後

> 見人でないと解約に応じることはできないと言われ，成年後見制度を利用することにしました。長男は，自分が成年後見人に就任すれば，本人名義の定期預金の解約はもちろん，将来のため相続税節税対策をしたいと考えています。

　節税対策も多様ではあるが，基本的には，相続が発生して，相続人が相続税の申告をするとき，相続財産評価額が少額に評価されるために本人の生前に行う対策であろう。したがって，本人のための財産管理事務というよりは将来の相続に備えた相続人のための事務であるから，本来の成年後見人等の職務範囲外であると考える。しかし，【事例4】のように本人自らが節税対策をしていたことが確認できる場合や，本人も節税対策を希望しており，それをすることが成年後見制度利用の動機になっているときはどうであろうか。

　節税対策を施さなければならないほど財産がある場合や，遺言がある場合に，推定相続人のうちの一人を成年後見人等に選任することで利害関係が生じてしまうことはないのであろうか。穿った見方をすれば，将来，本人に相続が発生したときの財産が多ければ承継する遺産が多くなるという関係にあり，潜在的に利害関係があると考えることもできるであろう。

　また遺言がある場合に，法定相続分とは異なる分割方法を定めたものも含まれるから，推定相続人が複数存在している場合に，そのうちの一人を成年後見人等に選任することで，利害の対立が生じてしまう可能性があるのではないだろうか。【事例4】の場合は，これに加えて個人事業を営んでいることも相まって，ケースによっては第三者を選任することで透明性が高まることに資することもあるだろう。

むすび

　利害関係の有無について判例は，自己契約・双方代理であっても行為の外形上成年被後見人等の不利益にならないことが明らかであれば利益相反行為ではないとしながらも，行為の外形上成年被後見人等の不利益となることが

予想され得るとき，つまり実質的に不利益でなくても利益相反行為に該当する，として本人を保護している。

　一方，成年後見制度では，判断能力が不十分な本人の保護はもちろんのこと，本人の意思の尊重も基本理念であり，両者が相反する場合でも極力両立する方法を模索しなければならない。成年後見人等を選任する場面や，選任後利害関係が生じた場合に，監督人の選任や家庭裁判所が必要な処分をすることで本人の保護と，本人の意見の調和を図ることができないだろうか。

　本稿では，主に成年後見人を選任するとき，特に利害関係が問題となる場面を取り上げ考察したが，潜在的な利害関係も含め，事例を積み重ね，さらなる研究が必要であると思われる。

〔上野　貴志〕

第 1 章　後見が始まるとき

2

成年後見制度における市町村長申立て

はじめに
Ⅰ　市町村長申立ての意義と現状
Ⅱ　市町村長申立ての実務と運用
Ⅲ　市町村長申立ての課題と検討
むすび

はじめに

　わが国は未曾有の超高齢社会にあり，家族形態の変化，近隣関係の希薄化等により，いわゆる「無縁社会」が広がりを見せている。その中にあって，認知症等で判断能力が低下した高齢者が適切な監護者もいないまま地域社会において孤立し，それに伴うトラブルや法律相談も増加している。

【事　例】

　本人（90歳代女性・中度認知症）は，民間の賃貸住宅で長男（60歳代男性・無職）と二人暮らし。長男のほかに身寄りはなく，これまで，本人の財産は長男が管理していた。本人には十分な年金収入があるにもかかわらず，税金や社会保険料を滞納しており，家賃の支払いも遅れがちであった。3ヶ月前に長男が脳梗塞で入院してから，家賃や医療費，介護サービスの利用料等も支払われなくなった。長男による本人名義の財産の不正使用いわゆる「経済的虐待」も疑われ，担当の介護支援専門員から地域包括支援センターに相談が持ち込まれた。
　介護事業者は，これ以上未払いの状態が続けば契約を解除せざるを得ないとしており，このままでは本人が適切な介護を受けられなくなるお

それがあるため，早急な対応が求められる。また，賃貸人も，賃料の滞納が解消されないうえ，適切な監護者がいない現状では，火の不始末や水漏れ等の不安もあるため，賃貸契約を解除して，建物を明け渡してもらいたいと考えている。

　売買などの法律行為を確定的に有効に行うためには，自らの行為の結果を理解できるだけの能力（意思能力）を有していることが必要であり，意思能力を欠く者がした法律行為は無効である[1]。しかしながら，意思無能力を理由に法律行為の無効を主張するには，意思表示の時点で表意者に意思能力がなかったことを，表意者自身が立証しなければならず，その立証は必ずしも容易ではないため，意思無能力者の保護としては不十分である。また，反対に，意思能力がなかったことが立証されると，その法律行為は無効となり，取引の相手方は，法律行為に基づく権利が認められないのみならず，反対給付の返還すら受けられないおそれもある。
　そこで，民法は，意思能力を欠く者や単独で法律行為を行えるだけの判断能力を有しない者を，その程度や年齢に応じて，未成年者，成年被後見人，被保佐人及び被補助人の4類型に分け，これらの者を制限行為能力者として，後見人等の適切な監護者を選任するとともに，制限行為能力者が単独でした法律行為は，意思能力の有無にかかわらず，一定の要件のもとにこれを取り消すことができるとして，判断能力が不十分な者を保護するための制限行為能力者制度を採用している。また，制限行為能力者制度は，これから取引に入ろうとする者が，相手方が制限行為能力者であるか否かを，身分証明書や登記事項証明書等で確認し，不測の事態を回避することによって取引の相手方を保護するとともに社会における法律関係の安定を図るという側面も有している。
　現在，わが国は，4人に1人が65歳以上という超高齢社会にあり[2]日常生活において何らかの支援を必要とする「認知症高齢者の日常生活自立度」Ⅱ[3]以上の高齢者数は，平成27年には推計値で345万人にのぼるとされている[4]。一方，平成12年4月から平成26年12月までの成年後見関係事件のうち

認容で終局した事件件数の累計は31万件あまり[5]で、日常生活において何らかの支援を必要とする認知症高齢者のうち制限行為能力者として保護されている者はごく一部に過ぎず、その多くは、判断能力が低下していても家庭裁判所の審判を受けず行為能力者のままとなっていることがうかがわれる。

また、【事例】のように、本人や親族による適切な財産管理がなされず、介護サービスの利用料や家賃の滞納状態が解消されなければ、介護事業者や賃貸人等の利害関係人は、契約を解除したうえで、未払い料金の支払いや建物の明渡しを求める訴訟を提起せざるを得なくなる。しかしながら、意思能力を欠く者が行った訴訟行為は無効[6]であり、意思能力を欠く者を相手に訴訟を提起する場合には、特別代理人の選任を求め（民訴35条1項）、特別代理人に対して行わなければならない。

このように、判断能力が低下していながらも後見等開始の審判を受けず行為能力者のままとなっている状態は、本人の保護に欠けるだけでなく、一度紛争が起きれば、その対応は通常と比べて煩雑なものとなるため、利害関係人にとっても深刻な状況である。近年では、高齢者であるというだけで、後日の紛争を恐れ、建物賃貸借契約などの継続的取引を拒否される事例も増えてきており、判断能力が低下した高齢者だけでなく、健康な高齢者にまで影響が及んでいる。

I 市町村長申立ての意義と現状

成年後見制度を利用するには、親族等の申立権者から、家庭裁判所に対して、後見等開始の審判の申立てがなされなければならない。そして、親族等による適切な申立てが期待できない者にも成年後見制度を利用できるよう、一定の要件のもと市町村長に対しても申立てが認められている。本節では、成年後見制度における市町村長申立て（以下、単に「市町村長申立て」という。）の意義と現状について考察してみたい。

2　成年後見制度における市町村長申立て

(1)　後見等開始の審判の申立権者

　民法は，後見等開始の審判の申立権者として，本人，配偶者，四親等内の親族，未成年後見人，未成年後見監督人，保佐人，保佐監督人，補助人，補助監督人及び検察官を規定（民7条）し，加えて任意後見契約に関する法律（平成11年法律第150号）において，任意後見受任者，任意後見人及び任意後見監督人にも申立てが認められている（任意後見10条2項）。

　そして，身寄りのない高齢者や親族による申立てが期待できない高齢者等，成年後見制度による保護を必要とする者が放置されないようにとの社会的要請から，65歳以上の者，知的障がい者及び精神障がい者については，その福祉を図るために特に必要があると認めるときに，市町村長にも申立てが認められることとなった（老人福祉32条，知的福祉28条，精神福祉51条の11の2）。

　成年後見制度創設の過程においては，民間福祉施設の長等を単に情報を提供するにとどまらず，申立権者に加えるべきとの意見[7]や，申立権者による申立てを待つことなく裁判所が職権で手続を開始することができるようにすべきとの意見[8]もあったが，いずれも採用には至らなかった。また，制限行為能力者制度が取引の相手方を保護するとともに社会における法律関係の安定を図るという側面も有するとしながらも，後見等開始の審判については，不在者財産管理人（民25条）や未成年後見人（民840条1項），相続財産管理人（民918条2項）の選任の場合と異なり，利害関係人からの申立ても認められていない。

(2)　市町村長申立ての重要性

　民法は，事理弁識能力を欠く常況にあるとされる本人を後見開始の審判の申立権者として規定しており，さらに，家事事件手続法においては，本人の意思及び決定権を尊重する観点から，成年被後見人となるべき者及び成年被後見人に，後見開始の審判事件のほか，後見に関する一部の審判事件についても手続行為能力を認める規定が，特則として設けられた（民7条，家事118条）。ただし，この場合でも意思能力は必要であると解されている[9]。

　しかしながら，法律上，後見開始の審判事件において，本人による申立て

が認められているとしても，事理弁識能力を欠く常況にある本人自らが申立書を作成したり,戸籍事項証明書や登記事項証明書等の添付書類を収集したりすることは困難であり，弁護士や司法書士等が本人から委任を受けて，申立書を作成したり添付書類を収集したりしているのが実際のところである。その場合，本人と弁護士や司法書士との法律関係は民法上の委任契約であり，申立ての結果，本人が事理弁識能力を欠く常況にあるとして後見開始の審判がなされた場合，当該委任契約が果たして有効なものであったといえるかについては疑義がある。日本司法支援センター（法テラス）においても，事理弁識能力を欠く常況にある本人とは書類作成援助契約の締結ができないとして，本人申立てによる後見開始の審判事件に関しては，民事法律扶助は利用できないとする取扱いをしている地方事務所もある。

　このように，本人による後見開始の審判の申立ては，実際には困難な場合も少なくない。裁判所の職権や利害関係人からの申立てによる後見開始の審判が認められていない現状において，身寄りのない高齢者や親族による申立てが期待できない高齢者等に対する後見開始の審判の申立ては，事実上，市町村長による以外に方法はなく，成年後見制度による保護を必要とする高齢者等を社会から孤立させないためにも，市町村長申立ての果たす役割は非常に重要である。

(3) 市町村長申立ての現状

　近年の市町村長申立ての現状は次のとおりである[5]。なお，参考までに市町村長と同様，公的申立権者である検察官による申立ての現状も併せて示しているが，検察官による申立ては，市町村長申立ての要件が充たされず，かつ公益性の高い場合にしかなされないため，現時点では，ほとんど機能していない。

	平成21年	平成22年	平成23年	平成24年	平成25年	平成26年
終局事件数	27,409	29,982	31,436	34,220	34,105	34,046
市町村長申立件数	2,471	3,108	3,680	4,543	5,046	5,592
市町村長申立比率	9.0%	10.3%	11.7%	13.2%	14.7%	16.4%
検察官申立件数	4	0	5	2	2	2
検察官申立比率	0.014%	0 %	0.015%	0.005%	0.005%	0.005%

　市町村長申立ての件数は年々増加しており，一見，市町村長申立てが順調に機能してきているようにも見える。しかしながら，平成26年現在で，65歳以上の高齢者夫婦のみの世帯及び単独世帯の数は，1,270万世帯にのぼり，平成22年に479万人を数えた単身高齢者は，平成37年には700万人を超えるとされている[2]。これに比例して，市町村長申立てを必要とする高齢者等が増加することは必至であり，早急に対応を検討する必要がある。

II　市町村長申立ての実務と運用

　現在では，市町村長申立てにかかる手引き[10]等を整備している市町村も多く，これらの市町村においては，申立ての事務は当該手引き等に従うことになるが，本節では，一般的な市町村長申立ての実務に沿って，その運用について考察してみたい。

(1)　市町村長申立ての端緒

　市町村長申立ては，近隣住民や民生委員，地域包括支援センター等の関係者から，成年後見制度による保護を必要とする高齢者等についての相談や要請が市町村の担当部署に寄せられることが端緒となるのが一般的である。関係者から相談や要請を受けた市町村の担当部署では，関係者等から聞き取った情報や本人と面談して直接得た情報をもとに，現状の課題は何か，成年後

見制度の利用によってその課題が解決するのか，成年後見制度以外に解決方法はないか等を検討する。市町村によっては，社会福祉協議会の職員や担当の介護支援専門員のほか，弁護士や司法書士等の専門職を交えて支援検討会議（ケース会議）を設けているところもある。

なお，本人が複数の市町村と関係している場合，例えば，A市に住民登録をしたまま，B市の介護老人保健施設に長期入所しているような場合，A市とB市のいずれが申立てを行うかについては，特に法律による規定はないが，住民登録地である市町村が申立てを行っているのが一般的である。

(2) 本人に関する調査の実施

市町村の担当部署において収集した情報をもとに，本人のために成年後見制度を利用する必要性があると判断した場合には，市町村長申立てに向けて，より詳しく本人の状況について実態を把握するための調査を実施しなければならない。

① 本人の心身状況等の調査

まず，既に後見等開始の審判がなされていないか，また，本人が任意後見受任者との間で任意後見契約を締結していないかを確認するため，法務局で成年後見登記にかかる「登記されていないことの証明書」を取得する。任意後見契約の登記がなされている場合には，自らの意思で採用した任意後見契約が優先されるため，家庭裁判所は，本人の利益のために特に必要があると認められる場合でなければ，後見開始の審判等をすることができない（任意後見10条1項）。よって，任意後見契約がなされていることが判明した場合には，市町村は，任意後見受任者に任意後見監督人選任の申立てを要請し，任意後見受任者が要請に応じないときに限り，本人の利益のために特に必要があるものとして，後見開始の審判等を申し立てることになる。

次に，本人の判断能力の程度に応じて，「後見」，「保佐」，「補助」のいずれの類型が適当であるかを見極める必要がある。具体的には，本人の主治医等により作成された診断書に基づいて判断することになるため，市町

村は，地域包括支援センターや介護支援専門員等に，本人の主治医等から，裁判所指定の様式による診断書を作成してもらうよう依頼する。その結果，「保佐」類型が相当であると診断された場合には，保佐人に代理権を付与する必要があるかどうかを改めて検討しなければならず，代理権を付与する必要があると判断した場合には，本人の同意が得られるかどうかも併せて検討しなければならない（民876条の4第2項）。また，「補助」類型が相当であると診断された場合には，申立て自体において本人の同意が必要となる（民15条2項）ため，本人に後見制度について理解してもらう必要がある。ただし，実際は，「保佐」や「補助」類型の場合には，本人が申立人となることが多く，市町村長申立てがなされる事案は限られるため，以後，特に断りのない限り，後見開始の審判について論じることとする。

② **本人の親族関係の調査**

本人の心身状況等の調査の結果，後見開始の審判の申立てが必要であると判断した場合には，本人の親族関係を調査して，申立人となる親族がいないかを確認する必要がある。厚生労働省は，成年後見制度創設当初，四親等内の親族が申立権者として民法に規定されていることから，市町村長申立てをするにあたり四親等内の親族を調査することを求めていた。しかしながら，この作業が極めて煩雑であることも要因となって，市町村申立てが十分に活用さていない状況にあったため，平成17年7月29日付通知[11]により，二親等内の親族の存否とその意向確認で足りると変更した。これにより市町村は，親族調査によって判明した二親等内の親族に対して，申立人となる意思があるかどうかを確認すれば足りる。ところが，本通知には，二親等内の親族がいない場合であっても，三親等又は四親等の親族であって審判請求をする者の存在が明らかであるときは，市町村長申立ては行わないことが適当である旨併記されていた。そのため，市町村長申立てに消極的な市町村では，これを曲解し，申立人となる親族を見つけるため，敢えて親族調査の範囲を四親等まで広げて行っている場合も少なくない。事実，本通知以後も約3割の市町村が親族関係の調査範囲を四親等までとしている[12]。

③ 本人の資産及び収支状況の調査

　本人の心身状況や親族調査等の結果，市町村長申立てによる成年後見制度の利用が適当と判断した場合，本人の資産及び収支状況も調査する必要がある。申立書の添付書類である財産目録や収支予定表を作成するためであるが，本人の資産等を把握することによって，どのような後見人が選任されるか，後見人の報酬が市町村の実施する成年後見制度利用支援事業における助成の対象となる可能性や生活保護の必要性があるかどうかなど，今後の後見事務の予測が立てやすくなる。

　家庭裁判所は，財産目録や収支予定表の裏付け資料として，通帳の写しや医療費等の領収書の写し等の提出を求めているため，本人の同意を得てそれらの写しを収集する必要がある。ただし，親族の協力が得られない場合や本人が財産に固執して通帳等を預からせてもらえない場合には，いたずらに時間をかける必要はない。

(3) 家庭裁判所に対する申立て

　後見等開始の審判事件は，成年被後見人となるべき者の住所地を管轄する家庭裁判所の管轄に属する（家事117条1項）。ここで言う「住所地」とは，「生活の本拠」をいい（民22条），必ずしも住民登録地とは一致しない。本人が住民登録地以外の病院に長期入院しているような場合には，当該病院の所在地を管轄する家庭裁判所に対して申立てをすることになる。また，管轄は申立時を基準として判断されるため，例えば，申立時には，A家庭裁判所の管轄内に居住しているが，後見開始後は，B家庭裁判所の管轄内にある施設に入所予定であるような場合でも，原則として，A家庭裁判所が管轄裁判所となる。ただし，関係者の利便性等を考慮して，特に必要があると認める場合には，管轄権のない家庭裁判所が自ら処理することもできるとされており（家事9条1項但書），そのような場合には，あらかじめ家庭裁判所と相談のうえ，調整しておく必要がある。

　申立てにあたっては，家庭裁判所にあらかじめ面接日を予約したうえ，家庭裁判所調査官又は参与員との面接により事情聴取が行われる。家庭裁判所

での面接には，市町村の担当職員と本人が出席し，できれば，本人の状況等について詳しく知る社会福祉協議会の担当者や介護支援専門員等の関係者にも同席してもらうことが望ましい。なお，本人については，必ずしも出席する必要はなく，病気などで出席が困難な場合には，事前に家庭裁判所にその旨伝えておけば足りる。その場合，家庭裁判所は，必要があると判断すれば，家庭裁判所調査官を本人のもとに派遣して調査を行う。

　家庭裁判所は，後見及び保佐開始の審判をするにあたり，明らかにその必要がないと認められる場合を除いて，原則として，本人の精神の状況につき鑑定をしなければならない（家事119条，133条）。しかしながら，申立書に添付する医師の診断書の所見が後見相当とされている場合には，鑑定は省略される傾向にある。平成26年に終局した後見開始，保佐開始，補助開始及び任意後見監督人選任事件のうち，鑑定を実施したものは，全体の約10.8％に過ぎない[5]。

　登記手数料や鑑定費用等，申立てにかかる費用は，原則として申立人の負担となるが，申立人に負担させることが公平の観点から妥当性を欠くような特別の事情がある場合には，家庭裁判所は，当事者や利害関係参加人等，申立人以外の者に負担させることができる（家事28条2項）。市町村は，本人に費用を負担させることが適当であると判断した場合には，審判の申立てと同時に，家庭裁判所に対して，家事事件手続法28条2項に規定する費用の負担を命ずる審判の職権発動を促す上申書を提出する。

(4) 後見等開始の審判確定後

　後見人は，審判が確定して初めてその職務を開始する。市町村長申立てによって選任された後見人は，審判が確定すると，速やかに市町村の担当職員に連絡を取り，市町村の担当職員を通じて，社会福祉協議会の担当者や介護支援専門員等の関係者と日程調整のうえ面会し，被後見人の財産及び収支の状況，現状の課題等を聞き取り，社会福祉協議会等で管理している通帳や被保険者証等があれば引継ぎを行う。可能ならば，被後見人がかかわる他の担当課や地域の民生委員等に後見人が選任されたことを周知しておくと，今後

の後見事務が円滑になるのであるが，個人情報保護条例等を理由に拒否される場合も少なくない。

III 市町村長申立ての課題と検討

　前節では，一般的な市町村長申立てについて，事件の端緒から審判確定後までを，実務の流れに沿って見てきた。そして，本節では，市町村長申立てにおける実務上の課題について考察してみたい。

(1) 市町村長申立てにおける人材的課題

　公益社団法人成年後見センター・リーガルサポートが平成24年に実施したアンケート調査[12]の結果によると，申立てを円滑に進めるにあたっての障害理由として，73.2％の市町村が，「親族の有無の調査に時間がかかる」と回答している。これは，先に述べたとおり約3割の市町村が未だ四親等まで親族調査を行っていることと関係しているものと思われる。また，57.7％の市町村が「親族の申立ての意思の確認に時間がかかる」と回答しているが，親族に対する意向確認には，一定の期限を設けて，期限内に回答がなければ，申立人となる意思がないものとして，市町村長申立ての手続を進めるべきである。さらに，同じ市町村長申立てでも，高齢者に関しては高齢者福祉課，障がい者に関しては障がい者福祉課と，高齢者と障がい者とで担当課が異なるといった効率の悪い事務運営がなされている市町村もあり，市町村内において改善すべき点も少なくない。

　一方，25.2％の市町村では「人員が足りない」と回答しているが，近年の市町村の財政状況を考えると，直ちに担当課職員を増員するということは容易ではない。市町村内において人員補強が困難であるならば，外部資源を有効活用する方法が考えられる。現在，大阪府下では，一部の市町村が大阪府行政書士会との間で，市町村長申立てを行うにあたり必要な戸籍事項証明書等の収集による親族調査及び親族関係図の作成に関する業務委託契約を締結している。また，公共事業等に伴う官公署の不動産登記を取り扱う公共嘱託

登記司法書士協会のように，親族調査や申立て必要書類の収集から申立書の作成等を一貫して外部委託できるシステムを構築することも検討する余地があるのではないだろうか。

(2) 市町村長申立てにおける財政的課題

　多くの市町村では，日本弁護士連合会と日本社会福祉士会とが共同で作成した「成年後見制度利用支援事業要綱」[13]をモデルに，独自の成年後見制度利用支援事業要綱を制定し，市町村長申立てを行った者で生活保護受給者及びこれらに準ずる者に対して，後見人等の報酬の支払いに要する費用の一部又は全部を市町村が助成する旨規定している。そのため，財政の厳しい市町村では，一定の財政負担を伴う市町村長申立てをためらわせる要因ともなっている。平成20年に，厚生労働省は，市町村に対し，成年後見制度利用支援事業の対象者を市町村長申立てに限らない旨の事務連絡[14][15]を出したが，平成24年現在においても，成年後見制度利用支援事業要綱を制定した市町村のうち約6割の市町村が成年後見人等の報酬助成の対象を市町村長申立てに限定している。また，約2割の市町村では，成年後見人等の報酬助成を定めた成年後見制度利用支援事業要綱の制定すらなされていない[12]。

　全国の市町村において成年後見制度利用支援事業に対する予算額及び施行額とも年々増加しているものの，予算額に対する執行額の割合（予算執行率）は平成22年度で約23％と低く，[13]また，執行額が予算額を上回っている市町村もあれば，予算額が計上されながら執行されていない市町村や予算額の計上すらされていない市町村もある[16]など，成年後見制度利用支援事業における市町村格差も生じている。

　また，成年後見制度利用支援事業は，対象者が高齢者の場合は，介護保険法に定める地域支援事業における任意事業として実施され，財政における負担割合は国が39.5％，都道府県と市町村がそれぞれ19.75％，介護保険第1号被保険者の保険料から21％となっており，対象者が知的障がい者又は精神障がい者の場合には，障害者の日常生活及び社会生活を総合的に支援するための法律（障害者総合支援法）に定める市町村地域生活事業における必須事

業として実施され，その負担割合は国が50％，都道府県と市町村がそれぞれ25％となっている。このように成年後見制度利用支援事業における事業費[17]は，複数の財源から拠出されており，いずれかの財源が不足すれば事業全体の運用に影響を及ぼすことにもなりかねない。

　さらに，地方財政法18条は，国の負担金等の額は，地方公共団体が当該負担金等に係る事務を行うために必要でかつ充分な金額を基礎としなければならない旨規定しているものの，現実は，充分な金額が確保されてとは言いがたい。そのため，市町村が超過負担を強いられるおそれもあり，財政的に余裕のない市町村では積極的に事業を推し進めることが難しい。逆に，市町村において十分な予算が確保されていても，予算執行にあたり，事前に都道府県等と執行協議を経たうえで，概算交付決定を受けなければならない場合には，市町村の要望どおりの概算交付決定が下りず，予算どおり執行できないこともあろう。また，後見人等の報酬助成は，後見業務が続く限り支出し続ける必要があるため，市町村長申立ての件数が増えれば，財政の支出は累積的に膨らみ続けることになる。現行の制度のもとで，長期的に成年後見制度利用支援事業を維持するためには，将来を見据えた事業計画に基づいて運用しなければならず，単年度事業のように年度末に予算を使い切るというわけにもいかない。

　このように，成年後見制度利用支援事業は，市町村に一定の財政負担を課すうえ，対象者によって財源や負担割合が異なるなど，市町村にとっても運用しづらいものといえる。

(3) 市町村長申立てにおける実務的課題

　成年後見制度による保護を必要とする高齢者等についての相談や要請が市町村の担当課に寄せられ，市町村の担当課による本人の心身状況や親族調査等の結果，市町村長申立てによる成年後見制度の利用が適当と判断した場合，具体的に申立ての準備に入ることになる。しかしながら，前述のとおり人材的，財政的課題を抱えた現状では，市町村に寄せられる全ての事案について市町村長申立てをすることは不可能であり，緊急性の高い事案から優先的に

対応していかなければならないのが現状である。その場合，対象者の選定や手続選択の客観性，公平性を確保する必要がある。法律や福祉の専門家を加えた第三者委員会等を設置し，市町村長申立ての適否等を検討する仕組みを備えることは有意義である。ただし，委員会等を設置した場合，委員会の開催日程の調整や資料作りに時間と手間がかかり，担当職員の負担が増し，申立てが円滑に行われないとの弊害を指摘する声も聞かれる[16]。

　また，後見開始の審判の申立てにあたっては，後見人候補者を選定することができる。市町村長申立てにおいても，緊急性が高い場合など，申立てにあたり，当初から相談に応じていた専門職後見人や市民後見人，あるいは成年後見制度に取り組んでいる社会福祉法人等を候補者に選定することが適切な場合がある。ただし，老人ホーム等の施設を運営する法人や施設長を，施設入所者の成年後見人等に選定することは，利益相反にあたる可能性があるので注意を要する。さらに，申立てに際して特定の専門職等を候補者に選定することが，特定の事業者に対する利益供与にあたり，地方自治法に抵触するおそれがあるため，候補者を選定する場合には慎重に検討する必要がある。一律に候補者を立てないとする取扱いをしている市町村もある。候補者を立てずに申立てをした場合又は候補者が適当ではない場合には，家庭裁判所が職権で後見人等を選任することになる。現在，多くの家庭裁判所ではいわゆる推薦制度が運用されており，この場合，家庭裁判所は，事案に応じて弁護士会や公益社団法人成年後見センター・リーガルサポート（司法書士），社会福祉士会等の専門職団体に対して，後見人等候補者の推薦依頼を行い，専門職団体より推薦のあった専門職を後見人等に選任している。

むすび

　わが国は，「障害者の権利に関する条約（障害者権利条約）」の批准に向け，平成24年に「障害者自立支援法」を改正し，「障害者の日常生活及び社会生活を総合的に支援するための法律（障害者総合支援法）」として，成年後見制度利用支援事業を市町村地域生活支援事業における必須事業に格上げした。

さらに，平成25年には障害者総合支援法を改正し，新たに成年後見制度法人後見支援事業を市町村地域生活支援事業における必須事業に加えた。そして，平成26年1月20日（ニューヨーク時間），障害者権利条約を批准し，同条約は，同年2月19日よりわが国においても効力を有するものとなった。

　本条約は，障がい者が生活のあらゆる側面において他の者との平等を基礎として法的能力を享有することを認めると規定すると同時に，障がい者がその法的能力の行使にあたって必要とする支援を利用する機会を提供するための適当な措置をとるべきことを締約国の義務として規定している（障害者権利条約12条2項・3項）。これにより，判断能力が低下した高齢者等で身寄りのない者や親族による申立てが期待できない者等も，他の者と同等の法律上の権利を行使するために，成年後見制度を利用することができるよう，市町村長申立てにおいて国の果たすべき役割はこれまで以上に重要なものになったといえる。[18] そして，市町村長申立てが円滑に機能するために，国は，成年後見制度利用支援事業を単なる自治事務として市町村任せにするのではなく，成年後見制度を対象者や地域に関係なく全ての国民が等しく受けられる社会保障サービスとして位置づける必要がある。そのうえで，成年後見制度利用支援事業にかかる事務を複数の市町村が共同で処理するための一部事務組合や広域連合を設立させて事務の合理化を図る，あるいは国においてその適正な事務処理を確保するために，成年後見制度利用支援事業を法定受託事務とするなど，成年後見制度利用支援事業を抜本的に見直す必要があるのではないだろうか。

【注】
1）大判明治38年5月11日民録11輯706頁
2）内閣府『平成27年版高齢社会白書』
　http://www8.cao.go.jp/kourei/whitepaper/w-2015/zenbun/27pdf_index.html
3）日常生活自立度Ⅱとは，日常生活に支障を来すような症状・行動や意志疎通の困難さが多少見られても，誰かが注意すれば自立でき，およそ保佐相当の状態である。
　http://www.mhlw.go.jp/stf/houdou/2r9852000002iau1-att/2r9852000002iavi.

pdf
4）厚生労働省『認知症高齢者数について』（平成24年）
　　　http://www.mhlw.go.jp/stf/houdou/2r9852000002iau1.html
5）最高裁判所事務総局家庭局『成年後見関係事件の概況』
　　　http://www.courts.go.jp/about/siryo/kouken/
6）最二小判昭和29年6月11日民集8巻6号1055頁
　　　http://www.courts.go.jp/app/files/hanrei_jp/363/057363_hanrei.pdf
7）平成11年7月2日衆議院法務委員会日野市朗衆議院議員意見
　　　http://www.shugiin.go.jp/internet/itdb_kaigiroku.nsf/html/kaigiroku/000414519990702021.htm
8）平成11年11月16日参議院法務委員会北岡秀二参議院議員意見
　　　http://kokkai.ndl.go.jp/SENTAKU/sangiin/146/0003/14611160003003.pdf
9）松川正毅ほか編『別冊法学セミナー　新基本法コンメンタール　人事訴訟法・家事事件手続法』337頁（日本評論社，2013）
10）大阪成年後見制度研究会『成年後見制度　市町村長申立ての手引き』
　　　http://www.osakafusyakyo.or.jp/kouken/enlightenment.html#tebiki
11）平成17年7月29日障障発第0729001号，障精発第0729001号，老計発第0729001号通知
12）公益社団法人成年後見センター・リーガルサポート『「成年後見制度利用支援事業の成年後見人等への報酬助成」に関連（含「市町村長申立て」「市民後見人」）するアンケート結果報告書』（平成24年4月）
　　　http://www.legal-support.or.jp/act/other_pdf/140722houshujosei.pdf
13）日本弁護士連合会が，成年後見制度の市町村長申立ての活性化と成年後見人等報酬助成の速やかな実施を求める意見書において，日本社会福祉士会との共同検討により作成したモデル要綱
　　　http://www.nichibenren.or.jp/library/ja/opinion/report/data/2003_45_2.pdf
14）知的障がい者及び精神障がい者について，平成20年3月28日付厚生労働省社会・援護局障害保健福祉部障害福祉課事務連絡
　　　http://www.pref.oita.jp/uploaded/attachment/11125.pdf
15）高齢者について，平成20年10月24日付厚生労働省老健局計画課長事務連絡
　　　http://www.pref.mie.lg.jp/CHOJUS/HP/kaisei/08nendo/081024seinen.pdf
16）非営利活動法人成年後見支援・普及センター（トムテ）『大阪府内市町村における成年後見制度利用に関するアンケート結果報告書』（平成22年2月）
　　　http://tomute.biz/topics/pdf/10.02.pdf

17) 主な事業費として，印紙代，郵便切手代，診断書作成費，鑑定料，親族調査のための委託費等の申立費用や本人の資産状況から後見人等の報酬を負担することが困難な場合における後見人等の報酬助成費用のほか，成年後見制度普及のためのパンフレット作製費や市民向け講習会開催費等の広報費用が挙げられる。

18)「日本の成年後見制度は，精神上の障がいによる判断能力の低下に応じ後見・保佐・補助の3類型に分け，後見類型では画一的な行為能力制限と包括的な代理権が付与され，保佐類型でも民法13条所定の行為につき画一的に行為能力制限がなされている点，また制度利用につき必要性や補充性が吟味されない点，あるいは取消事由がない限り終身・無期限に適用がなされる点等において，本条約に抵触するものといわざるを得ない。」との批判がある（日本弁護士連合会『障害者権利条約の完全実施を求める宣言』（平成26年10月））。しかしながら，現時点でわが国において成年後見制度に代わる意思決定支援制度が存在しない以上，成年後見人が民法858条（保佐人について民876条の5第1項，補助人について民876条の10第1項，任意後見人について任意後見6条）を誠実に順守し，本人の意思が最大限に尊重されていることを前提に，日本の後見制度は容認されるものと考えざるを得ない。

〔中谷　卓志〕

コラム1
後見等開始前の本人財産の侵害について

　後見等開始前の本人の行動について，後見等開始時に比較的近い時点で不必要な出費や不自然な財産の動きがあると，「このとき，本人の意思能力は万全だったのだろうか」と疑問を感じることは少なくありません。後見人等選任時の本人の財産ですぐに現金化できるものが少ない場合はなおさらです。

　例えば，それまで財産の形として預貯金しか持っていなかった人が，ある時期から多額の投資信託をしていたり，本人に必要だとは思えない保険へ保険料を一括払いして加入したりしていて，いま，その投資信託や保険を解約すれば大きな損金が出る…という状況にあると，それらの金融商品を契約した当時の被後見人等には果たして契約締結能力があったのかと考えてしまいます。

　筆者も経験があります。保佐開始の半年前に被保佐人が多額の投資信託を契約していたのですが，保佐開始時には本人はそのことを記憶していませんでした。代理行為目録にない手続をしてもらうために本人と一緒に該当の金融機関に行った際，取引内容を確認された被保佐人が窓口で叫びました。

　「私，こんなに投資信託をしていたんですか。全然，知らなかったわ！」

　ちなみにこの方は該当の金融機関の特別な顧客にしか入会が認められていないクレジットカードを所持していましたが，カードは送られてきた封筒に入ったまま，封筒の封も開けられずに1年以上の間，放置され，年会費5万円は本人の口座から振り替えられていました。もちろん，本人にはカード契約を申し込んだ記憶はまったくありませんでした。

　「意思能力を有せざりし時は，その行為は無効」[1]です。でも，この被保佐人が保佐開始前の，投資信託やクレジットカードを申し込んだ当時にはすでに意思能力が不十分だったと立証するのは困難なように

思います。いまは当時の記憶を失っていても、申込み当時は投資信託のリスクよりハイリターンの可能性を信じて申し込んだのかもしれないですし、カード加入による特典を魅力的に思って入会したかもしれないからです。

現行民法には意思能力についての明文はありません。一般的には「有効に意思表示をする能力のこと」[2]であり、「すべての人間には、原則として一定の義務を負おうとする自己の意思に基づいてのみ、自己の義務を設定しうる資格が与えられていて、かかる能力が意思能力」[3]であり、「法律行為が本来の効果を生ずるには行為の結果（それによって自己の権利・義務が変動するという）を弁識するだけの精神能力すなわち意思能力を有する者によってなされなければならない」[4]と説明されています。そして「意思能力の有無は、個々の具体的な法律行為ごとに、行為者の年齢・知能などの個人差その他の状況をふまえての実質的・個別的判断にかかるものであり、なんらかの画一的・形式的な基準によるものではない。したがって、問題になる法律行為がいかなる種類の法律行為であるかによっても判定が異なることがありうる」[5]。つまり、同じ売買契約であっても「日用品を買う」という行為と「不動産を買う」という行為では、同じ人物であっても意思能力の有無の判定に違いがある場合もあるとされています。

ところで、後見人等は後見等開始前の被後見人等の財産の損失の回復のために積極的に動かなければならないのでしょうか。

成年後見人等の業務は後見等開始後の被後見人等の財産管理を民法858条に基づいて手堅く行うことが第一であることに変わりありません。やみくもな訴訟提起は逆に本人の財産を無駄に費消させる可能性が高いといえますから提唱できません。

それでも提訴して回復できる見込みが高く、回復する必要に迫られている場合や、あるいは家庭裁判所から指示のあるもの[6]については、後見等開始前に失われた被後見人等の財産回復に後見人等が行動することを考えなければならないでしょう。

後見等開始前の被後見人等の行為について、「意思無能力者に対する

貸付行為は無効であり，貸付の返済として受理した金員は不当利得として返還するべきである」[7]とされた事案を紹介します。

【訴訟に至る経緯】施設入所中の高齢女性が，2年前に年金担保による貸付を受けたが，借りた全額が女性の長男により出金されており，女性の年金も全額が長男に搾取され，女性の施設費用はこの貸付前から滞納が続いている。行政が介入し，経済的虐待と認定されて市長申立てにより成年後見人が選任された。

　無職の長男にこれまでの搾取金の返還は期待できないが，年金担保の契約当時，すでに認知症が相当に進行していたために施設に入所していたこの女性に契約締結能力があったとは考えられない。意思無能力による契約無効を主張できるのではないか。

　この事案では，貸付契約の約3年前から，本人は認知症その他の病気の進行により在宅独居が不可能になって施設に入所していました。貸付契約は長男が体の不自由な本人を施設から金融機関の窓口まで連れて行って行われたものですが，自己の年金だけで施設費用を十分に賄える本人には貸付を受けなければならない理由がありませんでした。このように本事案は「本人には契約時に契約締結のための意思能力がなかった」ことを立証しやすい状況にありました。また，もし，貸付が無効となり，本人の貸付法人への返済金が不当利得として本人に返還されれば，弁護士報酬等を除いても，本人の施設への滞納金を一括返済できるという期待も訴訟を提起する"動機"となりました。

　当事者の意思能力の有無が争われている事件で，問題となっている行為がなされた時点での行為者の意思能力の有無を立証するのに，近時，重要な役割を果たしているのが介護保険制度の認定調査時の主治医意見書であり，認定調査票です[8]。

　例えば主治医意見書には「心身の状態に関する意見」という項目の中に

・認知症の中核症状（認知症以外の疾患で同様の症状を認める場合を含

む。）
・認知症の周辺症状（認知症以外の疾患で同様の症状を認める場合を含む。）
・その他の精神・神経症状

　という記載欄があり、判定基準はマニュアルで指定されています。意見書の特記事項記入欄には、HDS-R[9]やMMSE[10]の得点が記入されている場合もあります。

　先に紹介した事案でも判決理由の中で、貸付契約締結時の3か月前の主治医意見書や認定調査票の記載を、本人の意思能力の有無を判断する際に大きく取り上げています。

　主治医意見書も認定調査票も、本人や家族等から介護保険の保険者である自治体に開示請求できます。「介護保険の認定を受けていれば」という条件付きですが、当事者の過去の意思能力について、入手しやすい証拠の存在は、本人の損害回復のため訴訟を提起しようとする側にとっては心強いものでしょう。

注

1）大判明治38年5月11日民録11輯706頁。なお、「民法（債権関係）の改正に関する要綱案」（平成27年2月10日）では"意思能力"について次のような規律を設けるとされている。「法律行為の当事者が意思表示をした時に意思能力を有しなかったときは、その法律行為は、無効とする。」
2）内田貴『民法Ⅰ　総則・物権総論』100頁（東京大学出版会、第2版補訂版、2000）
3）鈴木禄弥「能力」谷口知平＝石田喜久夫編『新版注釈民法(1)総則(1)』274頁（有斐閣、改訂版、2002）
4）四宮和夫『民法総則』44頁（弘文堂、第4版、1987）
5）幾代通『民法総則』51頁（青林書院新社、第2版、1984）
6）後見人等選任時に親族による被後見人等の財産侵害分の取り戻しを指示されることがある。
7）神戸地伊丹支判平成24年1月23日判タ1370号188頁
　　本件は被告が「仮に本件貸付が無効であるとしても原告は貸付金を

受領している以上，被告には何ら利得はないし，原告には現存利益がある（＝現存利益の喪失についての立証がなされなければ，被告に返還義務はない）」と主張した。

これに対し，判決は，本件貸付金は原告名義の口座に送金されているが，その口座の管理は原告の長男が行っており，長男が全額を出金し，自己のために費消していて，本人の施設費用も長男によって支払われている形跡がなく，原告に現存利益はないとして，被告主張を斥けた。

なお，控訴審も原審を支持して判決は確定したとのことである。

8) 近時の遺言無効確認訴訟で証拠として多用されている。
9) 改訂長谷川式簡易知能評価スケールの略称。問診により認知症かどうかを判断するテストで，精神科医である長谷川和夫氏によって考案された。30点満点で20点以下のとき，認知症の可能性が高いと判断される。

実務の中で，後見申立時に提出する診断書に記載されたHDS—Rの得点が，鑑定を実施するかどうかの家裁の判断に影響していると感じることは多い。

10) Mini-Mental State Examinationの略称。アメリカのフォルスタイン夫妻が考案した世界的に有名な知能検査。(9)の「HDS-R」と並行して実施されることが多い。30点満点で21点以下の場合，認知症の可能性が高いと判断される。

〔寺田　康子〕

第1章 後見が始まるとき

3 被後見人の財産が支援信託されるとき

はじめに
Ⅰ 後見制度支援信託の導入の背景について
Ⅱ 後見制度支援信託とはどのようなものなのか
Ⅲ 本件事例での利用の検討について
むすび

はじめに

　夫が脳梗塞により高次脳機能障害となった妻から次のような相談を受けた。
　「夫が脳梗塞により高次脳機能障害となったため，妻である私を成年後見人候補者として成年後見開始申立てをしたところ，家庭裁判所から，後見制度支援信託の利用を条件として妻を親族後見人として認めるという旨の後見制度支援信託の利用の提案がなされた。
　夫は，年金振込や光熱水費引落し等の生活資金用口座であるA銀行に約500万円の普通預金，先代からの商売で長いつきあいのあるB信用金庫に1,000万円の定期預金といった資産を持つが，この後見制度支援信託の利用をするにあたっては，B信用金庫は解約し，新たに口座開設する信託銀行に信託する必要があると家庭裁判所から説明を受けた。
　しかし，商売をしていた夫にとっては，B信用金庫とは父である先代からのつきあいで格別の思い入れがあるはずで，現在は定期預金のみではあるが，解約することは妻の私としてもためらいがあり，明確な意思表示ができなくなった夫としても解約には反対であろうと私には思われる。」
　一体，この後見制度支援信託とはどのような制度なのだろうか。思い入れのあるB信用金庫とのつきあいを絶ってまで利用するメリットは何なのか。あるいは，後見制度支援信託を利用することにより何らかのデメリットやリ

スクは生じないのだろうか。

I 後見制度支援信託の導入の背景について

(1) 成年後見制度の事件数及び需要の増加

　平成12年の施行以来，成年後見制度の事件数は増加の一途をたどっている。いわゆる後見類型だけを見ても，平成12年度では2,980件だった成年後見開始審判数が，平成26年には26,029件と約9倍増しており，利用中の件数（管理継続数）も平成26年12月末日付けで149,021件となっている[1)2)]。また，厚生労働省によると，平成22年時点での認知症高齢者数は約439万人と推定されている[3)]。高齢者人口の増加に伴い，当然，認知症高齢者数も増加すると予想されるため，ひいては，成年後見制度の需要も今後さらなる増加をしていくものと思われる（なお，最高裁判所事務総局家庭局の実情調査の結果に基づく概数によると，平成42年の後見類型の管理継続数は約24万件と平成26年の2倍近くになると予想されている[4)]）。

(2) 親族後見人等の不正防止策として

　この需要増加に応えるべく質・量（人数）ともに後見人の適正な確保が必要とされるところ，一方，最高裁判所事務総局家庭局の実情調査によると，親族後見人等（親族の成年後見人，保佐人，補助人及び未成年後見人）による不正事案は調査対象の平成22年6月から平成24年3月までの22ヶ月間に，件数にして538件，被害総額にして約52億6,000万円あり，これは月あたりに直すと，毎月約24件の親族後見人等による不正が発覚し，約2億4,000万円の被害が判明していることになる[5)]。

　平成26年に親族が成年後見人等（成年後見人，保佐人及び補助人）に選任された割合は約35.0％と，親族後見人等の割合は年々減少している（平成12年は親族後見人等が90％以上だったが，法的手続や複雑な財産管理や身上配慮等の専門的知見を要する事案等への対応等から，年々，専門職後見人等（成年後見人，保佐人及び補助人）は増加し，他方，親族後見人等の割合は平成24年には約48.5％，

平成25年には約42.2％，そして前述のとおり平成26年には約35.0％と減少し続けている[1][2][6]）。

しかし，今後見込まれるさらなる需要増加を全て専門職後見人等で負担することは現実的ではないため，後見事務について専門職としての知見や経験が必要な事案では専門職の関与を求めることとしながら，日常的な生活費等の収支の管理・報告など，専門職の関与が必要とまではいえない事務にとどまる事案については専門職に負担を求めずに済むよう，何らかの不正防止策を施した上で親族が成年後見人や未成年後見人となることにより前述の需要増加に応えていく仕組みが最高裁判所から発案された。この親族後見人の不正防止策の新たな選択肢（オプション）として発案された仕組みが，後見制度支援信託となる。

II 後見制度支援信託とはどのようなものなのか

(1) 指示書（家庭裁判所）と信託商品（金融機関）とを両輪とする仕組み ～指示書による事前チェックの実現～

後見制度支援信託は，成年被後見人もしくは未成年被後見人の財産のうち，日常的な支払をするのに必要十分な金銭を預貯金等として後見人が管理し，通常使用しない金銭を信託銀行等に信託するという仕組みである[7]。

この後見制度支援信託の利用（信託契約の締結）や，利用後の信託財産の払い戻し，信託契約の解約等にあたっては，家庭裁判所の指示書が必要となる[4][5][7]。この指示書は，家事事件手続規則81条の家庭裁判所の成年後見人への指示権を根拠とするものであるが，例えば信託財産の払い戻しの事前に指示書が必要となるこの運用により，従来の不正発生後の事後チェックから事前チェックによる不正防止への転換がなされ，本人の財産保護に寄与するものと考えられている[4][5]。

平成24年2月より，複数の金融機関からこの後見制度支援信託の仕組みに沿った信託商品の提供が始まり，後見制度支援信託の利用が開始された。

つまり，後見制度支援信託は，家庭裁判所の指示書による事前チェックと，

金融機関による信託商品とを両輪とする，親族後見人の不正行為を未然に防止するために新たに導入された仕組みと言える。

〈後見制度支援信託の仕組み（イメージ）〉

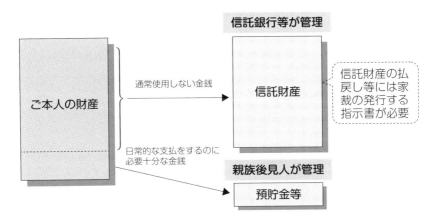

出典：後見制度において利用する信託（最高裁判所）

(2) 後見制度支援信託の利用が想定されているケース

① 親族が成年後見人もしくは未成年後見人になる場合に利用

親族後見人の不正行為の防止として導入された仕組みであるため，現状，親族が成年後見人もしくは未成年後見人になる場合の利用が想定されている（ただし，親族以外の専門職が成年後見人や未成年後見人となる場合での利用も検討される可能性は否定できない。これは，後見制度支援信託が，家庭裁判所の指示権と金融機関の信託商品という恣意的なものの上に成立している仕組みであるがゆえの不透明さあるいは柔軟性と言えるであろうし，また，専門職後見人による不祥事も運用への影響を与えかねないものと思われる。）。

なお，保佐及び補助類型や任意後見については利用対象となっておらず，これは，成年後見や未成年後見の類型では後見人は本人の財産の管理について包括的な代理権を有しているが，保佐人，補助人及び任意後見人には特定の範囲の代理権しか有さず，本人の包括的な財産管理をベースに後見

人が信託契約を締結するという後見制度支援信託の仕組みに適さないからだと考えられている[8]。

② **本人の意思や財産状況等も配慮した上での利用検討**

また，親族が後見人であっても，財産内容や本人の状況等が後見制度支援信託にそぐわない場合は利用が難しいとされている。

例えば，後見制度支援信託の信託財産は，この仕組みの性質上，金銭に限定されているので，有価証券や不動産等の財産が多い場合はこれらを売却してまで後見制度支援信託を利用するかどうかは個別の事案ごとに考える必要があるが，通常はそこまでは想定されていない[4)5)7)]。

これは，信託する財産の範囲について，本人の意思・利益に反するかどうかという観点からも検討がなされるからである。よって，例えば，遺言の存在が明らかになっている場合も，本人は現況の財産状況での相続・遺贈をのぞんでいることが推定されるところ，後見制度支援信託は信託へ財産を移転させて財産状況を変動させることとなるため，本人の意思を尊重するべく，後見制度支援信託の利用はのぞましくないとされている[4)5)]。

③ **専門的知見や第三者性の要請有無の検討，安定した収支見込みの策定**

交通事故の損害賠償訴訟が予定されている場合や被後見人を賃貸人とする賃貸不動産が多数ある場合，あるいは親族間に紛争がある場合など，財産管理等に専門的な知見を要するときや後見人に第三者性が求められているときは，これらの要請に応えるべく，後見制度支援信託の利用はせずに，専門職を後見人に選任する必要があると考えられている[4)5)]。後見制度支援信託は財産保全には機能するが，上記のような専門性が求められる財産管理の機能を期待することはできず，また，親族後見人に専門的知見や第三者性を期待するのは困難だからだ。

また，後見制度支援信託の利用後は，信託財産の払い戻し等に家庭裁判所の指示書が必要となるので，利用開始の時点であらかじめ，安定した収支計画や生活計画を立てることができるケースが対象となる。よって，財産管理の内容が複雑で収支の変動幅が大きい場合や，紛争等のリスクを抱えているケースはこの点でそぐわないものとなる。

つまり，親族が成年後見人や未成年後見人になる場合で，財産の内容が預貯金中心であり，そして，収支や生活が安定していて容易に計画を立てることができる等，後見制度支援信託の利用により十分な財産保護ができるケースが対象として検討されるというわけである。

なお，平成26年の後見制度支援信託の契約締結数は2,754件，信託した金銭の平均額は約3,600万円であるが，[2] 後見制度支援信託が提案される基準や運用の実際は，個々の家庭裁判所により一定の幅や裁量がある状況である（例えば，平成27年1月時点でみても，東京家庭裁判所では本人の流動資産が500万円以上のケースを後見制度支援信託の検討対象としているが，[9] 京都家庭裁判所では1,200万円以上のケースを検討対象としている[10]）。

III 本件事例での利用の検討について

(1) 後見制度支援信託のメリット

前述のとおり，後見制度支援信託は，親族後見人の不正防止策として導入され，指示書により，家庭裁判所の後見人への監督は従来の事後チェックから事前チェックへと転換が図られ，本人の財産保全の観点からは強力な効果が予想される。これが後見制度支援信託導入の目的であり，最大のメリットと言えるだろう。

また，後見人自身やその監督機関である家庭裁判所の事務負担の軽減も予想され，将来の後見人需要の増加に応える体制作りの一環としての評価もできるであろう。

(2) デメリット・リスクの検討 〜本人意思を踏まえた利用適否の検討〜

一方，後見事務は民法858条の意思尊重義務に基づいてなされる。よって，例えば，後見制度支援信託の信託財産の範囲についても，本人の意思・利益が尊重されるべきものとされている。

今回の相談者のケースで言うと，本人にとって格別の思い入れが推定され

第1章　後見が始まるとき

るＢ信用金庫の解約は当該意思尊重義務に抵触し，ひいては，本人の権利擁護に反するおそれがある。その意味においては，後見制度支援信託ではなく，いわゆる監督人方式（弁護士や司法書士等の専門職による後見監督人が選任され，後見監督人による親族後見人への事務監督を通じて不正防止や後見人の事務適正化を図る方式）や，業務分掌方式（後見人の業務を分掌し，財産管理部分を弁護士や司法書士等の専門職後見人が担当し，身上監護部分を親族後見人が担当することにより，適正な財産管理を図る方法）等といった，従来の方法による不正防止の検討がなされる余地もあるかと思われる。

　一般的に，成年後見制度を利用する本人は，事理弁識能力の低下により，日常生活において意思の容易な実現が困難な状況にあると言える。民法858条の意思尊重義務はいわゆる愚行権の尊重までを視野に入れているというのは些か言い過ぎの感はあるが，しかし，いたずらに財産保全をするばかりが後見人や成年後見制度の本旨ではなく，あくまでその本旨は本人の意思実現を含む権利擁護にあることには十分留意すべきかと思われる。よって，客観的あるいは財産保全の観点からはいかがなものかと思われるような意思や行為であっても，それが本人からの発露である限り最大限の尊重や検討をする義務を後見人は背負うのであり，財産保全において大きなメリットを持つ後見制度支援信託ではあるが，その運用・適用においては，機械的ではなく，ケースに応じた，つまり本人の意思を十分に踏まえた，柔軟なものが期待されるところである。

(3)　利用の際の手続の流れ

　後見制度支援信託の利用を検討するとなった場合の手続の流れは，一般的には，後見制度支援信託の信託契約締結をサポートするために，親族後見人とともに専門職後見人が複数後見人として選任される。

　そして，専門職後見人が，家庭裁判所が後見制度支援信託の利用適否の判断材料とする財産目録や今後の収支予定等の報告書類の提出や（後見開始後まもない数ヶ月間の間で利用適否の判断材料となる資料作成や収支予定の策定を行うこの事務が，専門職後見人にとって後見制度支援信託の実務上最も難しい部

分となると思われる。例えば，収支予定の前提となる財産調査がこのような短期間で果たして漏れなく可能なのかという指摘もなされている。），後見制度支援信託の信託契約締結等を行うこととなる。信託契約締結により親族後見人へのサポートの必要がなくなれば，専門職後見人は辞任し，以降は親族後見人のみの単独後見人で後見事務を行っていく形となる。

むすび

　後見制度支援信託は，成年後見人等の不正防止として強力に機能し，ひいては，後見人自身や監督機関である家庭裁判所の財産管理事務の一助となるかと思われる。

　一方，成年後見人等の業務は財産管理だけにとどまらず，いわゆる身上監護業務があり，また，前述の民法858条の意思尊重義務や身上配慮義務に見られるように，そもそも成年後見制度の本旨は本人の権利擁護や意思決定支援にある。

　よって，その時折の本人の生活状況によって，柔軟な後見業務が求められることが多々あることを考えると，表面的な財産管理の面だけを見て，安易に後見制度支援信託の利用をすすめることなく，本人の権利擁護や意思決定支援に資するにはどのような形で後見制度が活用されていくべきなのかという視点が，今後ますます大切になっていくのではないかと思われる[11]。

【注】
1）成年後見関係事件の概況―平成12年4月から平成13年3月―（最高裁判所事務総局家庭局）
2）成年後見関係事件の概況―平成26年1月～12月―（最高裁判所事務総局家庭局）
3）認知症高齢者の原状（平成22年）（厚生労働省）。介護保険制度を利用している日常生活自立度Ⅰ以上の認知症高齢者及び要介護認定を受けていない認知症高齢者の合計が約439万と推計されている。
4）浅香竜太ほか「後見制度支援信託の目的と運用」金法60巻3号30頁（2012）

5）浅香竜太ほか「後見制度支援信託の目的と運用」市民と法76号12頁（2012）
　※　なお，同期間中の専門職後見人等による不正事案は12件，被害総額は約２億円と，親族後見人等に比べると格段に少ない発生となっている。
6）成年後見関係事件の概況―平成25年1月〜12月―（最高裁判所事務総局家庭局）
7）後見制度において利用する信託の概要〜ご本人の財産の適切な管理・利用のための後見制度支援信託のご説明〜　家庭裁判所（平成23年12月　最高裁判所）
8）寺本恵「後見制度支援信託の概要」金法60巻3号41頁（2012）
9）後見レポートvol.6（東京家庭裁判所）
10）後見申立てセット平成27年1月改訂版（京都家庭裁判所）
11）「成年後見の信託金　急増」朝日新聞平成27年1月7日付朝刊。本記事で上山泰新潟大学法学部教授は支援信託が後見制度の本人の自己決定尊重の理念に反するおそれを指摘し，家庭裁判所の業務量の限界も踏まえ，地域の行政機関と連携した新たな後見人監督の模索をしていくべきと提言している。

〔松田　義浩〕

4 自立した老後に向けて
──任意後見契約の問題点について──

はじめに
Ⅰ　任意後見契約締結前
Ⅱ　任意後見契約締結後から発効まで
むすび

はじめに

　自立した老後に備えて，任意後見契約を締結しようとする相談を受けることがある。相談者は，対象者本人自身の場合や，本人の周囲の親族や支援者（行政関係者，福祉関係者）の場合がある。相談時には，本人の状態の聴き取りや観察をして，認知症の進行などのため判断能力が低下していることが明らかである場合は，法定後見と比較して，法定後見制度の利用推奨も考えながら，制度内容を説明するようにしている。

　実際に任意後見契約締結が発効に至るまでについて筆者の経験や見聞したところを参考にしながら，制度利用の課題や問題点を以下検討してみたい。

【事例 1】

　有料老人ホームに入所している独身者のＡ（委任者）は，入所先からは，普段からＡの判断能力が低下したときのための備えや連絡先を確保しておいてほしいといわれていた。Ａは，自分自身の判断能力が低下してしまうことは想像できなかったが，まずは自分の死後のときに，確実に手続を行ってもらう人を探すことにした。

　そこで司法書士会から紹介されたＢ（受任者）から，自分の死後の事務（特に葬儀及び納骨）のことのほか，任意後見契約や財産管理委任契

約の制度についての説明があり，定期的な面談など継続的に関わりを持つことを提案された。死後の事務についての委任契約を有効に機能させるという意識で，これらの契約を一連として締結することにした。

契約締結後，見守り契約が始まり，定期訪問のときに会話をしていると，日々の暮らしぶりの雑談の他，過去の話や，ふと思いついた死後の事務内容などの確認作業，空き家の自宅売却のアドバイスなどについても，継続的にじっくりと打ち合わせることができた。

【事例2】

任意後見契約を締結したA（委任者）は，高齢者の世帯である。支援者からの勧めがあり，不測の事態に備えて，近隣居住の専門家B（受任者）と関係を作っておくという保険のような動機である。制度の説明を受けたが，その内容までには特段の関心を寄せていなかった。

契約締結後，見守り契約が始まり，定期面談のときに，Bは，Aについて認知症の徴候を感じ始めたものの，日々の生活の中では，同居親族Cが従来通り親族としての財産管理を行っており，家庭内のこととして見守っていた。

しかし，このキーマンとなる同居親族Cが入院手術の必要が生じたため，これを機に，不測の事態に備えて，Aにつき，少なくとも財産管理委任契約を発効するようにとBが進言したところ，Cは，自分の立場が制限されてしまうと受け取ってしまい，またBについての定額報酬などがかかってしまうことに難色を示している。同居親族Cに万が一のことがあった際に，本人Aは状況を理解できるのかと，受任者Bは心配している。

I 任意後見契約締結前

　任意後見契約の締結に至るまでには，この制度のなじみのない仕組み，費用の問題など，本人に理解，納得されるために超えるべきハードルは高いと考える。本人と本人の親族（例えば，子）が任意後見契約を締結するのであれば特段考慮しなくともよいことも，本人の親族以外の者が任意後見受任者（予定者）となる場合，付帯関連する契約を合わせて行わないと，不具合が生じることもあるため，現在関連する契約内容の意義を確認し，実際の役割を分析してみたい。

(1) 任意後見契約に関連する契約の利点と欠点

① 任意後見契約[1]

　現在は契約等をするために必要な判断能力を十分に有している人が，将来，判断能力が不十分になったときに備えて，自分の希望する「後見事務の内容」と「後見事務を任せる人」を，あらかじめ任意代理の委任契約によって決めておき，実際に判断能力が不十分になったときに，その契約の効力を発生させて，家庭裁判所が選任した任意後見監督人の監督の下，自分が選んだ任意後見人に，自分の希望する後見事務を行ってもらうことができるようにするための仕組みであり，後見を受ける人の自己決定を最大限尊重することができる制度である。

② 見守り契約[2]

　任意後見契約が発効するまでの間，本人と受任者が定期的に電話連絡や面談するなどの方法で，受任者が本人の生活状況や健康状態について変化がないか，見守る契約のこと。

　適切な時期に家庭裁判所に対して任意後見監督人の選任の請求をすることを主な目的とするが，そもそも任意後見契約を実効性あるものにするためには，その頻度は個々の案件ごとに様々ながら，必須の契約であると筆者は痛感している。

第1章　後見が始まるとき

③　財産管理委任契約[3]

　本人の判断能力に衰えはないものの，高齢や病気などにより本人の身体的な状態が不安定になったとき，任意後見契約が発効するまでの間，日常的な金銭管理や万が一の入院等の医療契約などを受任者に委任する契約を，財産管理委任契約（又は，任意代理契約）と呼ぶ。

　任意後見契約との違いは，本人の判断能力に衰えはないため，受任者に委任する事務は，任意後見契約で定めた内容の一部分となる。身体的不自由な状態での対応も可能という点が利点である。また，死後事務に備えて，権限をもって，財産の一部を預かる際の根拠となる。この契約は，高齢者が身体上の問題（傷病）や，入院や手術となる場合に，有用となる契約であると認識している。

④　死後事務委任契約[4]

　任意後見契約においては，本人が亡くなった後の財産管理の計算，相続人等への財産引渡しの事務などは死後事務として任意後見人が行うが，本人死亡に伴う諸手続のうち，葬儀・埋葬・官庁への諸届け等は，任意後見契約の代理権目録には記載することができないため，任意後見人の事務の範囲外となる。

　このため，これらの事務範囲外のことを任意後見人等に行ってもらいたい場合に締結する契約を，死後事務委任契約と呼ぶ。この契約には，任意後見人等に行ってもらう死後の事務の範囲（遺言事項でないことで本人の意図することを指示することができる。），報酬等を取り決めすることになる。

⑤　利点と欠点

　任意後見契約には，法定後見制度とは異なる利点が存在する。判断能力が低下した場合における自分自身のことを人任せではなく，あらかじめ自分自身で決定しておくことができることと，その際，誰にその代理行為などを託せるのかを決めておくことができる。判断能力があるときに契約を締結しておくため，例えば延命措置を受けるかどうかなどの医療上の考え方や，付帯する契約として自分の死後のことについても，その考え方を残しておくことができる。法定後見類型と違い，資格制限（権利制限）がな

いため，契約発効したとしても職種によっては，発効したことだけを理由に，当然失職にはならない。

　また任意後見に関連する契約，例えば，死後に本人が希望する届出先の指定や，誰に連絡をとったらよいのかといった細かい事実行為の対応方法については，判断能力がある時点で，死後事務委任契約として残しておく利点がある。

　任意後見契約において，あらゆることに対応できることを想定して，「何を頼んでおくか」という点において，部分的な定めではなく，包括的な代理権（代理権目録）を与えることを選択することも考えられる。その点は，契約者本人がよく理解している必要がある。これは，「誰に頼むか」ということと密接に関連することになるが，契約者本人にとって，強い信頼感がある者が任意後見受任者となるべきである。制度は，任意後見発効後の任意後見人については，任意後見監督人の監督がなされるため，これにより家庭裁判所による間接監督を受けることになるが，契約者本人が判断能力を低下した後に，自分の財産全般をこの者に託すわけであるから，自分にとって有益な判断をすると堅く信じられる者でないと，契約者本人は契約すべきではないといえる。

(2)　信頼関係の作り方

　任意後見契約を締結するときに，比較的，依頼者が高齢であることが多いことから，契約内容を十分に把握されているのかという点が，制度利用を進めていく上で問題になる。

　本人にとって聞き慣れない専門用語についての説明を行い，1回あたりの説明時間も長時間にならないよう，90分〜120分程度で行っておく。次回説明時に前回のおさらいから話しはじめたとしても，2〜3回の説明で契約に至ることはなく，場合により相談は一時中断となることもある。

　ただし，ここでは，制度にとって一番大切となる，本人（委任者）と説明者（受任者）との信頼関係を構築する場面であり，本人の希望があれば，本人の信頼している関与者に説明時に同席してもらう[5]などして，本人が安

心できるところまで，じっくりと話をする対応が求められる。

　次に，任意後見契約を締結した場合，本人の定期的な状況確認をする建前の下，見守り契約（無償又は有償）をあわせて実行することになる。【事例１】のように，当初は，話す内容も体調がよいかどうか，判断能力はどうかなどという確認作業の感触で始まったとしても，徐々に，自分自身の昔話や親族関係，その後に発生したことがらへの対応などを通じ，本人の気質を捉えるとともに受任者側への信頼関係が構築されていく，絶好の機会となる。

　単に任意後見契約だけを締結しておいて，本人の状況確認をする何らの確認手段を講じないようであるならば，適切な時期に家庭裁判所に対して任意後見監督人の選任の請求をするという目的を果たせないのみならず，せっかくの信頼関係を築く手段を生かせないことになる。任意後見契約が発効した際に，実効性あるものにするため契約締結段階で，付帯契約をしておくべきと考える。

(3) 本人の動機

　他の要因からこの制度を利用しようとする場合には，当初は積極的に制度の仕組みを理解していこうという意欲が乏しいと感じることがあるが，熱意を持って説明する中で，本人の生活状況や考え方が輪郭として理解できてくる。

　この段階で，本人と受任者の間で相性があわないとの感触があれば，相談を中断した方が，双方にとり結果的に問題がないと考えられる。いったん契約締結した場合に，契約を解除する方法としては，契約発効前であれば，公証人を介して，契約を解除することになる。

　また，本人にとって，自分の終末期である死後のことを誰に託すのかということが，重要な関心事の場合がある。このような委任者の意図に寄り添うのであれば，生前の任意後見契約について契約締結を勧めることについては，全く本人の希望は満たしていないのではないかとの懸念がある。本来，判断能力が低下した場合の自分自身の生活のための制度という，任意後見の特筆される有用な点が存在するが，契約当事者である本人には注目や関心を引い

ておらず，主たる動機は，別段の制度である遺言制度（遺言書の作成及び遺言執行者を定めておく。）では不十分な部分を補完することにあると考えているからである。

　しかし，スムーズな死後事務を実現していくためには，生前から本人の財産内容を確認しておくことの他に，定期的な関わりあいを持つことにより信頼関係を築くことができることと，仮に本人の判断能力が低下した場合であっても財産管理が開始できることなどから，筆者は死後事務委任契約のみを希望する契約者にも，任意後見制度利用を本人にとって有用な手段として，強く推奨している。

　また，施設入所の際に，保証人（身元保証人，連帯保証人，など呼称は様々）を要求されることが多いが，適任者が見当たらない場合に，任意後見契約を締結することにより，任意後見受任者の存在をもって，これに代替するとの姿勢から，入所先から制度利用を促される事例もあるときく。この際，本人が任意後見契約を締結する意識としては，何かの代用として便宜的になされるものということになり，本人の判断能力低下のときに，本人のために役立つ制度であるという本来の意味合いではない，消極的な動機で契約締結が行われているケースもあるのではないかと，筆者は推察する。

　このような動機づけの方々が，実際に制度利用に適する状態になったときに，自分の財布（財産）の管理を，受任者となるべきものにスムーズに託すことになるのか，疑問である。つまり，本人と受任者の間に，人間的な信頼関係が構築されていないのではないかと考えるためである。

　動機によらず，定期訪問などを通じて，本人の判断能力が低下するまでに，信頼関係を作る営みは，やはり必要となろう。

(4)　費　用

　制度利用の説明を行う高齢者の方について，任意後見契約締結後，判断能力が低下した後に契約が発効する旨の説明は，すぐに理解を得ることができるものではなく，数度の面談や，本人の希望があれば，信頼すべき関与者の同席のもと行うことになる点，前述した。

このときに，費用発生の始期については，一律に関心が高い。任意後見契約が発効する前の財産管理契約については，特に月額の定額報酬の点で，契約締結を躊躇することがある。突発的に財産管理の必要性が発生したときに，本人の判断能力が低下していても対応が可能であることを想定すると，非常に有用な契約であると思われる。

　死後事務への対応への一例として，受任者を遺言執行者として指定する遺言書を作成しておくとするものの他，一定額の残高のある通帳についての財産管理とすることを指定して（分別管理して），単純に預かるだけということであれば，見守り契約の範囲内として費用を低廉にし，委任者・受任者双方に安心感が生まれるのではないかと筆者は考える。

　委任者としては，任意後見が発効する前には，管理財産を一部に限定し，一部の通帳からの出金を依頼する形式となる。

　受任者としても，全く財産管理を行わないまま，任意後見契約に附帯する死後事務までの委任行為を受任している状況であれば，部分的な管理財産があることにより，その業務執行について立替えを行うことなく，安心してその事務を実現することができることになる。この場合，受任者は，定期的に（半年ごと，もしくは一年ごと）にこの預かり金について本人への報告をするなど，明確に区別して取り扱うように努めることが求められる。

II　任意後見契約締結後から発効まで

　任意後見契約の締結された後に発生する不都合は何か，またそれに対する解決策は何かを，以下，分析する。

(1)　信頼関係の維持

　まず，契約締結後に本人の判断能力が低下し，任意後見契約の本来の目的からすると，契約発効させてしかるべき時期が来ているにもかかわらず，本人の拒絶により，関与できない状態になることが考えられる。

　任意後見契約が発効するまでの間は，まだ何らの財産も預かっていない状

4 自立した老後に向けて——任意後見契約の問題点について——

態が生じるため、任意代理契約（財産管理等委任契約）をあらかじめ契約しておくことが多い。任意の委任契約であるので、本人（委任者）が、契約発効の意思を示すことで発効できる。これは、公正証書ではなくて、私署文章でよいため、締結することは利点がある。

問題は、本人の環境の激変により、すぐにでも財産管理を開始しないといけない（例えば、支払いが発生している）状況にもかかわらず、判断能力が低下している本人が自分ですることに拘泥して、任意後見もしくは任意代理契約を発効させようとすることなく、その後も、文章への署名する行為等に担保できないような場合が、存在する。このような場合、当然無理強いはできないため、金融機関の窓口にて、本人に付き添って本人による出金行為を支援することになるが、金融機関側の対応によっては、それが難しいときには、受任者は、一時立替えが発生することもある。

任意後見契約の発効の条件が、本人の判断能力低下ということであり、実質本人の同意が必要であるので、客観的に必要と感じられる時点でも、本人は同意しない可能性がある。すなわち、本人は、自分自身の判断能力が衰えていることを自覚することに不安があり、かえって判断能力を保っていることを強く主張する場面に出会うことがある。

任意後見監督人選任申立ての局面では、診断書を添付することになる。普段の見守り時の本人面談時に、主治医を確認しておくことが有効である。信頼関係を構築する期間に、本人同意の下、この主治医と面談・電話連絡等の接触をとることができるのであれば、任意後見監督人選任申立てをすみやかに進めることができ、財産管理する権限が未確定である期間が生じる期間をより短期間にすることができる。

(2) 一時的な財産管理

本人の判断能力低下時に、任意後見監督人選任申立前の準備期間において、財産管理ができるようになっている状況を作ることができるかに注力することになる。よりスムーズに制度利用に進めるには、前述のとおり本人の通帳のうち1通でも預かりできる状態になっていること、これは、本人との信頼

関係でもあるが，通帳（記帳して本人に呈示）とキャッシュカードを預かることで一定の準備をすることができる。

当然ながら，その出金については，財産管理等委任契約（任意代理契約）の条項に基づき，本人の求めに応じて説明をすることができる状態にすることは，受任者の責務として必要なことがらである。

ちなみに筆者が所属する公益社団法人成年後見センター・リーガルサポートでは，所属会員が受任者となる場合，本人が情報提供を許諾した案件については，3ヶ月に一度所属支部に対する報告義務を課しており，財産管理等委任契約における代理権の範囲も限定している。これは，本来監督が及ばない任意の手続になってしまう恐れがある財産管理案件についても，第三者の監督を受けることを前提として，透明性の高い手続とするようにして，本人の制度に対する信頼感を増す仕掛けであり，他の関係者に対して，財産管理・使途について疑念を抱かせないように整えることになる。

むすび

任意後見契約は，本人の判断能力低下に備えて，自分が定めた信用する人（受任者）に，あらかじめ検討しておいた代理権の内容（代理権目録）を実行してもらい，自分の考えを実現してもらうことを考える制度であり，いったん契約発効となれば，今までの本人との信頼関係を基に事務遂行することにより，特に問題になることはないものと思われる。

ただし，契約締結した後，契約発効前が問題になろう。判断能力低下の際には，本人はできないことが多くなるため不安感にさいなまれ，もしくはそもそも低下していることを否定することもある。こうなると，あらかじめ考えておいた内容を速やかに実現できないことも生じるが，細心の注意を以って慎重に，いまそこにある問題を解決していく必要がある。この期間が，短期間で済むのか，あるいは説得に時間をかけるかは，その本人の置かれている環境で異なることになるが，不安定な状態で受任することがないように，事前に手を尽くすように検討したいところである。

特に，任意後見契約を締結する動機が，他の内容を実現するための付随するためとの位置づけであれば，任意後見契約の有用性をよく説明して，報酬発生の始期を含めて，契約時に本人の納得を得ておかないと，不安定な財産管理となるおそれがあるので，十分注意したい。

【参考・引用文献】
・新井誠・赤沼康弘・大貫正男編著『成年後見制度—法の理論と実務』（有斐閣，2006）
・日本司法書士会連合会・高齢者と障害者の権利擁護委員会編『死後の事務の手引き』（2013）
・松川正毅編『成年後見における死後の事務』（日本加除出版，2011）
・（公社）成年後見センター・リーガルサポート編『任意後見実務マニュアル』（新日本法規出版，2007）
・山﨑政俊「相談から任意後見契約の締結までの実務と注意点」実践成年後見45号22頁以下（2013）

注
1）（公社）成年後見センター・リーガルサポート編『任意後見実務マニュアル』14頁（新日本法規出版，2007）
2）リーガルサポート・前掲1）63頁
3）リーガルサポート・前掲1）68頁
4）「短期的な死後の事務のうち，応急処分義務の対象とはならないと解する余地があるもの，すなわち急迫の事業があるわけでない事務については，特に死後事務委任契約の条項として，財産管理等委任契約など任意代理の委任契約の契約書中に記載しておく実益があると考えられます。」委任事務の範囲として，「①菩提寺・親族等関係者への連絡事務　②通夜，告別式，火葬，納骨，埋葬，永代供養に関する事務　③医療費，老人ホーム等の施設利用料等の債務弁済事務　④家財道具や生活用品の処分に関する事務　⑤以上の各事務に関する費用の支払」，を例示（リーガルサポート・前掲1）81頁以下）
5）山﨑政俊「相談から任意後見契約の締結までの実務と注意点」実践成年後見45号23頁（2013）

〔山岸　憲一〕

第2章
財産管理に関する行為

1	被後見人に郵便物が届いたとき
2	不動産の管理と処分
3	被補助人本人がなす銀行取引
4	被後見人がなす無償行為
5	本人の意思尊重と法定監督義務者としての責任について
6	本人が日常生活に関する行為をするとき
7	成年後見等監督人の監督事務 ──監督人の「監督事務」の実情と同意権の有無の問題点を中心として──
8	未成年者の成年後見人に選ばれたとき

1 被後見人に郵便物が届いたとき

はじめに
Ⅰ　郵便の転送手続（転居届）をした事例と関係法規
Ⅱ　実務上の取扱いとその分析
Ⅲ　事例の検証による包括転送方法の適否
むすび

はじめに

　パソコンによるインターネット通信，携帯電話，スマートフォン等の通信革命が生じた今日においても，基盤となる社会経済活動において，郵便物等（民間事業者による信書の送達によるものを含む。）が果たす役割の重要性はあまり変わりがない。成年被後見人の財産管理及び身上監護をする上で届けられる郵便物等の把握，管理は重要な課題である。

　他方で，被後見人の相当数が自らの郵便物等を適切に管理することは能力的に困難なことが多く，財産管理及び身上監護上重要な書類を成年後見人に引き渡してもらうことが困難な状況にある。成年被後見人が入所又は入院している病院や施設あるいは自宅を訪問するヘルパーに郵便物の転送を協力してもらうにしても，積極的な協力を得られない場合がある。

　いきおい，郵便の転送手続（転居届）を便法的に又はやむを得ず利用して，効率的な郵便物の管理をするケースもあるが，破産財産管理人のごとく法的根拠がない成年後見人が転送手続（転居届）を取ることに問題がないのだろうか？

　さらに，転送された成年被後見人名義宛郵便物を開封することにも問題がないのだろうか？　成年被後見人の中でも，事理弁識能力低下の程度が大きい方について，郵便物の送付先の選択及びその開封について考察したいと思う。

　なお，郵便物について住所の転居届をして本人以外に転送してもらうこと

を当初は「転送手続(転居届)」と記載するが，この稿の後半においては「個別転送方法(手続)」と対比する意味で「包括転送方法(手続)」という用語を使用している。表現が異なるが意味するところは同じである。

I 郵便の転送手続(転居届)をした事例と関係法規

(1) 事　例

次の事例は，当職が就任していた成年後見事件でやむなく郵便の転送手続(転居届)をした事例である。この問題を検討するために，紹介する。
(本人のプライバシーを守るために，事実の一部に変更を加えている。)

【事例1】

Aさんは，精神病院に40年以上入院中の70歳前半の男性。病名は，てんかんと精神遅滞。年金収入と生活保護の医療扶助を受け，生活を維持している。入院により廃用症候群となり，盲目，歩行不可，車いす生活の状態である。聴力は有るので，発声することはたまにあるが，会話はできない。兄が世話をしていたが，死亡したため，兄の妻の財産管理を経て，成年後見の申立てになる(市長申立事件)。郵便物の送付先を変更したのは，成年被後見人の住民票上の住所が兄の妻の住所と同一になっていたことから，兄の妻から住所を病院か成年後見人宅へ変更してほしいと要求されたためである。住所の変更はできないが，郵便物は兄の妻の住所から成年後見人宅へ転送するよう手続(転居届)をすると言って，兄の妻に納得してもらった。実際の郵便物は，市役所・日本年金機構・病院から来るだけであり，転送されてきたものは就任当時に1通あったどうかである。転送期間は1年で終了するが，2年目は転送の届けをしていない。

【事例2】

　女性のBさんは，90歳を超えて一人暮らしをしていたが，体調不調と認知症のため次男宅に同居することになった。しかし，次男がBさん（被後見人）の貯金を使用し，かつ充分な介護もしないので，他府県在住の三女が夫を候補者にして成年後見の申立てをする。家裁は，後見人が三女の夫では親族間の対立が先鋭化すると判断し，専門職後見人を選任する。本人の一人暮らしは無理なため，病院からグループホームに入所する。自宅（持家）は空き家となり，その空き家を次男が鍵を変えて管理している。自宅は山間部にあり，1日にバスが4往復するだけのところである。後見人の事務所からは，往復5～6時間かかる。このような事情により，自宅宛郵便物を成年後見人の住所へ転送するよう転居届を提出した。なお，個別に届け先を変更してくれる金融機関，年金機構，行政機関等には手続をして，直接成年後見人の住所に送付してもらっている。転送されてくる郵便物は，①農協の定期預金，積立預金，建物更生共済に関する通知，②証券会社からの親族名義の株式に関する通知，③分収造林契約に関する県の造林公社からの通知，④NTTの電柱等土地使用料の振り込み予定の通知が主なものであった。③④については，個別に送付先変更をお願いして，直接成年後見人宛て送付してもらうことにした。①については，農協の支店から，「一律に農林中央金庫本店より送付するため，後見人宛てに送付することはできないし，そのような手続を設けていない。」との回答があった。

【事例3】

　Cさんは80代後半の女性。認知症の後に肺がんとなりグループホームから療養型病院に入院した。配偶者，子ども，兄弟姉妹不在のため，従兄弟が後見人になって支援をしていたが，後見人が心筋梗塞で急死し

第2章　財産管理に関する行為

たため急遽専門職が選任された。就任時，治療不可能で延命治療もせずかつ会話も不能であった。自宅は，5年以上空き家になっており，鍵の所在も不明であった。自宅を訪問すると，郵便箱には雨で濡れたチラシ等が溜まっていた。このような事情により，自宅宛郵便物を後見人住所へ転送するよう転居届を提出した。後見業務又は財産管理上有用な郵便物の転送はなかった。

(2)　関係する法規範
①　憲法の「通信の秘密」

憲法21条2項は，「検閲は，これをしてはならない。通信の秘密は，これを侵してはならない。」と通信の秘密を基本的人権に定めている。しかし，憲法の基本的人権の規定は，原則として直接私人間の関係を規律するものではないので，この問題を直接規律するものとはならない。ただ基本的人権の実現は，私人間においてもできる限り尊重すべきことなので，正当な理由もなく，成年被後見人の通信の秘密を侵してはいけないし，仮に不法に侵害すれば，不法行為として損害賠償を請求される可能性もある[1]。

②　刑法の「信書開披罪」

次に刑法は，秘密を犯す罪として信書開披罪[2]を設けている。この罪は，正当な理由がないのに，封をしてある信書を開けた者に課せられる。親告罪である。

この罪の客体は，「封をしてある信書」であり，信書とは，特定の人から特定の人に宛てた，意思の伝達を媒介する文書をいう。信書に事実の記載・感情の表現をした文書・図画・写真・原稿などを含むかどうかは学説の対立がある（郵便4条2項参照[3]）。

転送の手続は，この犯罪とは直接の関係はないが，この犯罪の手段となる予備行為といえる。犯罪に該当するのは，開封行為であり，開封した内容物が信書か否か，開封行為に正当事由があるか否かが，ポイントとなる。

成年後見人が，財産管理や身上監護に必要な成年被後見人宛封書を開け，内容を知ることは，業務上必要な行為であり正当事由があると一般的には

言えるので，この罪に問われることはないだろう。

③ 郵便法に定める「転送」

転送の手続を定めているのは，郵便法である。その35条によれば，「郵便物は，その受取人がその住所又は居所を変更した場合においてその受取人から（中略）その後の住所又は居所を届け出ているときは，（中略）これをその届出に係る住所又は居所に転送する。」としている。ただし期間は，1年間である。

つまり，住所変更を知らない差出人の不便を解消するために，期間を限定して転送し，その間に，受取人が転居後の住所を知らせ，郵便物の配達が滞りなくできるようにするための制度である。転居前と転居後の受取人は同一人物である。

郵便物の配達は差出人と郵便会社との契約によるものであり，受取人は契約の当事者ではない。よって，契約の当事者でない者の都合で，勝手に送付先を変えられない（差出人の推定的同意が必要）という事情がある（民間事業者による信書の送達には，転送の制度はない。）。

特別に認めているこの転送制度で転居届けをするには少なくとも，成年被後見人の住所又は居所の変更があることが前提となる。受取人が事理弁識能力を失ったから他のところに転送できるわけではない。まして，成年後見人が就任したから成年被後見人の郵便物を管理するために，転送を請求できるわけではない。[4)5)]

なお，破産法では，裁判所は，破産管財人の職務の遂行のため必要があると認めるときは，信書の送達の事業を行う者に対し，破産者に宛てた郵便物又は信書便物を破産管財人に配達すべき旨を嘱託することができるとし，また，破産管財人は，破産者に宛てた郵便物等を受け取ったときは，これを開いて見ることができるとしている。[6)] 成年後見に関する民法にそのような規定はない。

④ 民法の「意思表示の受領能力」

民法の規定により，成年被後見人は意思表示の受領能力がない。[7)] よって，意思表示に係る文書や意思表示に準じる行為に係る文書は，法定代理人た

第2章　財産管理に関する行為

る成年後見人に到達しないと送付者はその意思表示を相手方に対抗できない。

　成年被後見人宛郵便物を金融機関，行政機関，施設，病院，介護保険サービス事業所等が個別に届け先を変更しているのは，送付する文書の中に意思表示に係る文書や意思表示に準じる行為に係る文書があるため（必ずしも全ての郵便物が意思表示に関する文書ではないが），成年後見人に対して届けたほうが法律上は適切だという認識に基づき，届け先変更要求に応じているのだろう。

⑤　障害者権利条約の批准

　2014年初頭に障害者権利条約が批准され，その12条2項の規定に「締約国は，障害者が生活のあらゆる側面において他の者との平等を基礎として法的能力を享有することを認める。」とあることから，障害者の行為能力に関して「代理・代行決定から意思決定支援へ」と大きな転換が生じたとされている[8]。

　成年被後見人のほとんどが認知症高齢者，精神障害者，知的障害者となっているため，代理決定を廃止し，意思支援決定をするべきとして，成年後見制度を廃止又は大きく変更すべきであるという主張も唱えられている[9]。

　このパラダイム転換の流れを汲めば，郵便物を全て成年後見人に転送して管理する手法は，過去の遺物として廃棄するべきということになるのだろうか。

　以上をまとめると，公法や刑事法及び条約の分野では，基本的人権である通信の秘密を守り，障害者の意思支援決定をするために，厳格な規制・規定を設けているが，他方民事法の分野では，成年被後見人に意思表示の受領能力がないことを規定して，法定代理人たる成年後見人に対して意思表示をするよう促している。

II 実務上の取扱いとその分析

　成年後見人が成年被後見人宛郵便物を管理する上で，二つの問題に直面する。

　一つは，郵便物の配達を成年後見人か成年被後見人かの，どちら宛てにしてもらうかという問題。もう一つは，配達された成年被後見人宛郵便物（封書）を成年後見人が開封してよいかという問題である。

　従来二つの問題は，関連しているため，厳密に分けて論じられてこなかった。つまり，転送を受けた郵便物は当然開封してよいと思われているが，必ずしもそうではないのではとの問題意識から，二つの問題＝転送と開封を分けて考察したいと考える。

(1) 郵便物の種類

　郵便物の転送と開封を考察するためには，前提として郵便物をいくつかの種類に区分しておくことが便宜である。

① 封書とはがき

　はがきは開封ということがないので，問題となるのは，転送手続だけである。圧着はがきは，この観点からは，封書として扱うことになる。

② 信書と信書以外

　郵便法及び信書便法に定める信書とは，「特定の受取人に対し，差出人の意思を表示し，又は事実を通知する文書」である。該当文書として，書状，請求書，会議招集通知，許可書，証明書，特定の受取人に対するダイレクトメールなどがある。

　信書以外の例としては，書籍，新聞，ポスター，カタログ，小切手，商品券，乗車券がある（「信書に該当する文書に関する指針」）。

　この区分は，刑法の信書開封罪の客体になるか否かで利益があるが，刑法の通説及び判例は，郵便法とは別の解釈（信書に事実を通知する文書を含めない。）をしているので，注意をしたい。[10] ただし，近時の学説は，郵便

第 2 章 財産管理に関する行為

法の定義と同様に「文書等が事実の通知をする内容」であっても信書に含めて解釈するものが多い。[11] 学説は，通説・反対説が相半ばする状況である。

③ 私信と私信以外

私信とは，岩波国語辞典によれば「①個人としての手紙。私用の手紙。②秘密の知らせ」をいう。私信は，原則として信書に該当し，かつ信書開封罪の客体となる。また，プライバシー保護の観点から，後見人が開封することはできない。

(2) 郵便物の転送方法とその可否

郵便物を転送する方法は，二つある。個別の送付者〜銀行，証券会社，生命保険会社，市役所等の行政機関，年金機構，介護保険サービスに係る事業所等に対し，郵送物等を成年被後見人宛て送付するよう依頼し，各法人に対し所定の手続を踏んで，成年後見人宛てに転送してもらう方法（以下「個別転送方法」という。）が一つ。二つ目は，郵便法35条により，郵便局に対し包括的な転送手続（転居届）をとる方法（以下「包括転送方法」という。）である。

① 個別転送方法

個別転送方法を依頼する相手は，金融機関，行政機関，施設，病院，介護保険サービス事業所等であり，封書の内容は，請求書，領収書，預金残高や資産残高のお知らせ，介護保険・医療保険に関するお知らせ，税金の納税通知書・納付書，還付金のお知らせ等の財産又は身上監護に関係するものが大半である。

これらは，郵便物等送付法人が自分たちの業務を遂行するために，取引又はサービス対象である被後見人に対し，必要な情報を連絡し，又は必要な手続を依頼するものである。これらの郵便物は，信書ではあるが私信でなく，また，成年後見人が開封するにつき正当事由があれば，刑法133条の犯罪は成立しない。[10][11]

民法の意思表示の受領能力規定により，これらの郵便物を成年後見人に送付すること及び成年後見人が受領し，開封することは，法的に必要な行為であり，成年後見人の業務となるため，正当事由があると言える。

なお，これらの信書のうち重要な手続やお知らせの通知については，成年後見人が受領した信書の内容を本人に伝えて，それを基に本人の意思決定を支援していくことが重要となる。

② 包括転送方法

包括転送方法は，郵便法35条の規定により受取人が住所又は居所を変更したときに認められる制度であり，それも1年限りの制度である。成年後見人が就任したことを理由に転送することはできないと解釈される。

よって，後見人の事務所が被後見人の居所又は住所と見なされることがない場合は，この方法は郵便法35条違反となる。破産法のように法的根拠がない以上，転居がないのにこの方法をとることは難しい。

入院先や施設への転送手続は認められるので，病院や施設の協力を得て，そこから成年後見人宛てに再度転送してもらう方法しかないだろう。

なお，立法論としては，民法の意思表示の受領能力規定により郵便物を成年後見人に届ける必要性があること，現在の郵便物の種類が過去に比べ事務的業務的なものばかりとなり，私信といわれるものはほとんど無いことを理由として，住所・居所以外に成年被後見人宛て郵便物を配達できるよう例外的措置を検討すべきである。

(3) 郵便物の開封

① 個別転送方法により届く信書の開封について

刑法133条の信書の意義に関しては，刑法学者の間で対立があるが，近時は意思の伝達するものに限らないとする学説が増え，古い判例が変更される可能性もあるので，総務省のガイドラインに従って，事実を通知する文書や図画写真，請求書なども含まれると解する方が無難だろう。

よって，そのような他人宛ての信書を正当な事由なく，開封することは，刑法133条の罪に触れるおそれのある行為となる[10][11]。

個別転送方法によって送付される郵便物であっても，宛名は，「成年後見人の住所，成年後見人様方　本人名」となっているのが大部分である。つまり信書の定義でいう「特定の受取人」は本人である。よって，本人で

第2章　財産管理に関する行為

ない成年後見人が開封するためには，正当な理由が必要となる。

でもこの場合は，個別に成年後見人宛てに送付することを送付者に依頼して，認められたものであるから，民法の意思表示の受領能力規定からも，信書の内容からも，成年後見人がその信書を開封することについて業務上必要な正当理由があると判断できるだろう。

② 包括転送方法により届く信書の開封について

憲法21条にあるように通信（信書）の秘密は，国民の基本的人権である。上山泰教授が言うように，「法的根拠を欠く郵便物の転送や他者による私信の開披は人格権の侵害として不法行為責任を生じさせる。」[12] おそれがある。包括転送方法による場合は，差出人の意思によるものではないので，より一層厳格な条件が必要となるだろう[13]。また，近年，障害者権利条約を日本が批准することになり，成年後見制度においても，パターナリズムに基づく代行決定よりも自己決定支援の理念に基づく支援付き意思決定の重要性が唱えられるようになった。この視点からも，本人の意思を無視することになる郵便物の管理は，できるだけ避けるべきと考える。

事例の検証による包括転送方法の適否

(1) 事例1について

事例1は，形式的な住民票上の住所はあるが，40年以上長期にわたり不在である親族宅への郵便物を成年後見人宅へ転送する手続である。郵便物は，年金関係，市役所，福祉事務所及び病院からの請求書・領収書・お知らせ等に限られており，個別転送方法により対処できるものであった。

兄の妻の住所変更要求に対応して，やむなく包括転送手続をしたが，仮に包括転送方法をとるのなら，病院の協力を得て，病院への転居届をするべきであったと反省する。

(2) 事例3について

事例3も，自宅が長期に空き家になっており，ほとんど有用な郵便物が自

宅に来ない状況で，成年後見人宅へ転送する手続をした。このケースも，事例1と同様個別転送方法で対応できたし，仮に包括転送方法を選択するのなら病院宛てに転送すべきであった。

(3) 事例2について

事例3と同様空き家となった自宅への郵便物を成年後見人宅へ転送する手続である。ただし，施設に入所したのが最近であったので，転送による郵便物の把握により，かなりの財産に関する有力情報を得，中には個別転送方法に切り替えたものもあった。しかし郵便法35条違反という懸念は残るので，原則どおり，施設住所への転送手続（転居届）を進めるべきであったと反省している。この原稿を作成するにあたって，数カ所の病院に転送手続の実態をお伺いしたところ，一人暮らしの方などが入院した場合，病院が転送手続の受け皿になっていると説明をされ，かつ成年後見人が選任されているような事例では成年後見人への再転送にも協力しているという回答を得たので，もっと病院や施設に協力をお願いした方が良かったと思う。

以上3事例については，必ずしも，成年後見人への包括転送方法によらなくても郵便物の管理はできたと推測されるので，原則として個別転送方法による郵便物の管理をするべきと考える。

むすび

～包括転送方法によらない郵便物管理の工夫～

郵便法35条に基づく，転居届による包括的な転送方法は，転居の事実がない限り違法となる可能性が高い。そのため，必要な法人に対し，個別に届け先変更届や後見人の届けをすることによって，成年被後見人宛郵便物を成年後見人宛てに届けてもらうよう要請し，かなりの財産管理・身上監護に関する書類を把握することは可能ではあるが，それでも中には，成年被後見人が思いもよらない財産を持っていることもある。

それは，成年被後見人との面談（面談可能な人の場合）や郵便物の整理を

することで発見する場合があるので，定期的な面談の一部に郵便物や書類の整理時間を設けるとよい。部屋も片付くし，新たな情報の発見もできるので，一石二鳥である。

　また，書類の整理に協力できない人の場合は，ケアマネージャーやヘルパーさんと本人支援の協力関係を作り，料金受取人払を利用する送りつけ商法のような有害な郵便物や手続が必要な重要な書類については，その都度連絡をもらうなどして，支援者と情報を共有することも大切なことである。

　ただ，他方で，全く意思能力のない人やコミュニケーションが取れない人がいることも事実であり，上記のような協同作業が不可能な成年被後見人もいる。加えて，付き合いのある親族や近所の方・知人がいないため，本人が全ての財産を一応管理しているのではあるが，全く引継ぎができなく，財産を全く把握できない成年被後見人もいる。そのような被後見人の財産管理について万全を期そうと思うと包括転送方法に心がなびくことがある。

　私信がほとんど無く，事務的な業務用郵便物が大半を占める今日の郵便事情及び孤独で判断能力の衰えた高齢者が増加していることを勘案すれば，転送について厳格な郵便法35条の改正を期待したい。[14]

注
1 ）芦部信喜『憲法』107-114頁（岩波書店，第 4 版，2008）
2 ）刑法133条及び135条
3 ）郵便法では，その 4 条 2 項で，「○○以外の者は，何人も，他人の信書（特定の受取人に対し，差出人の意思を表示し，又は事実を通知する文書をいう。以下同じ。）の送達を業としてはならない。―以下省略―」と規定し，信書に事実を通知する文書を含める。
　　ただし，この規定は，信書の取扱いを日本郵便株式会社が独占的に扱うことを定める目的で，設けられており，信書の定義はかなり広範囲となっている。
4 ）日本郵便株式会社のホームページに次のようなQ&Aが掲載されている。
　　Q　入院中の親族に代わり転送を受けたい。
　　A　転送することはできません。郵便物等を受け取る方がお住まいでない所に転居届をご提出することはできません。

5）相続人不在の相続財産管理人にも，同様に，空家となった亡き被相続人宅に配達される郵便物を財産管理のために相続財産管理人に転送をしてよいかという問題が生じるが，日本司法書士会連合会は転送できないとする。

　日本司法書士会連合会『相続財産管理人の手引き』34頁（日本司法書士会連合会成年後見制度対策部平成22年5月25日発行）
6）破産法81条，82条
7）民法98条の2
8）上山泰「成年後見のいま―歴史の転換点がくるのか？」Legal Support Press 8号（2014年特集号）3-6頁
9）池原毅和「法的能力のパラダイムシフト」季刊福祉労働143号（2014）8-20頁。

　この論文は，日本の後見制度が，被後見人の現存能力を活用する方向ではなく，制限するため（被後見人を保護するため）に利用されており，障害者権利条約の発想と正反対であると批判する。
10）ただし，判決は大審院判例で明治時代のものである。その後に郵便法の改正もあり，郵便物の内容も大幅に変更されている現在においても，この判決が維持されているのか微妙である。

　大塚仁＝川端博編『新・判例コンメンタール刑法4―罪(1)・73条-173条』295-296頁〔関哲夫〕（三省堂，1997）
11）伊東研祐『刑法講義各論』104-106頁（日本評論社，2011），大谷實『刑法講義各論』147-149頁（成文堂，新版第3版，2009）
12）上山泰『専門職後見人と身上監護』132-134頁（民事法研究会，2008）
13）第一東京弁護士会成年後見センター編集『Q&A成年後見の実務』438-440頁（新日本法規出版，平成23年11月29日版）は，実務的にはやむを得ない方法として，長期不在により転送を受ける必要性のあること，転送手続を本人親族が合理的手続として認めることを条件として，包括転送方法によることが相当な場合もあるとしている。
14）民法及び家事事件手続法を改正して，家庭裁判所の関与により，成年被後見人宛て郵便物を成年後見人に配達し，開封することができるようにする「成年後見の事務の円滑化を図るための民法及び家事事件手続法の一部を改正する法律案」を議員立法で国会に提出する動きがあるので，注視したい。

〔田中　利勝〕

第2章 財産管理に関する行為

2 不動産の管理と処分

はじめに
Ⅰ 本人の身上に配慮した財産管理
Ⅱ 不動産の管理について
Ⅲ 不動産の売却・賃貸などの処分について
むすび

はじめに

　第三者が成年後見人・保佐人・補助人等（以下「後見人等」という。）である場合，不動産を所有もせず，賃借や使用貸借もしていない成年被後見人・被保佐人・被補助人（以下「本人」という。）が，どれくらいいるだろうか。家族と同居している事例や，すでに親族や知人の助けを借りて，あるいは行政が関わって，不動産の売却や賃貸借の解除をしてしまっている場合は別として，それ以外は，本人が不動産を所有，又は賃借・使用貸借をしている場合がほとんどである。判断力が衰えるまでは，間違いなくそこで生活をしていたからである。
　したがって，ほとんどの後見事案において，本人の居住している（た）不動産の管理は，その業務として避けては通れない。また，本事例のように非居住用の不動産を有している場合も同様である。このような不動産の管理は，共有者や第三者との関係など，複雑で困難な問題を孕み，責任も大きい。本人の置かれた様々な状況に応じて個別具体的な対応が必要であり，時間も手間もかかるものである。本来後見人等の業務内容でない事実行為を必要とする場合も少なくない。後見人等にとって，実に負担の大きい業務である。そして後見人等を監督する家庭裁判所は，このような不動産の管理業務にあまり関心を持っていないようにも思える。
　また本事例のように収入に比して不動産に関連する費用が過大にかかる場

合は，不動産の売却などの処分行為が必要となってくる場合もある。そして，民法は，成年後見制度が始まる際の改正にあたり，不動産の処分については，成年後見人及び当該行為について代理権を有する保佐人・補助人は，被後見人等の居住用不動産について家庭裁判所の許可を得なければならないとし（民859条の３），許可を得ていない処分は無効であるとした。本人の心身及び生活に与える影響の重大さを考えてのことであるとされている。

　そして，新たに規定された民法859条の３の背景には，同858条において後見人等に課されている本人の意思の尊重及び身上配慮義務という新しい成年後見制度の理念がある。本人の意思を尊重し，身上に配慮した後見業務を常に強く意識していなければ，つい後見人の側の合理性を重視して，これらの理念に沿った後見業務がなおざりになる恐れがある。

　本稿では，後見業務としては，あまり日の当たらない，しかし複雑困難な問題を伴い，時間や手間もかかり責任も大きい不動産の管理に特に注目して，そして処分の現場にも注目して，本人の意思を尊重し，また身上に配慮しながらの後見業務をどのように遂行していくべきか，若干のまとめを試みてみようと思う。

【事　例】

　A（80歳）は，一人暮らしをしていたが，自宅で倒れているところを発見されて入院した。その後急性期の症状を脱し病状が安定したので，速やかに退院しなければならなくなり，病院の医師や，看護師，相談員，自宅のある地域の高齢サポートの担当者等が集まって協議をしたところ，Aは判断力が低下し，自力での歩行もできないため在宅の生活に戻るのは難しいということになった。今後の療養生活に適した居住場所を探すためにも，また入院費やおむつ代などの日用品の支払いをするためにも，成年後見制度の利用が必要であるということになった。Aには，遠方に唯一人弟Bがいるが，Bは年金生活で経済的に余裕がなく，またAとの仲も良くないため成年後見の申立てに協力してくれず，やむを得ず本人

申立てにより成年後見が開始，Cが成年後見人に就任した。

　Cは，Aの収支状況や，Aの話からは全く判明しない資産と負債の把握が必要であるため，審判確定の日からすぐに調査にとりかかった。まず，年金事務所において，本人の年金額が月額20万円であることと，その振込口座がわかった。その口座のほかに，本人から聞いた退職前の勤務先の取引銀行や，近所の銀行にも問い合わせて，複数の預金口座が判明したが，預貯金の残高は全てを合わせても100万円ほどしかなく，逆にカードローン２口（後述の甲不動産に担保付きのカードローン500万円と無担保のカードローン100万円）のあることがわかった。役所の固定資産税課と法務局の調査により，自分の居住用に購入した不動産甲（土地・建物）のほかに，不動産乙（土地・建物），他府県に父親から相続した実家の不動産丙（土地・建物）を所有していることがわかった。なお，甲には固定資産税の滞納による差押えの登記がなされている。丙は，150坪の土地に築80年の建物が建っているが，その所有者であった父親は20年前に亡くなり，相続の手続はなされないままであった。父親の相続人はＡＢのみである。また，乙も丙も長い間空き家のままで，庭木は隣地や道路に境界を越えて伸び放題に伸びており，早急に庭木を切るよう近所から要求されている。そのうえ丙は屋根瓦が一部落ち，柱も傾いており，通行人にけがをさせる恐れもある。

　甲乙丙の固定資産税等は年額40万円（甲10万円，乙10万円，丙20万円）にも上り，前述したように差押登記までなされている状況である。二つのカードローンの返済額は年額60万円にも上る。また，今回の入院費等も，弟の協力が得られず申立てが迅速に進まなかったため後見人が選任されるまでに時間がかかり，合計60万円が未払いのままである。

I 本人の身上に配慮した財産管理

　後見人等は，本人の生活，療養看護及び財産の管理に関する事務を行うに

あたっては，本人の意思を尊重し，かつ，その心身の状態及び生活の状況に配慮しなければならない（民858条，保佐人については民876条の5第1項で同様の規定があり，補助人については，保佐人の規定を民876条の10第1項で準用している。）とされている。いいかえると，後見人等は後見業務を行うにあたっては，本人の健康状態や心理的状況と，身体的・精神的能力についての，医療・介護の専門家の意見をもとにして，本人の財政事情が許す限り，本人にとって最適なところで生活できるように配慮しなければならないということであろう。その際本人の意思を尊重すべきことはいうまでもない。すなわち，本人に対する関係者の丁寧な説明が求められるだけでなく，可能な限り本人の望むところを探るべきであろう。

　そこで本事例の場合，Cは身上配慮義務を尽くしたうえで，本人の意思を尊重しながらどのように財産管理をするべきであろうか。不動産を所有したままでも生活していけるほど収入や預貯金等の財産が十分にあればいい。そうでなければ，売却を検討するとともに収益を上げる方法がないかどうかも検討すべきであろう。不動産丙については，先にBとの相続の問題も解決しなければならず，単独で相続できればいいが，未分割のまま，又は共同で相続した場合は，Bとの関係に対する配慮も必要である。また，長年空き家であったので，収益を上げるためには，改修等も必要である。これらが，解決できれば，所有し続ければいい。その場合は不動産の管理業務が後見業務としてずっと続くことになる。

　あらゆる方法を検討した結果，不動産を売却する以外方法がないということもある。この場合，どの不動産を売却すべきかということは重要である。通常，本人の居住していない不動産乙，丙の売却の可能性について検討することになろう。ただし，不動産乙，丙についても，民法859条の3で定める居住用不動産の処分にあたらないか，検討する必要がある。

　そして，不動産を所有し続ける場合も売却する場合も，本人の意思に沿った後見業務を行わなければならない。たとえ被後見人であっても本人の望むところを探り，十分な説明を行い，本人の納得を得るための努力をしなければならない。

第2章 財産管理に関する行為

それでは、このような姿勢で後見業務を行うとすれば、不動産の管理にはどのような問題があるのだろうか。

II 不動産の管理について

(1) 家庭裁判所による不動産の管理業務の評価

　家庭裁判所が後見人等の業務として不動産の管理をどのように評価しているかを見てみよう。評価の指標の一つとして、後見人に対して審判で付与される報酬というものが考えられる。家庭裁判所がホームページで公開している「報酬基準のめやす」によれば、基本報酬の基準とする管理財産額として「預貯金及び有価証券などの流動資産の合計額」が挙げられており、不動産の価額は基本の報酬には反映されない。家庭裁判所は本人が有する預貯金の額が1,000万円以下の場合とそれを超える場合で基本報酬の額に差を設けているが、10数坪の不動産を所有（賃借り）している場合と100坪の不動産を所有（賃借り）している場合とで差はない。それどころか、そもそも不動産を所有（賃借り）していようがいまいが、その基本報酬に差は全くないのである。特別困難な事情があった場合に付加される付加報酬においても、不動産の処分及びその管理については、売買代金や賃料などの金銭的価値を生み出す場合は別として、これらを評価の対象としてはいないように思われる[1]。報酬付与の審判を申し立てる際、付加報酬の有無を家庭裁判所が判断するための報酬付与申立て事情説明書においても、「⑤不動産の管理・処分（売却代金入金額・対象期間の管理賃料額）」という項目が見られるのみである[2]。

　しかしながら「はじめに」で触れたように、不動産を所有又は賃借りをしていると、固定資産税等の税金、水道光熱費・NHK・新聞代等の公共料金及びそれに類する費用、共益費・修繕費などの維持管理費、町内会費そして家賃など様々な費用の支払いが必要になる。そして、これらの支払いについては、共有者・家主・地主等との様々な関係の中で適切な負担に応じた支払いがなされなければならない（例えば、共有者や家主との間の修繕費の負担などは、適切な負担でなければならない。）。さらには、郵便受けに溜まったチラ

シの除去，水道やガスの定期的な点検のための立ち会い，現状の確認等の維持管理のための事実行為も行わなければならない。後見人等の業務内容でなくても他に誰もやる人がいない場合は，後見人等がやらざるを得ないということになる。不動産の管理に関する業務は多様で，難しい判断を要する場合もあり，時間と手間も結構かかる。不動産は，所有・賃借りどちらの場合も，基本報酬の基準となる「預貯金及び有価証券などの流動資産」を管理するよりもずっと多様で難しく手間のかかる管理行為を行わなければならない。

　また，本人の身上に加えて「心情」にも十分に配慮しながら，適正に管理をしていくということになると，なお一層，手間暇惜しまず丁寧に，本人の心情の把握に時間をかけなければならない。

　家庭裁判所にはなかなか評価されにくいが大変な業務である。家庭裁判所に対し十分な理解を求めたいところである。

　それでは，筆者も文字どおり手間暇惜しまず，不動産の管理について分析してみることにしよう。民法上から見た不動産の管理上の注意点についての論稿は，それほど多くはないが，様々な場面での現場での悩みに注目して論じてみたい。

(2) 様々な場面における問題点

① 所有か賃借りか

　土地についても建物についても，自己所有であれば，普通は固定資産税や，マンションの場合の管理費の支払いを怠らないようにしておけばよい。そして通常居住用の不動産の固定資産税は，居住，非居住にかかわらず，それほど高額ではない。ただ，本事例のように不動産に抵当権等の担保がついていれば，支払いの状況を確認しなければならない。本人の病気や，判断力の低下で，支払いができていないことも多い。延滞になっていれば一括弁済を求められることもあり，すでに差押えの登記がなされている場合もある。本事例は担保権に基づく差押え登記ではないが，不動産甲に対し固定資産税の滞納による差押え登記がなされている。すぐに公売処分になるのはよほどの場合であるから，本人が居住し続ける必要があれば，債

権者（この場合は，役所の固定資産税課）との分割払いなどの弁済方法についての交渉が必要となってくる。経済的にひっ迫している中で，どの支払いを優先するか，不要な支払いはないか，迅速に調査して全体を把握し，本人に最適の生活をして貰うためにも，慎重に見極めなければならない。不要な支払いであると判断すれば，その基となる契約を解約する必要もある。しかし収支に改善が見込めるのであれば，拙速に解約するのは不適切な財産管理ということにもなるであろう。

賃借りの場合は，賃料の支払いを滞り，その結果解除されることのないよう十分に気をつけなければならない。本人が居住場所を失うことになるからである。本人が居住していない場合，賃料支払いが負担であれば，賃貸借契約を解除することも検討しなければならないが，解除にあたっては，本人の判断力の程度に従って，本人に対する説明や納得を得るための努力をしなければならない。

② 単独所有か共有か

単独所有であれば，まだしもやりやすい。本事例のように仲の悪い弟との共有で，しかも弟に資力がなく，本人にも余裕がない場合は，大変難しい状況であるといえる。共有の場合は，民法249条以下の共有の規定に従う。処分とも言えるくらい大規模な伐採をする場合は，樹木は土地の定着物であり不動産と考えられる可能性もあるため，家庭裁判所の許可の要否を検討してみる必要がある（筆者は家庭裁判所から不要との回答を得たことがある。）。当然共有者の同意を得る必要がある。

本事例の場合，早急に庭木の剪定をしなければならない。小規模な庭の場合はシルバー人材センターの活用も選択肢の一つであるが，本事例の場合はそれでは対応が難しい。管理も過半数で決することになるから，庭木の剪定に弟の合意が得られれば，保存行為を超えた管理と言えるほどの剪定も可能であり（民252条），その費用も持分に応じて負担をすることになる（民253条1項）。しかし，弟の同意が得られなければ，保存行為程度の剪定しかできない。弟が自己の負担分を支払わなければ，代物弁済で弟の持分の一部又は全部を取得するか，1年以内に相当の償金を払って持分を

取得することになる（民253条2項）。本事例の場合，本人にも経済的な余裕はなく，難しい問題を抱え続けなければならない。そのうえ仲が悪ければ，冷静な話ができずなお一層解決が難しい。おまけに屋根瓦や柱の修理も緊急に必要である。修理の費用負担ができない場合は，弟と合意ができれば不動産の売却もやむを得ない選択肢の一つとなってくる。

　当然のことであるが，売却の場合については後述するが，剪定や修理の程度についても，本人の意思を確認し，了解を得るための努力が必要である。

③　賃貸不動産の場合

　専門の管理会社に任せるのがよい。しかしその費用も出せないようであれば，より低額の管理会社や管理方法を探る必要がある。ことによっては，借主からの要求に後見人等がやむを得ず自ら対応しなければならない場合もあり得る。

④　空き家，ゴミ屋敷に対する社会からの要請

　空き家問題やゴミ屋敷問題に対応するため，条例を制定する自治体も少なくない。国レベルにおいても平成26年11月「空家等対策の推進に関する特別措置法」が成立し，翌年2月26日（強制執行については5月26日）施行されたという状況である。このような社会の要請に対して，後見人は本人の心身の状態を最も大事にして，社会に対し理解を求めながら，かつ真摯に対応しなければならない。空き家は売却し，ゴミ屋敷はごみを処分すれば良いようであるが，ことはそう簡単ではない。中には，そのことが本人の精神的な疾患を悪化させることもあり，専門家の力を借りて心身に対して十分な配慮を払いながら，その納得のもとことを進めなければならない。

⑤　第三者に対する責任

　本事例では，不動産丙は屋根瓦が落ちかかっており，柱も傾いている。放ってはおけないが，修理する金銭的余裕もない。後見人等は，その管理する不動産が原因で他人に損害を与えた場合は責任を負わなければならないこともあり得る（民717条，191条）。そして民法717条の責任は無過失責任でもある。また，当然のことながら，後見人等が監督義務者としての責

任を負うこともあり得る（民714条）。金銭的に修理が難しければ，本人の納得を得ながら，売却の可能性を探らざるを得ない状況に陥ってしまうということになる。

III 不動産の売却・賃貸などの処分について

(1) 家庭裁判所の許可

本来，後見人等は，本人の財産について包括的代理権を有しているのであるから，当然居住用不動産を処分する代理権も有している。しかしながら，居住用不動産の処分については，居住環境の変化が本人の心身及び生活に与える影響の重大さを考え，家庭裁判所がチェックをすることが望ましいとして，家庭裁判所の許可を得なければならないこととされた[3]。

それでは，居住用不動産でない場合は，成年後見人等は包括的代理権を有しているから自由な処分が許されるというのであろうか。居住用，非居住用不動産の処分の詳細を検討することにより，その相違点に注目してみたい。

(2) 居住用不動産の処分について

居住用不動産の売買・賃貸などの処分については，家庭裁判所の許可が必要である。これは，成年後見制度が始まる際の民法改正により初めて設けられた規定である。それによると

① 居住用不動産とは？
- 生活の本拠として現に居住の用に供している不動産
- 生活の本拠として居住の用に供する予定がある不動産[4]
- 過去において生活の本拠として居住の用に供していたことがあり，将来において生活の本拠として居住の用に供する具体的な予定があるわけではないが，その可能性のある不動産
- 別荘は原則は不要である[5]が，その利用形態によっては許可の必要な場合もありうる。

② 許可の必要な処分とは？
・本人の居住の用に供する建物又はその敷地について，売却，賃貸，賃貸借の解除又は抵当権の設定その他これに準ずる処分（民859条の3，876条の5，876条の10））
・本人が所有又は占有使用する不動産について，もはやそれを居住の用に供し得ない状態にする処分，又はその恐れのある処分のことと言われている。
・賃貸人として締結していた賃貸借契約の解除はこの処分ではない。
・居住の用に供するための購入や賃借はこの処分ではない。
・贈与，使用貸借による貸渡し，借主として締結していた使用貸借契約の解除
・譲渡担保権，仮登記担保，不動産質権の設定
・リバースモーゲージ
・サービス付き高齢者向け賃貸住宅の契約解除

　本事例の場合，不動産甲については間違いなく居住用不動産であるが，不動産乙，丙も居住用不動産として許可が必要になる可能性がある。不動産乙は別荘として所有していたのであれば，居住用不動産ではないが，不動産丙は実家ということであるから，居住していたことがあり，いつまで居住していたかによっては，居住用不動産になる場合があると考える。

③ 許可の要件
　本人の意思を尊重し，心情に配慮した処分である必要がある。①処分の必要性，②処分条件の相当性，③本人の生活・身上監護の状況，④本人の意向，推定相続人の処分に対する態度等を確認，審査し，居住用不動産を処分することの可否を判断する[6]のである。

　売却のほかに賃貸借の解除についても，同様の居住用不動産の処分についての家庭裁判所の許可が必要であるが，その場合に後見人等が直面する問題点を考えてみたい。

　土地や建物の賃借の場合，被後見人等が居住しなくなったときは，賃料支払いが負担であれば，賃貸借を解除することもあり得るが，原状回復費

用の支払いが難しいことがある。特に生活保護の場合は保護費から原状回復費用は出ない。施設に入所した場合はたちまち家賃扶助が受けられなくなり，速やかに解除する必要がある。生活保護の受給者に限らず，借家住まいの被後見人等は，預貯金をほとんど有していない場合も多い。大家さんに原状回復費用の支払いを免除して貰うか分割払いでの支払いを頼みこむしかない。その前に支払いの適否を精査するのは当然のことである。生活保護の場合は，家財道具の処分費又は引っ越し費用を扶助してもらうのに，複数の見積もりを取る必要がある。どうかすれば複数回，見積もりの際の立ち会いもしなければならない。より困難であるのは，建物所有のための土地の賃貸借の解除の際の原状回復である。借地権の譲渡ができればいいのであるが，貸主の承諾を得られない，接道状況が悪く再建築のできない土地である，分筆に相当な費用がかかり分筆ができない等の様々な理由から，流通価値のない土地も多い。譲渡ができないとなれば，更地にして返還しなければならなくなるが，建物の取り壊し費用が，どこからもひねり出せないため，地代を払い続けるしかない。しかしこのような場合大抵相当築年数の経っている建物が多く，いずれ雨漏りや，屋根瓦がずり落ちてくるなど，修繕費などの管理の費用がかさみ結局取壊し費用をひねり出さなければならなくなる。ある程度年数が経てば，本人もさらに高齢になり，生涯に必要な費用の見通しが立つこともあるが，後見人等としてはぎりぎりの選択を迫られるのである。

　そしてこのような居住用不動産の処分行為においては事務量も多く，つい効率性を目指しがちであるが，この場合は特に本人の心情だけでなく身上に十分な配慮を尽くさなければならない。

(3) 居住用でない不動産の処分について

　居住用不動産の処分については，本人の心身及び生活に与える影響の重大さから，家庭裁判所はその許可を要件としているが，家庭裁判所のそのような姿勢は非居住の場合にも影響を与えているように思える。

　本件の場合，不動産丙は，居住用に該当するとも考えられるので，不動産

乙の売却について検討する。もちろん不動産乙が居住用でないことがはっきりしているというのが前提である。

　この場合注意すべきことは、後見人として十分に善管注意義務（民869条により同644条を準用）を尽くさなければならないことである。具体的には、安易に安い価格で売却することがあってはならない。

　経済的にひっ迫している状況になく時間的に余裕があるのであれば、通常はより高い価格で購入してくれるエンドユーザーが現れるのを待つべきであろう。時間的な余裕がない場合は複数の業者の入札による売却などの方法も考えられる。不用意な売却は善管注意義務違反となる。すなわち、居住用不動産の許可の要件で述べた③以外の要件は満たさなければならないということになる。それであれば、居住用不動産において善管注意義務を尽くすのは当然のことであり、居住用不動産でない場合も同じく善管注意義務を尽くさなければならないということになるから、居住用であるかないかにおいてそれほど大した違いがあるわけではないといえる。

　また、居住用であれ、非居住用であれ、不動産には本人が格別の思いを持っている場合があり、この場合はそのような本人の心情に特別の配慮を尽くさなければならない。

むすび

　平成26年1月20日、日本は障害者権利条約を批准した。平成26年4月には国連障害者権利委員会は「一般的意見第1号　第12条：法律の前における平等な承認」を採決した[7]。これにより、本人の意思決定を支援する立場が重要とされ、これまで以上に本人の意思がどのようなものかを知る努力をして、それを実現するための意思決定の支援こそ後見人等のとるべき行動であるとされることになると思われる。そして、これまで以上に本人の身上に配慮した財産管理が求められるようになる。判断力のない人、低下した人として、保護されるだけの存在ではない。不動産の管理及び処分という重要な後見業務においてはなおさら、代理権を根拠に効率性だけを目指すのではなく、本

人の意思決定を支援するという姿勢を常に念頭に置いておかなければならない。すなわち，後見人等においては，なお一層，常日頃から本人との信頼関係を築くことに努め，本人が本人なりにその必要性を理解した上で意思決定できるように，後見人等としてはできる限りの支援を丁寧にしなければならないということになる。

そして，十分に支援を尽くすためには，後見人等はある種の「極意」といったものを身につけなければならない。本人に対する働きかけは画一的ではない。用件を伝えればいいというものでもない。本人の気持ちに十分に寄り添わなければならない。具体的には，「いつ」，「どこで」，「誰が」，「どのように」働き掛けるかで，本人の理解のしやすさ，受け入れやすさ，意思決定のしやすさも変わってくる。せっかくの本人の意思決定の機会である。大切に扱われなければならない。

そして，不動産については本人の思いが格別に深いということがあるのであるから，居住用であれ非居住用であれ，管理であれ処分であれ，本人らしい理解の仕方と意思決定をするための支援をするのであるということを，後見人等としては常に念頭に置いておかなければならないということになる。

参考文献
- 小林昭彦・大鷹一郎編『わかりやすい新成年後見制度（新版）』（有斐閣，2000）
- 小林昭彦・大門匡編著『新成年後見制度の解説』149-151頁（金融財政事情研究会，2000）
- 小林昭彦・大鷹一郎・大門匡編『一問一答新しい成年後見制度』122-123頁（商事法務，2006）
- 島津一郎・松川正毅編『基本法コンメンタール親族』（日本評論社，第5版，2008）
- 遠藤浩編『基本法コンメンタール債権各論Ⅱ』（日本評論社，第4版，2005）
- 東京家裁後見問題研究会編著『成年後見制度運用の状況と課題』判タ1165号86頁
- 月報司法書士472号（2011年6月）
- （公社）成年後見センター・リーガルサポート『法定後見ハンドブック2013年

版』
- 上山泰『専門職後見人と身上監護』（民事法研究会，第2版，2010）
- 谷口知平ほか編『新版注釈民法(25)親族(5)（改定版）』〔吉村朋代〕（有斐閣、2004）
- 中川善之助ほか編『注釈民法(19)債権(10)』〔五十嵐清〕（有斐閣，1965）
- 能見善久・加藤新太郎編『論点体系判例民法(2)物権』（第一法規）
- 能見善久・加藤新太郎編『論点体系判例民法(8)不法行為Ⅱ』（第一法規）
- 能見善久・加藤新太郎編『論点体系判例民法(9)親族』（第一法規）

注

1) 参照：東京家庭裁判所成年後見センター「後見人等の報酬額のめやす」http://www.courts.go.jp/tokyo-f/vcms_lf/130131seinenkoukennintounohoshugakunomeyasu.pdf
2) 参照：http://www.courts.go.jp/tokyo-f/vcms_lf/30206007.pdf
3) 小林昭彦・大鷹一郎編『わかりやすい新成年後見制度（新版）』（有斐閣リブレ，2000）40-41頁
4) 小林昭彦・大門匡編著『新成年後見制度の解説』150頁（金融財政事情研究会，2000）
5) 島津一郎・松川正毅編『基本法コンメンタール親族』262頁〔神谷遊〕（日本評論社，第5版，2008）
6) 東京家裁後見問題研究会編著『成年後見制度運用の状況と課題』判夕臨増1165号86頁（2005）
7) 参照：公益財団法人日本障害者リハビリテーション協会　情報センターウェブその他，柴田洋弥「意思決定支援に基づく成年後見制度改革試論」成年後見法研究12号149頁以下（2015）参照

〔田尻　世津子〕

コラム2
土地の筆界確認

　高齢者の財産の中で不動産の占める割合は高く，高齢者の財産管理をしている中でも不動産に関わる事務も少なからず存在する。その中でも不動産処分については高額な財産の処分であり，管理者としては細心の注意をもって対応する必要がある。

　関与している高齢者が売主の場合に，買主から売買対象土地の隣地との境界確認を前提とした売買契約を求められる場合には，土地家屋調査士に筆界調査を依頼し，隣地所有者の立会いを求めることとなる。

　一方，逆に，隣地所有者から境界確認の立会いを求められることがある。高齢者の財産管理をする者ではあるがその土地についてはほとんど情報を持っていない人間が立会いをして何かできるか？そもそも立会いとは何なのか？　隣地の都合で立会いを求めてくることに応じる必要があるのだろうか？

　一般的に土地の境のことを境界と呼んでいる。また筆界という場合もある。境界と筆界とに異同はあるのだろうか？

　筆界については平成16年6月18日法律第123号の改正不動産登記法で定義された。筆界とは「表題登記がある一筆の土地とこれに隣接する他の土地（表題登記がない土地を含む。以下同じ。）との間において，当該一筆の土地が登記された時にその境を構成するものとされた二以上の点及びこれらを結ぶ直線」をいう（不登123条1号）。

　歴史的には，明治6年の地租改正により土地の所有権を国民に与える代わりに地租を土地所有者に金納させる制度を作った。この際に定めた土地の境界が筆界である。所有権の境を筆界としたので，当時は筆界＝所有権界という構図が成立していた。すなわち元々は筆界＝所有権界が原則である。これを原始筆界といい，当時は所有権を証明するものとしては地券が発行され，土地所有者を公示するとともに納税義務者をも表示していた。その後，筆界が変動する事由としては（これを後発的筆界という。），分筆や土地区画整理事業による換地手続等が行われた場合な

コラム2　土地の筆界確認

どが考えられる。

　筆界が所有権界と異なってくる場合としては，一筆の一部を購入したが未だ分筆・所有権移転登記を行っていない場合，時効取得をしたが登記が未了の場合，などには筆界とは別に所有権界が存在することとなる。筆界の性質としては，筆界は公法上のものであるので隣接所有者間で勝手に双方の合意で定められるものではなく，争いが生じた場合には境界確定訴訟で筆界を確定することとなる。

　境界という言葉も筆界以上に一般的には使われている。境界とは通常は筆界よりも広い意味で，筆界と同じ意味で使用されるほか，所有権界，占有界，借地境界なども含めた概念である。

　それでは，隣地から求められる筆界確認及び立会いとは何なのだろうか？　筆界確認書作成の前提として行われる境界立会いは筆界を確認する行為とされている。土地家屋調査士が様々な資料から探し出した目に見えない筆界を確認する行為であり，処分行為ではないとされている。筆界確認をし，筆界確認書を作成することにより「筆界として判定するための証拠資料」として利用でき，「隣地を侵害していない」証明書，「隣地との争いがない」証明書として利用できるわけである。

　筆界確認の法的性質について見てみる。筆界調査・確認とは地租改正の際に定められた筆界を探し出す作業を通常は言う。その探し出された結果を表すものが「筆界確認書」である。土地家屋調査士は目に見えない筆界を特定・確認することになるが，それは以下の資料・要素を基に総合的に判断を行うこととなる。

　①登記記録（閉鎖登記簿，旧土地台帳を含む。）
　②地図又は地図に準ずる図面
　③登記簿の附属書類（地積測量図，地役権図面，建物図面，分筆申告図など）
　④対象土地及び関係土地の地形，地目，面積及び形状
　⑤工作物，囲障又は境界票の有無，その他の状況及びこれらの設置の経緯
　⑥その他の事情・資料（市町村管理図，筆界確認書，占有状況，当事

者関係者の主張など）

　上記調査の結果，筆界を認定するわけであるが，繰り返しになるが，元々は所有権界＝筆界である。相隣者が境界を適正に維持管理し，その後の所有権界の変動につながる事由がなければ，境界は一つしかなく，一方がそこにあれば他方も同じ位置にあるとの推定が成り立つ。

　筆界に関する唯一の専門家である土地家屋調査士が分筆登記や地積更正登記を法務局へ申請する際に「筆界確認書」の添付が求められる。筆界確認書とは，土地所有者の立会いのもと，隣接する所有者双方で筆界を「確認」し，それぞれが実印を押印し，印鑑証明書を添付したものである。ただし，実印・印鑑証明書は要件ではないが，筆界確認書の信憑性を高めるため，実印を押印し，印鑑証明書を添付するのが一般的である。これがあることにより土地所有者双方の間に筆界について異議がないということになる。

　この筆界確認書は法定添付書類ではなく，登記官が境界を判断する際の一資料でしかないが，筆界確認書を添付しない場合には原則として法務局の実地調査が必要となり，逆に同書類を添付することによって登記処理の迅速化が図られている。全てではないが，筆界確認書を添付することにより実地調査が省略される場合があるわけである。

　分筆，地積更正等においては，通達により登記官が相隣接する土地の所有者に立会いを求める。土地家屋調査士は当該登記申請時に，自己が探し出した筆界について，より信憑性の高い筆界とするために，筆界確認のための立会いを土地所有者に求め，署名・捺印を求めることが通例である。

　では，財産管理を行う専門家として，管理している土地の隣地所有者から筆界確認を求められた場合にはどのように対応すべきであろうか？

　隣地のための筆界確認であっても，イコール自己の土地の筆界確認でもあり，その筆界確認書を保存することにより土地の境界管理が容易になり，その価値も将来に亘って上がることとなると考えられるので，筆界確認には積極的に参加すべきであると考える。

　ただし，私たち専門家はある一時点から，土地所有者に関わることに

より，その土地に関与することとなるので，その土地の境界の経緯については何も知らないことが通常である。関与するご本人にまず確認することを第一にしよう。短期記憶が衰えておられても昔の事の記憶はしっかりされている場合や，何かのきっかけがあって記憶されている場合もあるかもしれない。まずは，ご本人に確認することである。

　ご本人に確認してもなお十分な情報が得られない場合が問題となる。土地家屋調査士の筆界探索の作業の中で十分な資料が得られないこともあり，筆界を，線ではなく，帯でしか捉えられないこともあろう。提示された資料，探し出された筆界に疑義がある場合には立会いに応じない，もしくは応じたとしても最終的に納得ができなければ筆界確認書への押印は避けるという対応も可能性としてはあり得ると考える。しかしながら，一歩進んで，不動産登記制度の一翼を担い，高齢者の財産を預かる司法書士としては不動産登記制度の発展，不動産流通の円滑化を期待して積極的に関与していく姿勢も取れようかと考える。すなわち，家庭裁判所と協議の上，立会いを求められたこちら側としても専門家である土地家屋調査士に依頼して報酬を支払って相手方と協議を行っていく，ということも社会的には求められるのではないかと考える。

〔吉野　一正〕

第2章　財産管理に関する行為

3 被補助人本人がなす銀行取引

はじめに
Ⅰ　司法書士の実務
Ⅱ　補助の開始
むすび

はじめに

　成年後見制度が開始して15年が経過したが，筆者は一般的に世間での認知度は未ださほど高くはないと感じている。この制度の根幹の一つである財産管理において大きな関わりを持つ金融機関でさえ，制度趣旨を十分に理解できていない，もしくは理解したうえで法の趣旨とは異なる取扱いがなされている事例が見られる。本稿は被補助人の行為と補助人の有する代理権の行使との競合が問題となる可能性がある補助制度を中心に問題点を指摘したい。

　補助制度は，本人が行為能力を有することを前提としている。補助人に預貯金管理の代理権が付与された場合（同行為の同意権の付与がされない場合），代理権の付与は，本人の行為をはく奪するものではないため，本人は当然に預貯金の管理権を有し，他方，補助人も重畳的に管理権を有することになる。しかし，預貯金取引約款，及び金融機関の実務運用によれば，本人が事実上，預貯金取引ができないことが多い。また，保佐・補助類型に共通する問題として，預貯金の出金は，民法13条の元本の領収にあたるところ，金融機関では，保佐人・補助人の同意を窓口で確認することが困難であるため，一律に本人の取引を不可としているところが多い。また，3類型全般に共通する問題としては，民法上認められている日常生活に関する取引さえ成年被後見

110

人等は許されていない現状がある。

(1) 金融機関への補助制度利用の届出の現状

　成年後見制度を利用する場合には金融機関への制度利用の届出が必要となっている。成年後見制度開始直後は金融機関ごとに届出様式・方法がさまざまであったが，最近では各金融機関間の届出様式の差はかなり少なくなってきており，様式の差異による届出側の混乱は少なくなってきている。

　届出に際しての必要物は①登記事項証明書，②（被補助人が使用していた）通帳，③（被補助人が使用していた）キャッシュカード，④補助人の印鑑証明書，⑤補助人の実印，⑥（今後補助人が使用する）届出印，⑦補助人の身分を証する書面（免許証など）である。金融機関により若干の差はあるが④⑤は不要であり，⑦で足りるはずである[1]。現実に④⑤を不要とする金融機関もあるが，いまだ必要とする機関も多く存在する。

　加えて，補助のケースでは，届出の際に，被補助人の同行を求める金融機関もある。被補助人に署名・捺印を求めて，補助人に当該口座の取引をさせるかの意思確認を行い，さらに代理権・同意権の内容を自署で記載させる銀行もある。筆者の経験した事例では，比較的若年の被補助人であったので，そのように複雑な，かつ，長時間にわたる手続に対応できたが，本人が高齢であれば，補助と言えども手続が可能であるのか疑問に感じる。後見の場合には登記事項証明書を添付して，届出書には「登記事項証明書記載の通り」にチェックを入れさせることと比べると手続が加重であると考える。後述の通り，本来であればこれらの意思確認は家庭裁判所での審判手続に包含される調査手続の中で行われているので改めて意思確認をする必要はないはずである。

　日本弁護士連合会が平成21年10月8日付で公表した「成年後見制度に関する取扱いについてのアンケート」の中でも，「被後見人等の届出を行う場合，被後見人等の署名や取引印の押印を必要としている」がどうかの問いに対して，53％が「必要としている」とし，それらの金融機関にそのような被後見

人等の関与を求めない，との取扱いをすることが可能か，との問いに対しては70％の機関が否定しており，専門職が考えるような対応にはなっていない。

このアンケートで特徴的なことは，特に保佐・補助類型において本人の同意，意思確認等を行うという機関が多いということである。理由としては，「被保佐人等には意思能力があるから」，「被保佐人等の意思を確認したいから」，「保佐人等が代理取引することについて被保佐人等が同意していることを書面で確認したい」「同意権のみの場合には，引き続き被保佐人等が取引の相手となるから」との意見が出されている。金融機関の側からすれば理解できないことではないが，家庭裁判所における補助開始，代理権・同意権付与の手続の中で確認済ということでの処理はできないものだろうかと考える。なぜなら，家庭裁判所の補助開始決定には「本人自身が代理権付与または他人の申し立てた代理権付与に同意することが要件となっており，法的手続きで本人の意思を確認済である」との意見もあるためである[2]。

全国銀行協会の通達では同意権や代理権の対象行為の範囲は，届出書に記載してもらうのではなく，「添付資料のとおり」として，登記事項証明書により確認する[3]としているようだが通達通りの取扱いが望まれるところである。

(2) 届出の効果

届出がなされると金融機関はどのような取扱いをするのか？ 届出をすると，後見類型の場合は，当然に，本人による直接取引ができなくなり，保佐・補助についても金融機関の実務としては同様となる場合が多いようである。

特に，補助に限らず後見等の全類型について問題となるのではあるが，民法が認めている本人の日常生活に関する取引のために，本人による預貯金取引ができないという問題が生じている。日常生活に関する取引がどうかの区別は，資産・生活レベル等により差があり，一律に判断できないことから，一律に金融機関は取引を停止しているようであるが，本人の意思決定の尊重，能力の活用，ノーマライゼーション等の観点から問題である。

筆者が所属する公益社団法人成年後見センター・リーガルサポートが平成

23年6月15日に発し，金融機関に対して送付している「「成年後見制度に関する届出」及び「成年後見人等が行う金融機関取引」等に関する改善について（要望）」の中でも，制度の理解と制度趣旨に従った取扱いが要望され，「被補助人が金融機関取引をできないとする取扱いは不当ですので適正な対応を求め」ている。

I 司法書士の実務

(1) 現状の代理権の設定内容

　補助の代理権の定め方は「預貯金に関する金融機関等との一切の取引（解約・新規口座の開設を含む）」，「その他の本人と金融機関との取引（□貸金庫取引，□保護預かり取引，□証券取引，□為替取引，□信託取引）」という記載方法が家庭裁判所HPでは推奨されている。また，同意権の定め方も「1.元本を領収し，又は利用すること」が使用されている。これに対しては，単に「預金取引」とした場合には，普通預金・貯蓄預金を始め各種の定期預金から外貨預金まで多くの預金取引があるほか，当座貸越を含む総合口座取引もあり，「多種多様な銀行取引についていえば取引当事者間で疑義の生じないよう明確に定めることが求められる。」[4]。

　法の趣旨から考えれば，司法書士が申立てに関与する場合には，本人の意思尊重を最大限に可能とし，かつ，本人保護を達成するため，候補者となる人間が本人にどう関わっていくことがいいのか，どう関われるのかにつき詳細に，慎重に，代理権及び同意権の付与方法について検討・判断して申立てを行うべきであろう。

　申立関与司法書士自身が候補者としても認められるのであれば，自分が補助人に就任した時に，就任後，本人の意思と本人保護の両立をいかに図っていくのかを考えることとなる。一律に包括的に預貯金に関する一切の事項について代理権と同意権を設定しておけばよい，という問題ではない。被補助人の行為を必要以上に制限してしまう懸念があるためである。本人ができること，補助人がサポートできることをその権限の内容からしっかりと明確に

決定し，審判の中で表現してもらえるよう検討すべきではなかろうか。

(2) 本人が金融取引を希望しない場合

　たとえば，本人が金融取引をほとんどできない場合，あるいは，することを欲しない場合には，代理権のみを付与して，同意権を付与しない形の申立てを行う場合が見受けられる。補助人が代理権を基に金融取引を行い，本人はほぼ自分では銀行へ行かないため，取り消すべき対象行為も生じる可能性が無いと考えられるので同意権の付与も不要と考えられる場合である。

　本人が基本的には取引を行うことを希望しないが，本人の気持ちの変化等で取引を行う可能性がある場合には同意権も付与しておくべきであろう。多くの場合には，補助人が通帳等を預かっておくことを納得していただいていれば単独で取引を行うことは少ないと考える。

(3) 本人が金融取引を希望する場合

　本人が銀行との取引を希望する場合が一番検討を要するところである。中には多額の預金残額が存在する口座について，自身での取引を希望する場合などがあり悩ましいところである。現実はできる限り被補助人に納得いただいたうえで，本人保護の意味で補助人が全ての口座を管理できるようにするのが実務としては多いではないだろうか。

　単に定期的にお金を使いたいということのみであれば，ヘルパー等の関係者にお金を預け，例えば毎日1,000円の現金を本人へ渡していただく等の対応を取っている。

　それでも自身で通帳を持参して銀行でお金を引き出しに行くことを希望した場合には，まず，第一に，補助人としては口座の仕訳をすべきであろう。代理権があれば原則的には全ての口座の管理を補助人が行うべきであろうが，中には先述のように被補助人自身の管理に固執される事例もある。

　筆者の経験では，このような場合には，預金額の少ない通帳を本人に預けて利用してもらい，家庭裁判所へもその旨を報告したことがある。万一預金額の多い口座に執着された場合には，その通帳をお渡しするとして，あとは

金融機関へ状況を伝えて本人が取引に来訪した場合には補助人へ通知を貰う等の対応を依頼することになるのではないだろうか。このあたりは専門職後見人団体と金融機関の団体で協議する必要があろうと考える。

届出をすれば一律に本人は使用できないとする金融機関の取扱いが改善されない限りは，預金約款には反することになるが，補助の届出を一つの口座につきしないとか，届出をしたとしても取消しをする必要のないレベルの残高にコントロールができれば，事実上は運用できると考える。

(4) 代理権・同意権の特定
① 口座毎の権限付与

補助人が管理する，被補助人が管理する，また預金残額の多寡など毎に，口座毎に，代理権を付与する口座，同意権を付与することを考えてみる。

「A銀行　甲口座に関する一切の取引」として代理権を設定するが，「B銀行　乙口座に関する元本の領収及び利用」については同意権の効力は及ばせるが代理権は設定しない場合には，被補助人は乙口座は利用できるが，甲口座については，事実上は，利用できず補助人が取引をすることとなる。

乙口座についてはその総預金額（残額）のコントロールを補助人が行っていく，すなわち必要分以上の入金はしないようにすることで本人保護とともに本人の意思尊重も実現できることになるのではないかと考える。もちろん本人とはその方法でよいか，合意が必要である。

あるいは日常生活用として被補助人に管理してもらうということであれば乙口座をに同意権も付与せずに，代理権・同意権の対象から除外し，これまでと同様に本人の管理に任せてはどうだろうか？　ただしその口座は補助人としては何らの権限がないわけであるから，本人としっかり話をして補助人の指示のもと，適正額に残高を合わせてスタートすることを実行しなければならない。

申立てからの関与が可能であれば，上記のような特定の仕方も検討の余地があるのではないだろうか。申立てに関与せず補助人に就任した場合にも就任後しばらくして財産の内容，本人の生活状況が十分に把握できた時

② 預金残高の補助人による管理

預金残高をコントロールするには，筆者が行っている事例では，（この事例では，補助人の届出をしたうえで）新規口座を開設し，補助人（代理人カード）を発行し，キャッシュカードは被補助人に預け，本人の都合で引出しをして利用する。補助人は通帳を利用し預金残高が減ってきたら，都度，入金する，ということを行っている。もちろんこれは月度でどれくらいのお金を使うか，使いたいかについての本人との話し合いに基づいて残高管理を行っているわけである。筆者の事例のこの方は入金された預金を，数千円単位で，月次で20回程度引き出して使っている。

この事例では，就任前は月額30万円（住居費，税金，保険料，通信代などを除く純粋に本人の費消する費用であり，昼ご飯代は含む。）を費消していたものが，まだまだ若年の方であるので，母親が心配して補助申立てを依頼したものである。将来の事も考え月額12万円程度で生活をしていただくことで本人も納得された事例であり，その意味では成功しているのではないかと考える。もちろん非定期的な出費など（法要など）については，内容を確認したうえで追加入金をしている。

③ 日常生活費用管理用口座

「入金されるのが年金振込のみの口座であれば，その払い出しは本人の日常生活に関する行為と推定できるのではないか」[5]との意見もあり主旨としては賛同できるが，唯一の収入である年金を全て費消して次の年金振込までの生活ができなくなる，ということは補助人としては回避しなければならない。

日常生活費として費消する行為をどのように特定・推定するかについては，被補助者の生活レベル・資産等から一律に確定できるものではない。個々の補助人が判断していくこととなるであろうが，相手方である金融機関にはその内容は不明であるので，登記事項証明書上で，あるいは事実的に日常生活費であると推定できるような方法を補助人側が考えるべきであろう。

例えば，補助人から事前に本人単独での入出金に同意をする旨の届出をしておく，あるいはその口座からの入出金は民法9条に規定する「日用品の購入その他日常生活に関する行為」である旨の届出をしておく，ことも金融機関が対応できるのであれば可能であろう。あるいは預金約款には抵触するが，本人名義のままで補助人の届出をせずにその出金のみを本人に任せ，入金を補助人がコントロールし過大な資金の入金はしないようにする，方法もある。ただし，届出をしないことによる別の障害が生じる可能性はあるかもしれない。

II 補助の開始

民法とは異なる取扱いがされていることが多い実態を紹介してきたが，民法の定めについて以下整理しておく。

(1) 補助開始の審判

補助は，精神上の障害により事理を弁識する能力が不十分である者について，一定の範囲の申立権者の申立てにより，家庭裁判所が補助開始の審判をすることによって開始する（民15条1項）。

本人以外の者の請求により補助開始の審判をするには本人の同意が必要（民15条2項）で，またこの審判は民法17条1項の審判（補助人の同意を要する旨の審判等）又は民法876条の9第1項（補助人に代理権を付与する旨の審判）とともにしなければならない（民15条3項）。

すなわち補助人に対する代理権又は同意権付与のパターンとしては，①代理権のみ，②同意権のみ，③代理権及び同意権の双方が付与されている場合の3通りがある[6]ということになる。

補助が開始し，代理権，同意権あるいは代理権・同意権の付与がなされると，補助人はその決められた権限の範囲内でそれらの代理権・同意権を行使することにより本人の保護を行うこととなる。

なお，「日常生活に関する行為」が同意権の対象からは除外される（民17

第2章　財産管理に関する行為

条1項，13条1項，9条ただし書）。すなわち，日常生活に関する行為の範囲内であれば，被補助人は補助人の同意なくして有効に法律行為をなすことができる。

(2)　金融機関の預金取引約款

　銀行取引に関して成年後見制度を利用する場合については，代理権者・同意権者の氏名，その権限の範囲等を事前に取引銀行に届けなければ，銀行は，行為能力の変動について把握することができず，銀行・顧客の双方に支障が生じる。

　そこで，多くの銀行は，成年後見制度を利用する者から，成年後見等開始の審判を受けたこと，代理権・同意権の範囲の変更・取消しの審判等が行われたことなどを，銀行に届け出てもらうため，預金約款等において，「成年後見人等の届出」という規定を設けている[7]。

（約款例）

第○条（成年後見人等の届出）

①家庭裁判所の審判により，補助・保佐・後見が開始された場合には，直ちに成年後見人等の氏名その他必要な事項を書面によってお届けください。

②家庭裁判所の審判により，任意後見監督人の選任がされた場合には，直ちに任意後見人の氏名その他必要な事項を書面によってお届けください。

③すでに，補助・保佐・後見開始の審判を受けている場合，または任意後見監督人の選任がされている場合にも，前2項と同様にお届けください。

④前3項の届出事項に取消または変更が生じた場合にも同様にお届けください。

⑤前4項の届け出の前に生じた損害については，当行は責任を負いません。

当該約款の効力に関して，保佐の事例ではあるが東京高判平成22年12月8日金判1383号42頁の裁判例がある。

本件被保佐人Ａ（原告・被控訴人）が預金取引を行っていた金融機関Ｂ（被告・控訴人）から，Ａの保佐人であるＣの同意を得ずに，ＡがＢから預金の払戻しを行い，その払戻しがＣの同意を得ていなかったとして，Ｂに対しその払戻し行為を取り消したうえで同額の預金の支払いを求めた事例である。

① ＡはＢに預金口座を開設しており，その預金約款には「家庭裁判所の審判により，補助・保佐・後見が開始された場合には，直ちに成年後見人等の氏名その他必要な事項を書面によってお届けください。」「前4項の届け出の前に生じた損害については，当行は責任を負いません。」（以下，本件免責約款という。）と規定されていた。

② Ａは平成19年5月に保佐開始の審判を受け，Ｃが保佐人に就任した。

③ 平成19年4月にＡの退職金として約1,800万円が本件口座へ振り込まれた。Ａはその退職金の一部を引き出し，負っていた債務の支払いや定期預金への振替えを行った結果，約340万円の残高があった。

④ Ａは平成20年6月にＢに対して保佐開始の審判を受けたことを届け出た後，平成20年7月，その代理人弁護士を通じて，平成19年6月から平成20年6月までの預金の払戻し行為を全て取り消す意思表示を行った。

⑤ 本件訴訟では，Ａは当該期間の払戻し行為を取り消し，払い戻された約420万円の返還を求めている。

争点は，本件は，①本件払戻しはＡが行ったものか，②保佐人Ｃは本件払戻しに同意していたか，③本件免責約款の効力，④Ａが本件払戻しを行うに際し詐術を用いたか，⑤Ａが返還すべき利得額，が争点となった。

第一審判決では①②については，Ｃが保管していたＡの通帳及びキャッシュカードをＡが無断で持ち出し，払戻しを行ったとして，甲が丙に無断で本件取引行為を行ったと認定し，③については「上記預金規定の定めは，保佐等開始の審判がなされた者にその旨の届出義務を課したうえで，これを怠った制限能力者の取消権の行使を事実上不可能にさせるものであるところ，Ａのように，精神上の障害により事理弁識能力が著しく不十分であると認め

られた者に対して上記のような義務を課すこと自体背理といえるうえ，これを怠った場合の不利益も極めて大きいものであって，このような上記預金規定の定めは，制限能力者を一定の範囲で保護することとした民法の各規定の趣旨に著しく反するものであり，（中略）上記預金規定の定めを根拠に免責されたとのＢの主張は採用できない」と判示した。

控訴審では「上記免責約款の規定は，被後見人，被保佐人，被補助人の保護と取引の安全の調和を図るための合理的な定めである」として本件約款の規定の有効性を肯定した。

成年被後見人等の中には類型に関わらず，ある程度の能力を維持されている方も多く，類型に固定されない柔軟な対応が求められる場合がある。特に被補助人の場合，外観上健常者と区別できない状態にある被補助人が銀行取引について同意権・取消権の付与を受けている事実を銀行に告げずに取引をすることも十分に考えられ，専門職後見人としては審判確定後，金融機関への速やかな届出が求められる。

(3) 代理権付与の対象としての「特定の法律行為」

各種銀行取引を代理権付与の対象とする場合にはどこまで特定するのかの問題がある。

通常は預貯金等金融関係において次のように定めるのが通例である。

□預貯金に関する金融機関等との一切の取引（解約・新規口座の開設を含む）

□その他の本人と金融機関との取引（□貸金庫取引，□保護預かり取引，□証券取引，□為替取引，□信託取引，□　　　　　）

これに対して，金融機関側からはこれをさらに詳細に特定してほしいという要望もある。例えば，つぎのような内容の提示がある[8]。

① すべての銀行取引
② 銀行取引の内，次の取引
　・当座勘定取引
　・当座勘定取引以外の銀行取引

・貸金庫・保護預かり取引
・融資取引
・保証取引
・担保提供取引
・証書取引（国債，公社債，金融債，投資信託及び普通社債）
・為替取引

　取引の金額について制限を設けた場合，例えば「10万円以上の出金」等と限定した場合でも，現時点での状況は把握できていないが，「事務上，システム上の問題から各取引において金額について各取引について金額に制限を設けることは，原則できない」[9]ようである。

　同意権については，預金の払戻しは，「元本の領収」に当たることから，被保佐人が預金の払戻しを行う場合には，保佐人の同意が必要となる。補助については，先に述べたように，①「特定の法律行為」について補助人に同意権を付与する（民17条1項），②「特定の法律行為」について補助人に代理権を付与する（民876条の9），③以上の①②の双方を認める，との場合がある。この場合，同意権の対象となる行為と代理権の対象となる行為は一致する必要はない。

　したがって，預金の払戻しに関して，補助人に同意権を付与する場合には，被補助人は単独で預金の払戻しを行うことができなくなるが，補助人に代理権だけが付与される場合は，被補助人は単独で預金の払戻しを行うことができる。補助人に代理権だけを与えた場合には，本人の能力は制限されず，補助人に代理権を与えた当該行為についても，被補助人自身も適正に行うことが可能である。

　同じ行為に対し同意権も設定された場合には，その同意権の制約を本人である被補助人は受けることとなるが，同意権も設定していなければ法律上は何らの制約なく行為ができることとなる。

　補助人と被補助人の行った法律行為が両立しえない形で重複・競合した場合には，それらの法律行為はいずれも有効であり，一方が履行されれば他方は不履行となるという通常の任意代理の処理と同様となる。

なお，自己決定の尊重の観点から，いずれにおいても日用品の購入その他日常生活にかかる預金取引（出金取引を含む。）については，本人単独で行為することができるというのが法の趣旨である（民9条ただし書，13条1項ただし書・2項ただし書）。しかし，金融機関側は，「日常生活に関する行為」は本人の状況如何で個別に決まる問題であり，取引の相手方が，行為の外形などで判断するのは困難を伴う[10]ので，どの取引が日用品の購入その他日常生活にかかる預金取引であるのかを判断することができないことから，一律に被補助人については取引停止の対応をとっているようである。

被補助人の場合，日常生活の取引ができるのは後見・保佐を含めて認められるほか，代理権のみを与えて同意権の付与がない場合には被補助人は法律行為の制限を受けない。当該行為を被補助人に単独で行為をすることを防止したい場合には，補助人の同意を必要とする，すなわち要同意行為として設定しておくべきである，ということになる。

(4) 代理権・同意権の設定の態様

民法876条の9第1項によると，「家庭裁判所は（中略）被補助人のために特定の法律行為について補助人に代理権を付与する旨の審判をすることができる」。本人の（全ての）財産の管理・処分といった広範な包括的な代理権は特定性を欠き[11]許されない。

代理権の範囲に関し，実務上では，家庭裁判所は極めて厳格に代理権付与の必要性・相当性について判断される。

公益社団法人成年後見センター・リーガルサポートが平成26年5月15日に策定した「後見人の行動指針」の中で，G-3項に「法定後見の代理権や同意権は，それが本人への制約になることを意識し，必要最小限の付与を求めよう。」とある。本人の行為能力を制限することを肝に銘じ，可能な限り必要最小限の代理権・同意権の設定とすべきである。

必要性・相当性については，本人以外の代理権付与の申立ての場合には本人の同意が要件とされている（民876条の9第2項，876条の4第2項）。成年後見制度3類型のうち，一般的には補助が最も本人の判断能力が残存してお

り，本人の自己決定権を尊重し，残存能力の活用をより図らなくてはならない。その意味では必要性もないのに無意味に広範囲の代理権を付与することは許されないし，本人のためにどのように代理権・同意権を設定することがふさわしいのかを慎重に検討し，本人に十分に各項目の内容について説明し，納得を得られるよう専門家としては努力する必要がある。

むすび

　金融機関側からの被補助人を取引から除外するという取扱いは，民法に従った運用にはなっておらず，金融機関側の一方的な都合で取引を過度に制限しているのが現状である。制度の趣旨への理解を求める努力もしながら，専門職団体等と協議を重ねてより良い制度に改善していく努力は必要である。
　一方，専門職も現時点で許されている方法の範囲内で，いかにすれば本人保護と本人の意思決定権の尊重との調和をとることができるのかを考えていかなければならない。

注
1) 古谷健二郎「成年後見人等と金融機関との取引上の問題点」金法1740号24頁（2005）
2) 古谷・前掲1) 26頁
3) 松本貞夫「銀行における成年後見制度の活用」新井誠編『成年後見――法律の解説と活用の方法』（有斐閣，2000）362頁
4) 松本・前掲3) 358頁
5) 玉上信明「新成年後見制度と銀行取引」金法1570号8頁（2000）
6) 安永正昭「成年後見制度(3)」法教238号46頁（2000）
7) 松本・前掲3) 363頁
8) 「新しい成年後見制度に関する銀行における運用面での意見」（平成11年3月　全国銀行協会連合会）金法1570号34頁（2000）
9) 前掲8) 34頁
10) 玉上・前掲5) 6頁
11) 東京家裁後見問題研究会編著「東京家裁後見センターにおける成年後見制度

第2章 財産管理に関する行為

運用の状況と課題」判タ臨増1165号81頁（2005）

〔吉野　一正〕

4 被後見人がなす無償行為

はじめに
Ⅰ 本人による無償行為
Ⅱ 成年後見人による無償行為
むすび

はじめに

　成年後見人は，後見事務を行う際には被後見人（以下「本人」という。）に対して善管注意義務を負う（民869条による644条の準用）。成年後見人が行う事務は本人の多様なニーズに応える必要があるが，この義務規定は抽象的であるため，実際の後見事務の場面でこの義務を果たすべく行動しようとすると，事務決定についての判断─後見事務として，行うべきなのか行うべきではないのか又は行う必要がないのか─を迷うことが少なからず起こる。このようなとき，成年後見人はどう判断すればよいのか。本稿では本人及び成年後見人がそれぞれ無償行為を行った場合を検討し，この疑問について考える。

【事例１】

　本人Aは，長年仲良くしてきた友人に自分が持っていた指輪を好意であげてしまった。成年後見人は，このことをAの家族から聞いて知った。

【事例２】

　本人Bは，若い頃からある宗教を信仰していた。Bは，信仰を始めた頃からその宗教法人に対して継続して定期的にお布施をしてきた。後見

が開始した後も，それまでと同様にお布施を継続することを成年後見人に要望している。

【事例3】

本人Cは，夫とともに印刷業を営んでいた。夫が亡くなった後はCの長男が夫の後を継ぎ，Cは長男とともに事業を営んでいたが，やがて長男に全てを任せてC自身は事業から引退した。

長男が事業を引き継いでからは，インターネット普及の影響などにより印刷の受注が減少し，経営は苦しくなっていった。資金繰りが苦しくなる都度，長男はCに資金の融通を頼んだ。Cは，夫が創業した家業をなんとか継続してもらいたい一心で，何度となく長男を援助していた。

Cが認知症を発症し，後見が開始した。現在，Cは意思疎通をすることが難しい状態である。長男は家業のために必要との理由で，Cの成年後見人に対してそれまでと同じようにCの預金からの資金の融通を依頼してきた。Cには今後の生活や療養に十分必要な財産があり，長男を援助すること自体は可能である。

I 本人による無償行為

(1) 後見開始前

本人は何の制限を受けることもなく，自分の財産を自分の意思で自由に処分することができる。

(2) 後見開始後

① 成年後見人による財産管理

後見が開始することにより，本人の財産は成年後見人が管理することと

なる。すなわち、成年後見人は、民法858条において本人の身上監護[1]及び財産管理に関する事務を行う旨規定されており、これらの事務を行うために財産管理権（民859条1項）、代理権（同条同項後段）及び取消権（民9条）を有する。成年後見制度は判断能力を欠く常況にある者を対象とする制度であり、自己の財産に関する法律行為をするには他人の援助を受ける必要があるという本人保護の実行性の観点から、成年後見人はこれらの権利について（例外規定はあるものの）基本的には包括的な権限を有することとされている[2]。

　事例1の場合、Aが財産を処分する行為は制限される。成年後見人は、Aの財産管理権を有するのであり、本人のなした法律行為については日常生活に関する行為を除き取り消すことができる（民9条）ので、Aが行った贈与を取り消すことが可能である。

　一般的に本人が自己の財産の中から何らかの財産を第三者に贈与をした場合は、客観的にみれば、それは本人の財産を減少させ、それによって当該第三者が利益を受ける。本人には何の経済的利益もないこの行為について、財産を管理する成年後見人としては、減少した財産を回復するべくその贈与を取り消すべきであるとまずは考えられる。成年後見人は善管注意義務（民869条、644条）を負っており、この義務からすれば、取り消すことは正しい選択といえる。

　一方、成年後見人の職務は本人の保護が目的であり、権限行使の際にはそのための義務を負う。その義務は、善管注意義務の他に本人意思尊重義務及び身上配慮義務（民858条）が規定されており、これら2つは成年後見人の行為規範及び事務処理のあり方に関する解釈原理を明確にするために規定されている[3]。つまり、成年後見人が負う善管注意義務は、この2つの行動指針に沿ったものであることが必要とされる。では、Aの贈与を成年後見人が取り消すことは、この2つの行動指針に沿ったものと言えるのだろうか。

② **本人意思尊重義務・身上配慮義務**

　成年後見制度は、従来の制度の「本人の保護」の理念に加えて、「自己

決定の尊重」「残存能力の活用」「ノーマライゼーション」の新しい理念のもとに改正された。本人意思尊重義務は，この自己決定の尊重の理念を明確にするために設けられた規定である[4]。また，身上配慮義務は，「高齢社会への対応および障害者福祉の充実に対する社会的要請ならびに社会の少子化・核家族化に伴い，痴呆性高齢者・知的障害者・精神障害者等に対する身上面の広範な支援に関する社会の需要がいっそう高まっている」[5] 民法改正当時の状況に照らし，身上監護の面についての後見事務遂行の指針として設けられた規定である。

　そして，本人の残存能力を最大限に活用することは，法律行為における意思決定に際して本人の意思を尊重することになり得るし，その逆も成り立ち得る。成年後見人が本人の身上に常に注意を払っていれば，本人の残存能力を活用できる機会も増えるかもしれない。さらに，本人の意思が尊重され身上にも配慮されることは，ノーマライゼーションの理念のもと，本人が必要な支援を受けやすくなり，それによって本人にとっての通常の生活ができるように近づくことにも繋がり得る。このように，本人意思尊重義務及び身上配慮義務は，制度の理念を現実に生かすための重要な義務であると考えられる。

　事例1において，成年後見人がAの贈与を取り消すということは，Aが指輪をあげることによって友人に示した好意を成年後見人が取り消すことになる。これは本人意思尊重義務に反すると言わざるを得ない。では，Aの贈与は取り消すべきではないのか。

　そもそも本人意思尊重義務における本人の意思とは，判断能力が低下した本人の意思である。したがって，いくら本人が示した意思だからといって，無条件にそれに従うだけなら成年後見人の存在意義は無い。成年後見制度は「精神上の障害により判断能力が不十分であるため法律行為における意思決定が困難な者についてその判断能力を補う制度」[6] である。また，成年後見制度の新しい理念が成年後見人に求めている役割は，「本人の判断能力が不十分であったとしても，その一事をもって直ちに保護の客体として処遇してしまうのではなく，本人がもっている能力をできる限り発揮

できるような環境を整備していくこと。それによって、本人が自分の生活の主役としての地位を維持できるように努めること。」[7]とイメージされる。このような役割を果たすために成年後見人に必要とされるのは、公益社団法人成年後見センター・リーガルサポートによって2014年に策定された「後見人の行動指針」に示されているように、本人のことを知り、理解するということではないかと考える。本人の性格や生活歴等を知ることにより、本人が持っている能力の活用や本人らしい生活の維持をサポートすることができるようになるし、本人を理解していれば、適切に判断能力を補うことも可能となるからである。

　成年後見人は、本人を理解したうえで本人が表示した意思を受け止め、その内容の是非を判断する必要がある。その判断については、本人にとって通常の、本人らしい生活ができるように検討することが求められる。そして必要ならば本人の判断能力を補うなどのサポートをしながら、成年後見制度の理念に沿うように成年後見人としての権限を行使する。ここに成年後見人としての存在意義があるのではないだろうか。

③　事例1の検討

　では、Aの贈与を知った成年後見人はどうすればよいのか。まず本人の意思を確認する必要がある。どうして'その友人'に、'その指輪'をあげたのか。本人との会話等によってその真意を理解又は汲み取ることができた場合、その意思は尊重されるべきであるが、一方、成年後見が開始されたのは、本人の判断能力に問題があるためであったことを忘れてはならない。成年後見人は、本人の判断能力を補う役目を負っている。本人の意思を尊重することばかりに重点を置くのは、その役目を果たしているとは言えない。かといって、本人の意思を成年後見人がどのように判断するのがよいかは、そのときの事情や環境によることも多いと思われるので一概に決まるものではない。つまりは、本人をその環境を含めて理解している成年後見人の力量に基づく裁量ということになるだろうか。すなわち「本人の意思の尊重については、本人保護の必要性との調和のなかでどこまで本人の意思を尊重するかを決定しなければならない。たとえ遊興費のため

第2章 財産管理に関する行為

の支出であっても，本人の意思が強いときにはある程度認めなければならないが，他方回復し得ない大きな損害を受けるおそれのある行為については取消権を行使してでも中止させなければならない。」[8] この本人の保護の必要性と本人の意思との調和を考える際に，それまで成年後見人が本人にいかに関わってきたかが大きく影響すると思われる。

　そうすると，本人の真意が確認でき，その本人の意思どおりにすることに問題が無く，その指輪をあげてしまっても本人の生活に支障が出るなどの問題も無ければ，この場合は贈与を取り消す必要はないと考える。この贈与は，財産が減少している点では本人にとってマイナスではあっても，このことで，本人は障害の無い人と同じように友人に対する好意を自ら示すことができた（ノーマライゼーション・残存能力の活用）という意味では，本人にとってはプラスといえる面もある。そうすると，この場合の判断は，本人意思尊重義務及び身上配慮義務の2つの行動指針に沿った善管注意義務を果たすものと考えて良いのではないだろうか。

　成年後見人が財産管理をするにあたっては，様々な事情を持つ本人について，以上のように種々検討をすることが必要である。成年後見人が本人のことを理解しようともせず，Aの経済的事情を考慮することもなく，単に財産の減少の原因であるAの贈与を取り消したにすぎない場合は，Aの財産の保全になったとはいえ，成年後見人としての善管注意義務を果たしたとは言えないと考える。

II　成年後見人による無償行為

　前述のとおり，成年後見人は包括的な代理権を有するので，本人の財産を有効に無償で処分することができ，その効果は本人に帰属する。

(1) 成年後見人の意思による場合

　成年後見人が本人の財産から何らかの財産を第三者に贈与をする等の無償行為をした場合は，原則として本人の利益に反するので権限濫用行為である。

しかし,「代理権の行使に当たっては,被後見人の利益の観点から諸般の事情を考慮することが必要である。被後見人に経済的な利益が全くない場合にも被後見人の利益となることがあり得る。遠方に居住する唯一の親族を療養中の被後見人に面会させるため,その親族に交通費や宿泊費を交付するなどはその例といえる。」[9]

(2)　本人の意思に基づく─本人が望んでいる─場合

　本人自身が贈与等の無償行為をすることを真に望んでいる（望んでいると判断できる。）が,その行為を本人がすることはできないので,成年後見人が本人を代理して行う場合である。事例2は,Bは後見開始後も宗教の信仰は変わらないので,それまでと同様,当然にお布施を継続するつもりでおり,成年後見人にもその希望を積極的に伝えている場合である。事例3は,Cは夫と創業した家業をこれからも長男に継続していってもらいたいと考えているであろうことが,家族からの話やそれまでの事情から推測されるが,本人からその意思を聞くことは難しい場合である。いずれも本人の財産を減少させる行為であり,成年後見人がこれを行うことは,善管注意義務に反するとまず考えることと思う。したがって,それらの無償行為はするべきではないとの判断になる。しかし,本人が望んでいるにもかかわらず,その判断能力が不十分であるとの理由で,本来それを補うべき成年後見人がその意思を即座に否定することは,成年後見人の責任を果たしているとは言えない。

　まずは,本人の意思の確認である。ただし,本人が意思を表明できる場合はよいが,そうでない場合はどうすればよいのか。「この場合は,本人の家族や友人たちなどから,本人の人となりや,ものの考え方を聞き取るなどして,本人の推定的意思（本人に現時点でまだ十分な判断能力があれば,もっていたであろう意思）を判断していくことが求められる」[10]。しかし,例えば,贈与することが本人の意思と確認できた場合に,単にそれを理由として贈与行為をするのでは,それは本人の使者となっただけで本人の代理人として判断能力を補ったとは言えない。その贈与によって,本人の生活や療養看護に支障をきたすことがないかの検討をし,財産を管理する者として,その贈与を

行うことに合理的な理由があるのかの検討が必要である。そして，本人保護の必要性との調和の中でどこまで本人の意思を尊重するかを決定しなければならない。この本人保護とは，一般的な福祉にとどまらず，"その本人"にとって通常のその人らしい生活を維持できるようにすることである（したがって，本人保護の内容は決して画一的なものではなく，本人によって異なる。）と考えるので，ここでの判断にも成年後見人の本人とのかかわり方が大きく作用する。

① **事例2の検討**

　宗教法人にお布施をすることが本人の保護になるのか。宗教を信仰しない人にとっては，宗教法人にお布施をすることは無意味なことと思えるかもしれない。ただただ財産を消費するだけの行為であって，本人に客観的な利益があることではないお布施は，成年後見人としてはする必要が無い行為と判断しがちであると考える。しかし，Bは長年にわたって信仰の生活をしてきたのであり，生き甲斐となっているかもしれない。お布施をすることはBの信仰のための行為であり，それを成年後見人がしない，つまりお布施を止めさせることは，Bにとっては生き甲斐を奪われることになるのかもしれない。そうすると，以後，Bが自分らしい生活を送っていけるのかという疑問が生じる。

　成年後見人は，Bがその宗教とどのように関わってきたか等を含めてBのことを知るように努め，どうすることがBの保護になるのかをBの気持ちを汲みながら検討する必要がある。その際には，定期的なお布施を継続することがBの財産で可能かどうかの検討は必須である。そして，成年後見人の結論がお布施をしないということに至った場合は，ただ単にお布施をしないというのではなく，その事情をBに説明し，Bに理解してもらう必要があると考える。

② **事例3の検討**

　本人が経営から退き，今では長男の事業となった印刷業の経営資金を本人の財産から支出することは，客観的にみれば本人の利益となることではないので，その支出を認めることは財産管理の面から見れば成年後見人と

しての一般的に求められる善管注意義務に反すると思われる。したがって，このような場合，成年後見人は包括的な財産管理権を有するがゆえに，自己の判断のみによって，本人の財産を減少させることになる長男への事業資金の融通を拒否するという財産管理をすることが多いのではないだろうか。しかし，このような判断には，成年後見人による客観的な事実の考慮はあるが，本人の意思の関与は無い。

　成年後見人が，Cのそれまでの生活や，認知症を発症する前は自身が夫と始めた家業を継いだ長男の経営を支援していたことを知り，また，Cとの直接の会話等によって，Cが今でも長男を応援したいという気持ちを持っていると理解できた場合，成年後見人としての取るべき対応はどうなるのか。

　成年後見人としては，本人の財産管理について通常求められる限りの相当な手段及び方法を講じる必要がある。そしてそれとともに，それは本人保護のために行う事務であるということを強く認識し，その認識に基づいて行う事務を決定するべきである。本人の財産を本人以外のために支出するからといって，直ちに否定するのではなく，そのことと本人との関係を考えてみる必要がある。事例では，Cに対する理解に基づき，成年後見人が長男に事業資金を融通することが，成年後見人の善管注意義務に反するとは必ずしも言えないのではないかと考える。もちろん，成年後見人として講じるべき方法・必要な手段は全てとるということは言うまでもない。

　この場合，成年後見人が本人のことを全く理解していなければ，長男への事業資金の融通は迷うことなく拒絶するところだろう。むしろその方が本人の財産維持となるため，後日，成年後見人としての責任を問われることや拒絶したことが問題化する可能性は低い。このように，成年後見人は，本人との関係の持ち方いかんによって，後見事務の内容が変わってしまうということを常に意識しておかなければならない。

　ちなみに，Cの財産がそれほど無く，長男の支援をすることがCにとって重大な不利益となるような場合は，財産管理をする成年後見人として取るべき対応は自ずと決まってくると思われるが，その場合でもCの気持ち

を無視するのではなく、Cに対して長男の支援をできない旨の説明をし、Cの理解を得ることは必要であると考える。

　参考として、後見人が後見事務を行うことを決定するにあたって本人の意思を推測したことに言及した裁判例[11]がある。事案の会社は、設立間もない頃から本人がその代表取締役で株主であったところ、本人の認知症発症後、二男が経営を引き継いでいた。事案の後見人が就任する前に本人の夫が後見人に就任していた時期があり、そのときに夫は本人が所有していた不動産を廉価で売却してしまっていた。二男はそれを買い戻そうとしたが、買い戻す資金が不足するため本人からの貸付を求めたことに対し、後見人はこの貸付の事務は必要性があると判断した。その理由は、前述のような事情から、二男経営の会社が不動産を買い受けることは、実質上本人が廉価で売却された不動産を買い戻すということができると考えたからであったが、このことが裁判所に「本人の意思を忖度すると本件貸付をすることが本人の意思に沿うものといえなくもなく……」として後見人の判断には相当性ないし合理性があると認められたのである。本人の気持ちを汲んだ後見人の判断が裁判所に認められたと言える。

むすび

　成年後見人に2つの行動指針に沿った善管注意義務が求められるのは、本人の保護を実質的に充実させるためであると考える。本人が必要とする保護は一様ではなく、本人によって、また同じ本人であっても本人の事情等の変化によって異なるので、成年後見人は後見事務を行うにあたっては、どのような保護が必要かをまず見極めることが必要である。その見極めの方向性を示すのが2つの行動指針であり、必要な事務を適切に行うことが成年後見人の善管注意義務だと考える。よって、本人のことを顧みず、画一的、一般的な事務を行うことは善管注意義務に反することとなる。しかし、行動指針と成年後見人が善管注意義務として行うべきと考える事務は、常に同じ方向を示すとは限らない。示す方向が異なることも起こり得る。そのような場合は、

成年後見人は，制度の目的を再認識し，本人の保護・利益のためには何が最良なのかという点を基準に，二者択一のような画一的にではなく，相反する事情を総合的に勘案しながら，それらを調整した判断をするしかない。そのような判断をするには，成年後見人自身の考えだけでは無理がある。本人の意思や希望，事情に配慮したものである必要があるので，成年後見人はこれらを把握し，また，それらを継続して理解しておくよう努めなければならない。成年後見制度は本人を保護するためのものであり，成年後見人はその保護を具体化する役割を担っている。しかし，本人の保護は本人が一方的に保護を必要としているだけで達成できるものではない。成年後見人から本人に寄り添い，本人をその取り巻く環境等を含めて理解することの上に達成しうるものである。成年後見人は，本人に能動的にかかわっていくことが必要であり，常にこのことを意識して職務にあたるべきであると考える。

参考文献
- 小林昭彦ほか編著『新成年後見制度の解説』（金融財政事情研究会，2000）
- 新井誠ほか編『成年後見制度　法の理論と実務』（有斐閣，2006）
- 赤沼康弘編著『成年後見制度をめぐる諸問題』（新日本法規出版，2012）
- 上山泰著『専門職後見人と身上監護』（民事法研究会，第2版，2010）
- 片岡武ほか著『家庭裁判所における成年後見・財産管理の実務』（日本加除出版，第2版，2014）
- 島津一郎・松川正毅編『基本法コンメンタール　親族』（日本評論社，第5版，2008）
- 遠藤浩編『基本法コンメンタール　債権各論Ⅰ（契約)』（日本評論社，第4版，1995）
- 於保不二雄ほか編『新版注釈民法(25)』（有斐閣，改訂版，2004）
- 公益社団法人成年後見センター・リーガルサポート「後見人の行動指針」

注
1) 新井誠ほか編『成年後見制度　法の理論と実務』98頁（有斐閣，2006）
「成年後見人の職務には，純粋に財産に関する職務のほか，生活の維持や医療，介護等身上の保護に関する職務すなわち身上監護の職務が存在する。これ

第2章　財産管理に関する行為

が生活・療養看護の事務として表わされている。」
2）小林昭彦ほか編著『新成年後見制度の解説』97頁（金融財政事情研究会，2000）「精神上の障害により判断能力を欠く常況にある者は，一般に，自分一人では自己の財産に関する法律行為を適切に行うことができず，他人の援助を受ける必要がある状態にありますので，本人保護の実行性の観点から，成年後見人は，従来どおり，法定の権限として，本人（成年被後見人）の財産に関する法律行為全般について包括的な代理権を有するとともに，その財産を管理する権限（包括的な財産管理権）を有するものとされています。」
3）於保不二雄ほか編『新版注釈民法(25)』400頁〔吉村朋代〕（有斐閣，改訂版，2004）
4）小林・前掲2）142頁
5）小林・前掲2）141頁
6）小林・前掲2）3頁
7）上山泰『専門職後見人と身上監護』38-39頁（民事法研究会，第2版，2010）
「たとえ利用者の判断能力が不十分であったとしても，その一事をもって直ちに保護の客体として処遇してしまうのではなく，利用者がもっている能力をできる限り発揮できるような環境を整備していくこと。それによって，利用者が自分の生活の主役としての地位を維持できるように努めること。新しい理念が成年後見人等に求めている役割は，このようにイメージできると思います。」
8）新井ほか・前掲1）101頁〔赤沼康弘〕
9）赤沼康弘編著『成年後見問題をめぐる諸問題』147-148頁（新日本法規出版，2012）
10）上山・前掲7）94頁
「この場合は，利用者の家族や友人たちなどから，利用者の人となりや，ものの考え方を聞き取るなどして，利用者の推定的意思（利用者に現時点でまだ十分な判断能力があれば，もっていたであろう意思）を判断していくことが求められる」
11）東京高判平成17年1月27日判タ1217号272頁

〔林　光子〕

5 本人の意思尊重と法定監督義務者としての責任について

はじめに
Ⅰ　民法714条1項の「監督者責任」の考察
Ⅱ　事例検討と課題
Ⅲ　実務家として注意すべきこと
むすび

はじめに

　成年後見人は，本人の居住場所について悩むことが多い。認知症が進行して日常家事ができなくなっても，福祉サービスを活用すれば在宅生活を維持できるケースも多い。成年後見人や福祉関係者としては，施設に入所したほうがより安全に暮らせると思っても，本人が在宅生活を希望している場合は，その意思を尊重して，在宅生活に必要となるサービスを検討しながら本人の生活を支援している（民858条の本人意思尊重及び身上配慮義務に基づくものである。）。

　このとき，成年後見人は法定監督義務者の責任を負うかもしれない，という一抹の不安を感じることがある。つまり，本人が火の不始末（ガスの消し忘れ，風呂の空焚き，寝タバコ）や徘徊中の事故等によって他人に損害を与えてしまった場合，成年後見人は法定監督義務者として，その損害賠償責任を負うかもしれないという不安である。

　昨今，在宅介護を受けていた認知症高齢者が線路内に立ち入り列車に撥ねられ死亡した事故により，列車に遅れが生じる等の損害を被ったとして，鉄道会社が認知症高齢者の遺族らに対して損害賠償を求めた事案に関する判決（名古屋高判平成26年4月24日判時2223号25頁）が話題となっている。この事案は，成年後見人の監督者責任と直接関係はないが，原審及び控訴審とも法律

第 2 章　財産管理に関する行為

構成は異なるものの介護者である親族に対して損害賠償責任を認めたことから，専門職後見人にとっては，漠然とした不安が募るばかりである。

成年後見人は，後見事務を行う上で，本人の意思尊重及び身上配慮義務と監督義務，相対立し得るこれらの義務とどう向き合うべきか苦慮している。

本章では，成年後見人の監督者責任について若干の考察を行い，実務家として成年後見業務を行う上での注意点を考えてみたい。

【事　例】

　本人は，数年前から認知症を患い，調理器具や家電製品の使い方を忘れるようになってきた。本人は，夫に家事を手伝ってもらいながら在宅生活を維持してきたが，その夫は脳梗塞のため急死してしまった。その後，本人のために成年後見人が付され，成年後見人は，本人及び関係機関と今後の本人の生活について協議を重ねた。本人は，夫と長年暮らしてきた自宅での生活を強く希望しており，本人が抱える問題（日常の金銭管理ができない，調理器具の使い方を忘れてしまう。）は関係機関の支援で解決できるため，施設への入所を説得することはせず，本人の意思を尊重して在宅での生活を継続することとなった。成年後見人は，万一，本人が火の消し忘れで火災を起こしてしまわないように，自動消火機能が付いたガスコンロを手配するなど，細心の注意を払っていた。

　ある日，本人は包丁が見当たらないので，「貸した包丁を返してもらっていない。」と思い込み，隣人宅に上がり込み，包丁を持って帰ろうとしたところを隣人に見つかり注意された。隣人は包丁を取り返そうと本人と揉みあっているうちに，大怪我を負ってしまった（成年後見人は，別の事案において，近隣住民に対して認知症高齢者が在宅生活を送ることの理解を求めたところ，施設入所を求める住民運動を起こされた経験があったことから，本件では本人が認知症であることを説明していなかった。隣人は本人が認知症であることを知らなかったので包丁を巡って揉みあいになってしまったという事情がある。）。怪我をした隣人は，成年後見人に監督者

責任があるとして，治療費及び慰謝料を請求している。成年後見人としては，在宅生活を維持する上で起こりうる事態を想定して家電製品の調達や関係機関と連携をしてきたが，本件のように全く予期せぬ本人がした加害行為に対してもその責任を負うのであろうか。

I 民法714条1項の「監督者責任」の考察

(1) 伝統的な考え方

① 法定監督義務者とは

民法は，責任無能力者（自己の行為の責任を弁識するに足りる知能を備えていない未成年者，精神上の障害により自己の行為の責任を弁識する能力を欠く状態にある者）が他人に損害を与えた場合は，損害賠償の責任を負わないとしている（民712条，713条）。

しかし，不法行為の加害者がたまたま責任無能力者であった場合，被害者は加害者に対して損害賠償を請求することができず，被害者の保護に欠けることになってしまう。そこで，民法714条1項は，責任無能力者を監督する法定の義務を負う者（法定監督義務者）は，「監督義務を怠らなかったとき，又はその義務を怠らなくても損害が生ずべきであったとき」であることを立証しない限り，その損害賠償責任を負うものとして，被害者の救済を図った。この責任無能力者に対する監督義務は，道徳的な義務ではなく，法定の監督義務でなければならない。法定の監督義務を負う者として，未成年者については，親権者（民820条）・親権代行者（民833条）・未成年後見人（民857条）・監護者（民766条）・親権者及び未成年後見人を有しない児童福祉施設に入所中の児童については当該施設の長（児福47条）等である[1]としている。成年被後見人については，成年後見人であり，精神障害者については，多くの学説が精神保健福祉法上の「保護者」（後見人又は保佐人，配偶者，親権者，扶養義務者の中から家庭裁判所から選任された者，市町村長の順で保護者となる。）は当然に法定監督義務者に該当す

る²）としてきた。

　親権者・後見人・保護者などが法定監督義務者とされるのは，これらの者が負う義務を民法714条1項にいう監督義務とみることによる。つまり，親権者・未成年後見人においては監護教育義務（民820条，857条），後見人においては禁治産制度下における後見人の療養看護義務（平成11年改正前民858条1項），精神病者監護法下における監護義務者による私宅監置（1950年精神衛生法施行時に廃止），保護者においては精神保健福祉法上の自傷他害防止監督義務（平成11年精神保健福祉法改正時に廃止）を民法714条1項にいう監督義務とみているためである³）。

② **監督義務の内容について**

　法定監督義務者の監督義務の内容（何を監督しなければならないのか）については，「無能力者が，ある程度特定化された状況の下で，損害発生の危険をもつ，ある程度特定化された行為をすることを予見し，かつその危険を回避または防止するよう監督すべき義務」と「無能力者の生活全般にわたって監護し，危険をもたらさないような行動をするよう教育し，躾をする義務」の2つがあるとされる⁴）。後段の教育・躾レベルでの義務は，予見可能性を前提とした結果回避義務とは異なり，この義務を尽くしたことの立証は極めて困難である。大審院時代の判例（大判昭和14年3月22日新聞4402号3頁等）では，「加害行為のおそれが感知される場合に適切な監督をしなかったこと」を問題としているものがあるが⁵），多くの学説⁶）や下級審の判例においては，被監護者の行動に対する一般的監督を怠ったという過失が責任の根拠にあるということを前提に，責任無能力者に対する一般的な監督義務違反があれば本条の責任を負うとしてきた⁷）。前述のとおり，一般的な監督義務を尽くしたことの立証は極めて困難であり，この点が民法714条1項の監督者責任は無過失責任に近いと言われる所以である。

　ところで，本条の監督義務の内容を一般的な監督義務とした判例は，未成年者が責任無能力者として責任を負わないとした事案に関するものである。加害行為を行った未成年者に対し損害賠償請求をしても資力を有しないことが多くその実行性に問題があるところ，被害者救済のためには，民

法714条1項に基づき，親権者に対する損害賠償請求を可能とする必要がある。そのため，裁判例においては，未成年者の責任能力年齢を高く設定することで民法714条1項の適用を可能とし[8]，監督義務の内容についても，特定の行為に対する予見可能性・結果回避義務を問題にするのではなく，一般的な監督義務を前提としているものと推測される。

(2) 民法714条1項の「監督者責任」の考え方の変化
① 法定監督義務者の該当性について
ア　精神保健福祉法上の保護者

精神保健福祉法の改正（平成11年）により，保護者の義務から「自傷他害防止監督義務」が削除されたことを理由に，同法の保護者は当然には法定監督義務者に該当するものではないという見解が主張されるようになった[9]。この点が争いとなった仙台高判平成12年1月20日は，「自傷他害防止監督義務自体は保護者の義務から削除されるものの治療を受けさせる義務によって自傷他害の状態になったとき治療を受けるための行動をとることで事実上担保し，その他の保護者の義務はすべて存置されることが認められるから右改正によっても，保護者の民法714条の責任自体が否定されるものではない」[10]としている。しかし，この保護者制度は，平成26年4月1日，精神保健福祉法の一部改正によって廃止されたため，精神保健福祉法上の保護者であることを根拠として民法714条の責任を負うことはなくなった。

イ　成年後見人

禁治産制度下においては，後見人が法定監督義務者に該当する根拠は療養看護義務であるが[11]，成年後見制度下においては療養看護それ自体ではなく療養看護に関する法律行為に限定され，財産管理を中心としたものに変わった[12]。成年後見制度下における後見人が，そもそも本条の監督義務者に該当するか否かが争点となった判例は見受けられない。成年後見制度下における後見人はいかなる義務を根拠として法定監督義務者としての責任を負うのだろうか。この点，旧規定下での療養看護義務

に相当する身上配慮義務を負っていた者のみが法定の監督義務者であると捉えられるべきであるとして、成年後見人は法定監督義務者に該当するものの、保佐人・補助人が身上配慮義務を負っているからといって直ちにこれらの者が法定監督義務者とされることはないとする見解[13]が存在する。[14]

② **監督義務の内容について**

成年後見制度下における成年後見人も法定監督義務者に該当するとしても、その監督義務の内容は禁治産制度における後見人と同様であろうか。

禁治産者制度においては、夫婦の一方が禁治産宣告を受ける場合、配偶者が当然に後見人となり（旧民840条）、配偶者がいない場合に家庭裁判所が後見人を選任するものとされていた（旧民841条）ところ、親族以外の第三者の成年後見人が選任される事案は少なかった（平成7年度では全体の5％弱である。[15]）。一方、成年後見制度下においては、第三者の成年後見人が選任されるケースは年々増加しており、平成26年度では、親族以外の第三者が成年後見人等に選任されたものは全体の約65％（前年は約57.8％）であり、[16] 親族が成年後見人等に選任されたものを上回る結果となっている。第三者の専門職後見人や親族であっても本人と生活を共にしていない者が成年後見人となる場合、本人を日常的に監督することはできず、一般的な監督を求めることは成年後見人に不可能を強いる結果となってしまう。

この点、「成年後見人に親権者と同じような広汎で高度な義務を課するには責任過重であり、平成11年の精神保健福祉法改正で保護者の監督義務が削除されたこととのバランスからも、ある程度特定された具体的な危険行為を回避する義務にとどまると解すべき」とする見解[17]が存在する。

冒頭で紹介した、在宅介護を受けていた認知症高齢者（以下「本人」という。）が線路内に立ち入り列車に撥ねられ死亡した事故により、列車に遅れが生じる等の損害を被ったとして、鉄道会社が本人の相続人である妻・長男・二男・二女・三女らに対して、その損害賠償を求めた事案の控訴審において、妻に対しては、「配偶者の一方が精神障害により精神保健福祉法上の精神障害者となった場合の他方配偶者は、同法上の保護者制度

の趣旨に照らしても，現に同居して生活している場合においては，夫婦として協力扶助義務の履行が法的に期待できないとする特段の事情のない限りは，配偶者の同居義務及び協力扶助義務に基づき，精神障害者となった配偶者に対する監督義務を負うのであって，民法714条1項の監督義務者に該当するものというべきである。」とし，本人に対する一般的監督として十分でなかった点があると認定し，妻に対する請求を一部認めた。控訴審の判決では，民法714条の規定の立法趣旨やその性質，法定監督義務者等の内容（一般的な監督義務であること），法定監督義務者等は責任無能力者について予見可能性と結果回避可能性が肯定される場合には，民法709条によっても責任を負うことなどを説示しているが，これらは，民法714条に関する通説・判例に従って通常の解釈を述べたものである。

この判決に対し，前田太朗愛知学院大学専任講師は，精神障害者の監督義務をめぐる学説・裁判例等から監督義務の特定化・縮減化する傾向がみられること，本判決の論拠において責任の賦課・厳格化，義務の厳格化及び正当化を十分に支えるものではないことを踏まえると，予見可能性については本人が徘徊することで第三者の財産が侵害されるという抽象的な危険ではなく，本人の具体的加害行為の危険性を問題とすべきであったと指摘されている[18]。

成年後見人が法定監督義務者としての責任を負う場合のその監督義務の内容について争われた判例は見当たらないが[19]，一般的な監督義務ではなく責任無能力者のした具体的な加害行為を予見しこれを回避すべき義務と捉えることによって，未成年者の親権者の一般的監督義務[20]よりも縮減された監督義務とすべきであろう。

II 事例検討と課題

(1) 事例について

成年後見人が法定監督義務者として責任を負う場合，その義務の内容は，前述のとおり「責任無能力者のした具体的な加害行為を予見しこれを回避す

べき義務」とすべきである。この義務を前提として，以下，本事例を検討する。成年後見人は，ケアマネジャーやヘルパー等の関係者から，本人は調理器具の使い方を忘れてしまうことがあると報告を受けていたことから，火の消し忘れによる火災を防止するため，ガスコンロを自動消火機能付のものに取り替えるなどして細心の注意を払っていた。成年後見人が知り得た本人が抱える問題としては，金銭管理ができないことと調理器具の操作方法を忘れてしまうことであり，「包丁を貸したが返してもらっていない」といった妄想による混乱は過去に見受けられず初めてのことであった。成年後見人としては，妄想による混乱から隣人宅に上がり込み，包丁を持って帰ろうとする本人と隣人が揉みあっているうちに，その包丁で隣人が大怪我を負ってしまうことを予見することは困難であり，これを回避するための義務があったと言えない。したがって，本事例において，成年後見人は，法定監督義務者としての責任は負わないであろう。ところで，本事例において，本人が火災を起こしてしまった場合はどうであろうか。つまり，責任無能力者が失火をした場合に民法714条1項の法定監義務者の責任との関係をどうするかの問題である。最判平成7年1月24日は「責任能力のない未成年者の行為により火災が発生した場合において，失火ノ責任二関スル法律にいう重大な過失の有無は，未成年者の監督義務者の監督について考慮され，監督義務者は，その監督について重大な過失がなかったときは，その火災により生じた損害を賠償する責任を免れると解すべきである」[21]と判示している。つまり，成年後見人が本人の失火について民法714条1項に基づき監督義務者としての責任を追及された場合，監督に重大な過失があったかどうかで判断されることになる。

(2) 今後の課題

本事例において，責任無能力者である本人は隣人に対して損害賠償責任を負わず（民713条本文），成年後見人も法定監督義務者としての責任を負わないとした場合，被害者の救済はどのようにして図るべきであろうか。民法714条の立法趣旨が，責任無能力者が責任を負わない場合における被害者救

済である以上，成年後見人の法定監督義務者としての責任の軽減のみを声高に訴えるだけでは根本的な解決とはならない。

　この点，責任無能力者本人に対する衡平上の責任の賦課が場合により必要であるとして，責任無能力者本人に損害賠償責任を負わせようとする考えがある[22]。また，前述の鉄道事故の判例に関し，水野紀子教授は，「たしかに民法713条の明文があるだけに，A本人に不法行為責任を問うという解釈は，裁判所には難しかったのかもしれない。しかしAのもたらした損害は，Aが賠償責任を負うのが，妥当な結論であったように思われる」とし，「ドイチュのいうように『資力ある責任無能力者は，損害賠償という代償を支払ってはじめて行動自由を獲得するのである』と考えられないだろうか。認知症患者や精神病患者が被害をもたらしたとき，意思能力がないために刑事責任を問うことはできなくとも，自由に行動することの代償として，民事的な責任を負うことには十分な合理性があるように思われる。」と述べておられる[23]。

　この考えによれば，成年後見人としては，萎縮することなく，本人の意思を尊重し，監視ではなく自由な行動を支援する方向での後見事務を行うことができ，万一，本人が第三者に損害を与えてしまっても，本人に資力がある場合は，被害者はその賠償を受けることができることになる。このように責任無能力者に責任を負わせるためには民法713条の改正が必要となろうが，成年後見制度を取り巻く社会環境を踏まえて立法的な解決がなされることを期待する。

III　実務家として注意すべきこと

　成年後見人が法定監督義務者として損害賠償を請求された判例は見受けられないが，実務においては，提訴されるまでには至っていないものの，相隣関係のトラブル（例：隣人の塀や植木を毀損した等）において，成年後見人が民法714条1項に基づく損害賠償の請求を受けたという事案を聞くことがある。また，成年被後見人が放火し入所施設を全焼させてしまった事案，タバ

第2章　財産管理に関する行為

コの不始末でアパートが全焼してしまった事案，不注意や故意でアパートの風呂の水を漏らし下の階の部屋を浸水させてしまった事案，殺人未遂事件の事案，判断能力の低下が著しい状態でのオートバイの運転[24]で事故を起こしてしまった場合など，実務上，成年後見人が本人に対する監督を怠ったとして監督者責任に基づいて提訴されてもおかしくない事案が多数存在する。被害者は，同時審判申出共同訴訟制度（民訴41条）[25]を利用して，本人と成年後見人を相手取って提訴するのが常であろう。

前述のとおり，成年後見人の法定監督義務者としての責任は減縮されるべきであると考えるが，そのためには判例の蓄積や前述のような法改正が必要となる。しかし，後見実務は，今まさに動いているのであり，実務家としては，法定監督義務者として本人の一般的な監督を怠ったとしてその責任を問われる可能性があるという危機感をもって業務を行うべきである。その対応の一つとして，保険の加入が考えられるところ，責任無能力者の監督者が損害賠償責任を負った場合に保険金が支給されるものがある。[26]もう一つの対応方法として，関係機関との連携である。タバコの不始末でアパートが全焼してしまった事案では，成年後見人は，「タバコを吸いたい」という本人の意思を尊重しつつ本人と近隣住民の安全をいかにして守るかにつき本人及び担当者らと協議をした結果，本人との間で一日のタバコの本数を決めた上，夜間は吸わないことを約束し，夜間のヘルパーが帰宅する際にライターを回収するということを行っていたようである。

成年後見人としては，関係者から成年被後見人の言動に関し問題提起をされたような場合は，漫然と放置するのではなく，関係者らと協議を行い迅速な対応を心がけることが必要であり，このようにして，本人の意思を尊重した後見事務を行いつつ監督者としての責任も果たし，被害を未然に防止することにも繋がるような後見実務を行うべきではないだろうか。

むすび

成年後見人は，独立の身上監護義務を負うものではなく，財産管理を中心

とする事務を行うにあたっては，本人の身上を配慮する義務を負うにすぎない。この点からすると，成年後見人が法定監督義務者として責任を負うこと自体が不合理であるとも考えられる。また，委縮的作用により，本人の身上に配慮した本来の後見事務がなされないという問題も生じてしまう。しかし，民法713条の規定の存在，民法714条1項の立法趣旨からすると，現行法上，成年後見人は法定監督義務者として，少なくとも「具体的な加害行為を予見しこれを回避すべき義務」は負うと考えざるを得ないであろう。しかしながら，成年後見人が本人と生活を共にしない場合は，特定の加害行為を予見することすら困難であると思われる。成年後見人は，本人との定期的な面談に加え，福祉・医療等の関係機関からの情報を得ることによって本人との接点を保つようにすべきであろう。

以上，成年後見人に焦点を絞って検討してきたが，保佐人・補助人の場合はどうであろうか。民法713条の責任能力は，「行為時の精神的障害状態を個別事情ごとに判断するものであり，成年後見制度とは論理的に無関係である」[27]ことからすると，成年被後見人であっても責任能力があるとされる場合もあり，逆に被保佐人や被補助人が責任無能力者とされ，その者の監督義務者に責任が及ぶ可能性がある。この場合，保佐人や補助人は民法714条1項の法定監督義務者に該当するのかが問題となる。

この点，筆者としては，前掲の「成年後見人は法定監督義務者に該当するものの，保佐人・補助人は直ちに法定監督義務者とされることはない」とする学説を支持したいが，実務においては，本人に資力がない場合に備え，保佐人・補助人も法定監督義務者として提訴される可能性は十分考えられる。

実務家としては，成年後見人に就任している場合と同様に，少なくとも本人の具体的な加害行為を予見することができるときは，漫然と放置するのではなく，関係機関との連携を図りながら対応しておくべきであろう。

最後に，本人に対しては民法709条に基づき，成年後見人等に対しては民法714条1項に基づいて損害賠償請求がなされた場合，民法714条1項の責任は，責任無能力者が責任を負わない場合の補充的責任であり，成年後見人が本人には責任能力があると認めれば成年後見人は監督義務者としての責任を

第2章　財産管理に関する行為

負わなくてすむという関係にあることから，成年後見人が本人を代理して訴訟行為等を行うことは，利益相反の問題が生じる可能性があることを指摘しておきたい。

注
1）四宮和夫『事務管理・不当利得・不法行為（下）』678頁（青林書院，1985），加藤一郎編『注釈民法⑲』261頁〔山本進一〕（有斐閣，1965）
2）四宮・前掲1）678頁，加藤・前掲1）261頁，我妻榮『事務管理・不当利得・不法行為』159頁（日本評論社，復刻版，1988）
3）橋本佳幸・大久保邦彦・小池泰『民法Ⅴ事務管理・不当利得・不法行為』258頁（有斐閣，2011）
4）平井宜雄『債権各論Ⅱ不法行為』218頁（弘文堂，1992）
5）四宮・前掲1）675頁
6）我妻・前掲2）156頁，加藤・前掲1）255頁，平井・前掲4）218頁
7）四宮・前掲1）675頁
8）伊藤滋夫総括編集『民事要件事実講座4民法Ⅱ物権・不当利得・不法行為』285頁（青林書院，2007）
9）能見善久ほか編『論点体系判例民法8不法行為Ⅱ』268頁（第一法規，第2版，2013）
10）三木千穂『精神上の障害により責任能力なき者による不法行為責任の所在─現代における民事責任能力制度のあり方─』静岡英和学院大学・静岡英和学院大学短期大学部紀要第8号201頁（2010）
11）潮見佳男『不法行為法Ⅰ』420頁（信山社出版，第2版，2009）
12）橋本・前掲3）258頁
13）潮見・前掲11）420頁
14）成年後見制度においては，複数の者が後見人となることが認められており（民843条3項），財産管理は司法書士等の専門職が担い，身上監護は親族が担うという職務分掌型の複数後見の事案もあり，このように財産管理の権限しか付与されていない成年後見人は，そもそも本人を監督することはできないのであるから，法定監督義務者に該当するとしてよいかどうかは問題であろう。
15）最高裁判所事務総局家庭局「成年後見関係事件の概況～平成12年4月から平成13年3月～」12頁
16）最高裁判所事務総局家庭局「成年後見関係事件の概況～平成26年1月から平

成26年12月〜」9頁
17) 前田陽一『債権各論Ⅱ不法行為法』143頁（弘文堂，第2版，2010），上山泰『専門職後見人と身上監護』177頁以下（民事法研究会，第2版，2010）
18) 前田太朗『TKCローライブラリー　新・判例解説Watch民法（財産法）No. 81』4頁
19) 旧精神保健法上の「保護者」であった「加害者の父」に民法714条1項の責任を認めた事案ではあるが，「精神障害者の多くは，通常の意志疎通が困難で，訓戒や説諭で行動を統制することが難しいこと，精神障害の治療の観点からも精神障害者への働きかけには限界があること，明確な治療法が確立されておらず，場合によっては長期間の監督を要し，しかもその期間についても全く予想できず，監督義務者にかかる精神的な負担が大きいこと等から，未成年者の監督義務者よりも内容・程度及び範囲において限定された監督義務を負うにすぎない」とする判例（仙台地判平成10年11月30日判タ998号211頁）が存在する。「具体的には，精神障害者が他害行為に及ぶことをある程度具体的に予想することができ，かつ，それを回避するのに十分な方策（精神障害者を精神病院に入院させる，都道府県知事に保護の申請をする等）をとることが期待できる状況があったにもかかわらず，監督義務者がそれらの回避手段を講じなかった場合に監督義務違反が認められることになる」としている。（以上，能見・前掲9）277頁）
20) 未成年者の親権者の監督義務の考え方にも変化が見られる。自動二輪車を運転して小学校の校庭横を進行していた85歳の男性が，その校庭から転がり出てきたサッカーボールを避けようとして転倒して負傷し，約1年4ヶ月後に誤嚥性肺炎で死亡したことにつき，その男性の遺族らが，サッカーボールを蹴った11歳の児童の父母に対し，民法709条又は714条1項に基づき損害賠償請求をした事案において，1審及び2審とも，周囲に危険が及ぶような行為をしないよう指導する監督義務を怠ったなどとして，父母の民法714条1項に基づく損害賠償責任を認めた（大阪地判平成23年6月27日判時2123号61頁，大阪高判平成24年6月7日判時2158号51頁）。しかし，最判平成27年4月9日（平成24(受)1948損害賠償請求事件）は，「責任能力のない未成年者の親権者は，その直接的な監視下にない子の行動について，人身に危険が及ばないよう注意して行動するよう日頃から指導監督する義務があると解されるが，本件ゴールに向けたフリーキックの練習は，上記各事実に照らすと，通常は人身に危険が及ぶような行為であるとはいえない。また，親権者の直接的な監視下にない子の行動についての日頃の指導監督は，ある程度一般的なものとならざるを得ないから，

通常は人身に危険が及ぶものとはみられない行為によってたまたま人身に損害を生じさせた場合は，当該行為について具体的に予見可能であるなど特別の事情が認められない限り，子に対する監督義務を尽くしていなかったとすべきではない。」（裁判所ウェブサイト）として，父母の監督者責任を否定した。これまでの類似の訴訟では，一般的な監督義務を怠ったとしてほぼ無条件に親権者の監督者責任が認められてきたが，本判決は親権者の監督者責任を制限するものであり，成年後見人の監督者責任を考える上でも，重要な判例といえよう。

21）伊藤・前掲8）291頁
22）星野英一『民法論集第9巻』219頁（有斐閣，1999）。星野英一教授は，民法713条，714条に関し，民法713条の後に「民法713条の2（無能力者の衡平上の責任）前二条の規定により無能力者に責任がない場合において，当事者間の衡平を図るため必要があると認められるときは，裁判所は，加害行為の態様，加害者及びその監督義務者の資力，被害者の経済状態その他一切の事情を考慮して，無能力者に対し，他人に加えた損害の全部又は一部の賠償を命ずることができる」を加え，民法714条中，「前二条の規定により無能力者に責任なき場合に於て」の文言を削除し，民法714条2項に「ただし，裁判所は一切の事情を考慮して損害賠償の額を減ずることができる。」のただし書を加えることを提案されている。
23）岩瀬徹・中森喜彦・西田典之編集代表『刑事法・医事法の新たな展開　下巻』267頁以下（信山社，2014）
24）この点，75歳以上の，運転免許更新あるいは銃砲刀剣類所持の許可申請及び更新申請者全員に，それぞれの制度における認知機能検査が実施されているが，成年後見制度の利用が免許取消事由とはなっていない。
25）民法714条1項の監督義務者の責任は，民法713条の規定により責任無能力者がその責任を負わない場合において生じるものであり，補充的責任といわれている。これによると本人を訴えて「責任能力なし」とされて敗訴し，続いて監督義務者を訴えたところ「本人に責任能力あり」とされてまた敗訴することもありうる。このような矛盾を避けるために本人を第一の相手方として民法709条に基づく不法行為責任を求め，もしこの請求が本人に責任能力がないために認められないときは，監督義務者を第二の相手として民法714条に基づく不法行為責任を追及するように，一つの訴えで主たる当事者と予備的な当事者を予め同時に相手としておくという訴えの方法（主観的予備的併合）が考えられるが，判例（最判昭和43年3月8日民集22巻3号551頁）はこれを認めない。しかし，現行の民事訴訟法では，同時審判申出共同訴訟の制度（共同被告の一方

に対する訴訟の目的である権利と共同被告の他方に対する訴訟の目的である権利とが法律上併存し得ない関係にある場合において，弁論及び裁判を分離しないで行うよう求める申出をいう。）が設けられており，主観的予備的併合が認められない不都合は，かなりの程度で立法的に解決された（潮見・前掲11）417頁参考）。

26) 本人が加入する傷害保険において，「今までは，事故発生時点で被保険者（補償の対象となる方）が責任無能力者であった場合，その被保険者は賠償責任を負わないため保険金をお支払いすることができませんでした。改定後は，被保険者が責任無能力者であった場合には，その責任無能力者の親権者等（監督する義務を負う方）が責任を負うことで被った損害に対し保険金をお支払いいたします」（2012年2月23日au損害保険株式会社「傷害保険『個人賠償責任補償特約』改定のお知らせ」より抜粋）との内容に改定する保険商品がある。

　本稿執筆時点において，「認知症の人が事故で損害を与えた場合に賠償金を後見人に支払う新型の損害保険が登場する。三井住友海上火災保険とあいおいニッセイ同和損害保険が自動車保険などの特約として10月より販売を始める。」（平成27年9月25日付日本経済新聞電子版）との新聞報道もなされている。

27) 潮見・前掲11）406頁

〔岡根　昇〕

第2章 財産管理に関する行為

6 本人が日常生活に関する行為をするとき

はじめに
Ⅰ 取消権
Ⅱ 日常生活に関する行為
Ⅲ 事例の検討
むすび

はじめに

　補助人，保佐人，成年後見人（以下「成年後見人等」という。）として被補助人，被保佐人，成年被後見人（以下「本人」という。）の生活に関わっていると，ときとして取消権を検討することになる場合がある。本人が遷延性意識障害の状態にあるような場合は本人が法律行為を行うといったことは考えられないが，人は何らかの法律行為を行って生活しているわけである。在宅生活の方であれば財産被害にあう場合もあり，そもそも成年後見制度の利用が，認知症などによる判断能力低下が原因で悪質商法の被害に遭っている方又は遭うおそれのある方の保護を目的とする場合もある[1]。こういった被害回復のために取消権を行使することは考えられるが，一方では，本人が自ら欲して行った法律行為が成年後見人等の目から見れば問題があると思われる場合もある。これが日常生活に関する行為に該当する場合は取消権の対象から除外されているが（民9条ただし書，13条1項ただし書，17条ただし書），これに該当しない取引行為であっても，成年後見人等は，本人の保護と，本人の自己決定の尊重や今後も本人と良好な関係を継続していきたいといった事情の間で，取消権を行使するべきかどうか悩むことも多い。

6 本人が日常生活に関する行為をするとき

【事　例】

　ここで取り上げている事例は，本人のプライバシー保護のために一部修正を加えている。

① **80代女性：補助／同意権：代金２万円以上の物品の購入**

　本人は，夫名義の一戸建てで夫と暮らしている。本人は買い物が好きで，一人で買い物に出かけて行く。購入する物はパジャマ２枚やホットプレート２個と言った具合に，どういうわけか一度に同じ物を２つ以上購入する。家の中は物であふれているが，本人は買ってきた物を手放そうとはしない。

　また，新しい洗濯機が設置されており，本人は「壊れたから買った。」と言っている。本人の収入はわずかな国民年金収入のみであり，生活は夫の年金収入に頼っている。世帯全体の預貯金額が少ない上に，夫の介護費用が増加しており，毎月の収支はマイナスで生活に余裕はない。

② **80代女性：後見**

　一戸建ての借家で一人暮らしをしている。本人の足腰は達者で，一人で外出する。外出したついでにワインを買って飲んでいる。困ったことに本人は，飲酒すると食事をほとんど摂らない。

③ **70代女性：保佐**

　親族名義の一戸建てで，その親族と同居していた。親族が死亡して一人暮らしとなった。健康食品の定期購入の請求書が届いているのをヘルパーが見つけ，保佐人に連絡してきた。本人に聞くと，業者から電話がかかってきたので頼んだと言う。以前，親族がその健康食品を購入していて，一緒に摂取していたらしい。商品代金は１か月3,000円程度である。

④ **80代女性：補助／同意権：通信販売（インターネット取引を含む。）及び訪問販売による契約の締結**

　本人は自己名義のマンションで一人暮らしをしている。訪問した介護支援専門員から，新聞購読契約の申込書控えを見つけたとの連絡が入っ

た。本人は新聞を読むのが日課であるが，現在購読中のものではない他紙との契約である。

⑤ 50代女性：補助／同意権：借財又は保証をなすこと

父名義の一戸建てで一人暮らしをしている。父親が死亡して一人暮らしになり，お金の管理ができないことを本人自身も心配になり，補助開始の審判の申立てをして補助人が選任された。生活費の額を決めてその範囲で暮らす約束をしているが，買い物を抑えられない。インターネットショッピングで衣料品や雑貨を購入する。そして，生活費が足りなくなったからお金を渡してほしいと補助人に連絡をしてくる。

I 取消権

　成年被後見人が法律行為を行った場合は，原則として，本人（成年被後見人）又は成年後見人がこれを取り消すことができる（民9条，120条1項）。そして，成年後見人は，本人がその行為を行うにつき同意をしたかどうかにかかわらず，取消権を行使できるとされている。

　保佐人には，民法13条1項各号の行為について同意権が付与されていて，本人（被保佐人）が保佐人の同意又は家庭裁判所の同意に代わる許可を得ずに当該行為を行った場合は，本人又は保佐人においてこれを取り消すことができる（民13条1項[2)]・4項，120条1項）。また，民法13条1項所定の行為以外の行為についても保佐人の同意を要するものとする必要がある場合には，同意権の範囲を拡張する審判の申立てをすることができる（民13条2項本文）。

　補助人には，同意権が当然に与えられているわけではないので，補助人が同意権を行使するためには同意権付与の審判を受ける必要がある。そして，同意権付与の対象となる法律行為は，民法13条1項に定める行為の一部に限られる（民17条1項ただし書）。補助人の同意を要する行為を本人（被補助人）が補助人の同意を得ずに行った場合は，本人又は補助人において取り消すことができる（民120条）。

ただし，後見・保佐・補助の各制度において，いずれも，「日用品の購入その他日常生活に関する行為」が取消権の対象から除外されている（民9条ただし書，13条1項ただし書，13条2項ただし書，17条ただし書[3]）。これは，本人の自己決定の尊重及びノーマライゼーションの理念に基づいて取消権の範囲を限定したものであり，取引の安全にも資するものである[4]と言われている。なお，成年後見人には，保佐人，補助人と異なり，同意権はないと解されている[5]。

本人の行った法律行為が取り消されると，当該行為は始めから無効であったことになる（民121条）。そして，本人が返還義務を負う場合には，現に利益を受けている限度で返還すればよいとされている（民121条ただし書）。つまり，受けた利益がそのままの形で残っている場合や形を変えて残っている場合は，それを返還すれば足りる。消費してしまったときは返還しなくてよい。ただし，借金の支払いや生活費の支払いに使った場合は，利益は残っているとされ返還義務を負う[6]（大判昭和7年10月26日民集11巻1920頁）。

II 日常生活に関する行為

(1) 日常生活に関する行為の範囲

それでは，取消権の対象から除外されている「日常生活に関する行為」とは，どういう行為であろうか。

日常生活に関する行為の範囲は，「民法761条の『日常の家事に関する法律行為』の範囲に関する判例の解釈と同様，本人が生活を営む上において通常必要な法律行為を指すもの」[7]と解されている。判例によると，「その具体的な範囲は，個々の夫婦の社会的地位，職業，資産，収入等によつて異なり，また，その夫婦の共同生活の存する地域社会の慣習によつても異なるというべきであるが，他方，問題になる具体的な法律行為が当該夫婦の日常の家事に関する法律行為の範囲内に属するか否かを決するにあたつては，同条が夫婦の一方と取引関係に立つ第三者の保護を目的とする規定であることに鑑み，単にその法律行為をした夫婦の共同生活の内部的な事情やその行為の個別的

な目的のみを重視して判断すべきではなく，さらに客観的に，その法律行為の種類，性質等をも充分に考慮して判断すべき」（最判昭和44年12月18日民集23巻12号2476頁）とされている。つまり，民法761条の日常の家事とは，一般論としては，家族の食料品，衣料品の購入，電気・ガス・水道料金の支払い，医療費・子どもの養育に関する費用などが含まれるとされているが，その具体的な範囲は，夫婦の社会的地位や経済状態のほか，当該法律行為の種類や金額により個別に判断することになると考えられている[8]。

成年後見制度において，立法担当者が想定しているのは，「典型的な例としては，法律の明文で例示として掲げられている「日用品の購入」（食料品・衣料品等の買物）のほか，電気・ガス代，水道料等の支払，それらの経費の支払に必要な範囲の預貯金の引き出し等[9]」であり，具体的には，各人の職業，資産，収入，生活の状況，その他法律行為の個別的な目的等の事情，法律行為の種類，性質などの客観的な事情を総合して判断することになろうとしている[10]。

しかし，成年後見制度は，本人保護の側面が強く，民法761条の日常家事債務は夫婦の一方と取引関係に立つ第三者の保護を目的とする規定であることから，同視することはできないと考える。

それでは，「日常生活に関する行為」を限定的に考えた方が本人保護にとってよいのであろうか。

学説では，「日常生活に関する行為」は，日用品の購入に準ずるような，日々の生活を行うのに不可欠と考えられる行為に限られるべきであるとする見解がある[11][12]。これによると，例えば，テレビや洗濯機等の日常生活に利用される家電製品の売買契約上の債務は，日用品の購入に当たらないと解される[13]。

(2) 取引の相手方の保護

補助・保佐・後見の各制度において，いずれも，「日用品の購入その他日常生活に関する行為」が取消権の対象から除外されていることにより，取引の相手方としては，一般に，日用品の購入，日常生活に関する行為の支払い，

それらの経費の支払いに必要な預貯金の引出しについては取り消されることがないと考えられる。つまり取引の安全に資するといえる。

　しかし，「日用品の購入その他日常生活に関する行為」の範囲が，先に述べたように被後見人等の収入・財産・生活状況により違うならば，取引の相手方は，何を基準に，本人の行った行為が「日用品の購入その他日常生活に関する行為」にあたるのかどうかを判断することになるのであろうか。例えば，金融機関は，本人の行った払戻しが，取消権の対象から除外されている「日用品の購入その他日常生活に関する行為の経費の支払に必要な範囲の預貯金の引き出し等」の範囲かどうかをいかにして判断することになるのか。

　銀行取引に関しては，金融機関へ届出をしない間に被保佐人が行った払戻しについて，保佐人が取消しの意思表示をして，同額の預金債権が存在するものとして，その返還を求めた事案で，預金規定の免責約款が有効とされた[14]ので，金融機関は，成年後見人等が後見人等の届出を行わない限りは，成年被後見人等が行った払戻しについて取り消される心配はないことになる。

　それでは，金融機関以外の取引については，どうであろうか。成年後見制度においては，成年後見人等の権限や任意後見契約の内容等を登記し，登記事項を証明した登記事項証明書を発行することによって登記情報を開示している。しかしながら，登記事項証明書の交付は，プライバシー保護のために，本人，成年後見人等，成年後見監督人等，任意後見受任者，任意後見人，任意後見監督人など一定の範囲の者だけが手数料を納付して請求することができる（後見登記10条，11条）のであって，売買などの取引の相手方等は登記事項証明書の交付申請ができない。そこで，日常生活に関する行為の範囲を超える取引において，本人の行為能力に疑問がある場合は，その取引の相手方が本人に対して，登記事項証明書の提示を求めて確認するのが確実である[15]。しかし，そもそも「日常生活に関する行為の範囲」が本人によって異なるなら，取引の相手方としては取り消されるかもしれない心配をするより，日常生活に関する行為の範囲を限定して考え，本人との取引を避けることになりはしないだろうか。

第 2 章　財産管理に関する行為

III 事例の検討

(1) 日常生活に関する行為と取消しの可否

　事例のうち，食料品，衣料品については，「日常生活に関する行為」に該当すると思われるが，本人の経済状況によっては，日常生活に関する行為とはいえない場合もあろう。食べきれない程の食料品を一気に購入する人，また，食料品，衣料品であっても，成年後見人等としては，1回あたりの金額が少額であっても何回も購入されれば結果的に多額になることもあり，衣料品・食料品であっても必要以上の購入については何とかしたいと考える。ただ，本人の自己決定の尊重を考えれば，店頭での購入であれば，取消権行使を考えるより本人の生活費の渡し方に工夫をこらし，少額を頻回に渡す等考えることになろう。

　本人が財産を取り崩して生活している場合は，将来的に生活保護を受給することになる場合や，本人の収入だけでは自宅の修理等の突然の支出に対応できない場合があるので，成年後見人等の考えでは，今ある預金等をできるだけ取り崩さず将来に備えたいといった事情がある。しかし，本人にとって購入することが目的で，かつ購入した商品に対して執着がある場合は，例え取消権の対象となる法律行為であったり，その他特定商取引法や消費者契約法等で契約の取消し・解除が可能であっても，本人の納得が得られなければ行使できないのではないか。事例①の洗濯機は，機能を使いこなすことができず，本人の生活には不相当であったが，本人を納得させることができないと考えた。事例④は新聞購読契約であり，「日常生活に関する行為」に該当するかもしれないが，本人が全く覚えていなかったので，相手方と連絡をとって説明を行い，相手方が契約解除に応じ事なきを得た。

　また，事例③の場合は，取消権の対象とはならないが，本人が購入した健康補助食品を摂取していなかったので，定期購入を止めて無くなったら購入するということで本人が納得した。補助や保佐の場合，特に本人が購入を覚えている場合は，本人の収支も考えながら，本人と話をしていくことになろ

う。

　身上配慮義務から考えると，アルコール等の摂取により本人の健康に害を及ぼす恐れが大きい場合は心配ではあるが，事例②の程度であれば「日常生活に関する行為」に該当すると考えられ，実際上は，成年後見人等は介護支援専門員や医師の協力も仰ぎながら本人と話をして納得をしてもらう努力や販売店に事情を説明して対応方法を検討していくことになる。

　事例⑤の場合は同意権がないので，衣料品や雑貨の購入を取り消すことはできない。生活が破たんする程の買物を本人自身も止めてほしいと思っているなら，本人の同意を得て同意権付与の申立てをすることも可能かもしれない。

　いずれにしても，成年後見人等は本人の意思決定を尊重しつつ，取消権行使の必要性がある場合には本人の理解を求める努力をしていくことになる[16]。

(2) 取消しと本人の意思の尊重

　成年後見人等は，どの程度取消権を行使しているのかを調査したアンケート結果[17]がある。

　公益社団法人成年後見センター・リーガルサポート（以下「リーガルサポート」という。）が平成24年4月に実施した「取消権行使についてのアンケート」の結果によると，補助人・保佐人・成年後見人として取消権行使を検討したことがある者は，後見2.9％・保佐12.5％・補助（同意権付与有り。）30.3％であり，そのうち実際に取消権を行使した割合は，後見1.09％・保佐4.87％・補助13.9％と低い割合であった。

　取消権行使を検討したが結局行使しなかったわけで，その理由（複数回答可）を聞いたところ，「事情説明や警告等により相手が任意に応じ問題が解決した」，「消費者契約法や意思表示の瑕疵など他の法理で対応した」等，取消権を行使せずに解決を図れたものが32％あり，これとは反対に，「取消権を行使しても被害が回復されないと判断した」，「取消権を行使する相手が特定できなかった」等，取消権があっても行使できない場合が19％あった。ま

た，「日常生活に関する行為に該当すると考えた」ので取消権を行使しなかった者も10％あった。

別途，「本人の自己決定権の行使を尊重した」，「取消権を行使することによって，本人との関係が悪くなるおそれがあった」等も21％あり，成年後見人等が本人の様子を見ながら慎重に対応している様子が窺える。

上記アンケートは，リーガルサポート社員のうち後見人等名簿登載者に対して実施したものであるので，専門職後見人の事務の現状を表していると考えられる。

筆者の経験でも，被補助人が知人に対して金員を贈与した事案で，取消権を行使しなかったことがある。被補助人と「なぜ贈与したいのか」，「なぜ今でないといけないのか。遺言ではいけないのか」などの話をして，被補助人の贈与の意思が固く，取り消すことによって本人との信頼関係をなくすのではないかと考えた。もちろん，贈与しても今後の本人の生活に支障がないことはいうまでもない。また，妻と暮らしている被保佐人である夫が自宅の屋根や外壁の工事を依頼した事案で，実際には妻が被保佐人名で契約をしているのだが，被保佐人の生活は妻が支えており，被保佐人が妻を信頼し任せていることもあり，妻との関係がうまくいかなくなることにより本人との関係に影響がでることを危惧して，取消権を行使しなかったことがある。工事代金は妥当な額と判断した上でのことである。

むすび

本人が行った法律行為について，取消権行使が可能な場合と「日常生活に関する行為」に該当するとして取消権行使が除外される場合がある。

前者の場合であっても，本人が自ら欲して行った法律行為については，本人の「意思」や「意向」があって本人の自己決定の尊重を考えると，成年後見人等は，取消権を行使しないと本人の財産や身上に甚大な被害を生じる場合でなければ，本人の納得を得ないまま取り消すことは難しい。

また，「後見」の対象者は，精神上の障害により判断能力を欠く常況にあ

る者とされ，例として，「通常は，日常の買物も自分ではできず，誰かに代わってやってもらう必要がある方」[18]と言われている。成年被後見人は，自ら法律行為を行うことができなくなっている場合が多いので，成年後見人が取消権行使を検討する機会も少ない。[19] その「後見」に全面的な取消権が必要な場合は少ないと思われる。[20]

　一方「補助」や「保佐」では，本人が自ら法律行為を行うので，補助人，保佐人が取消権行使を検討する場合が「後見」の場合より多い。しかし，「保佐」の民法13条1項に規定されていない行為についての同意権付与（民13条2項）や，「補助」の同意権付与には本人の同意を得なければならない上に，必要な同意権の範囲をあらかじめ想定しておかないと取消権行使を検討する事態に遭遇しても肝心の同意権がない場合もある。

　後者の場合は，「日常生活に関する行為」の範囲がはっきり定まっていない上に，日用品の多量購入などの場合を考えると，一見「日常生活に関する行為」に該当しても取消権行使ができてもよい場合があると考える。

　取消権は，成年後見制度利用が悪質商法の被害に遭っている，あるいは遭う恐れがある本人の保護を目的とする場合等には，有効な手段になることもあろう。しかしながら，成年被後見人等が本人の行った法律行為を取り消すことができるのは，後見等開始の審判がされた後に法律行為が行われた場合である。現実には，成年後見制度の利用につながる前に悪質商法などの被害に遭っていることが多く，後見等開始前の被害回復は，本人の記憶が曖昧であったり証拠がなかったりで，実際上困難なことが多い。

　成年後見制度における取消権行使だけでなく，成年後見制度利用者だけではない誰もが消費者被害から権利を守られてしかるべきであり，よりいっそうの消費者保護に資する制度の構築や法律の変更が必要なのではないだろうか。また，判断能力の低下してきた方が悪質商法の被害に遭っている状況に気付かれず放置されることのない社会（地域）作りが重要であると考える。

注
1）独立行政法人国民生活センターの平成20年9月4日付記者説明会資料「判断

力が不十分な消費者に係る契約トラブル―認知症高齢者に係る相談を中心に―」によると，2005年度から2007年度の判断力が不十分な消費者に係る相談件数は3年連続1万件以上に達している。また，2003年度から2008年度の判断力が不十分な消費者に係る相談のうち全体の約63％が70歳代以上の高齢者である。http://www.kokusen.go.jp/pdf/n-20080904_1.pdf

2）民法13条1項に挙げられている行為は，次のとおりである。

　①元本の領収又は利用　②借財又は保証　③不動産その他重要な財産に関する権利の得喪を目的とする行為　④訴訟行為　⑤贈与，和解又は仲裁合意　⑥相続の承認，放棄又は遺産の分割　⑦贈与の申込みの拒絶，遺贈の放棄，負担付贈与の申込みの承諾又は負担付遺贈の承認　⑧新築，改築，増築又は大修繕　⑨602条に定める期間を超える賃貸借

3）小林昭彦＝大鷹一郎＝大門匡『一問一答新しい成年後見制度（新版）』56頁（商事法務，2006）日用品の購入その他日常生活に関する行為は，民法13条1項に定める行為には含まれないので，同意権付与の対象とすることはできない。

4）小林ほか・前掲3）98頁

5）遠藤浩＝良永和隆編『基本法コンメンタール　民事総則』44頁（日本評論社，第6版，2012）

6）遠藤＝良永・前掲5）192頁

7）小林ほか・前掲3）99頁

8）島津一郎＝松川正毅編『基本法コンメンタール　親族』76-77頁（日本評論社，第5版，2008）

9）小林ほか・前掲3）99頁

10）同上

11）山本敬三『民法講義Ⅰ総則』58頁（有斐閣，第3版，2011），安永正昭「基礎から読み解く・新制度と法(2)成年後見制度(2)―新しくなった法定後見制度（その1）」法教237号56頁（2000）

12）上山泰「制限行為能力制度に基づく取消権の実効性―成年後見センター・リーガルサポートのアンケート調査結果を踏まえて―」筑波ロー・ジャーナル14号23頁（2013）では，「本人の自己決定の尊重という観点からは，本条の適用範囲を広く捉えることが望ましいともいえるが，ここでの回答が示すように，特に被補助人や被保佐人等の活動的な本人が実際に巻き込まれやすい取引には，『日常生活に関する行為』のボーダーライン上にあるものも少なくない。このため，保護の実効性の視点から，その適用範囲を狭く捉えるべきとする見解が，学説上はむしろ有力である。」とする。

13) 磯村保「成年後見の多元化」民商122巻4＝5号480頁（2007）
14) 遠藤＝良永・前掲5) 39頁
15) 横浜地判平成22年7月22日金法1949号118頁，東京高判平成22年12月8日金法1949号115頁，最決平成23年7月8日上告棄却及び上告不受理。吉野智「金融取引に関する実務上の留意点」実践成年後見52号33頁（2014）
16) 中西正人「後見人の行動指針解説」実践成年後見53号82頁（2014），リーガルサポートが策定した後見人の行動指針によるとD，同意権，取消権の行使 1，事後に取消権を行使することより，事前に同意権を行使することを意識しよう。2，同意権を行使するときは，十分な情報を本人に理解できるように伝え，本人の意思決定を支援したうえで，同意するか否かを判断しよう。3，取消権の行使は，本人の身体又は財産に重大な不利益が生じるおそれがあるなど，やむを得ない場合に限定しよう。4，取消権を行使するときは，その必要性を本人に説明し，できる限り本人の理解を得るようにしよう。とある。
17) 公益社団法人成年後見センター・リーガルサポートHP（http://www.legal-support.or.jp/act/other.html），上山・前掲12) 17頁，24頁
18) 小林ほか・前掲3) 32頁
19) 前述の「取消権行使についてのアンケート」の結果でも後見の場合に取消権行使を検討したものは2.9％と非常に少ない。
20) 最高裁判所事務総局家庭局発表の平成26年1月〜12月の成年後見関係事件の概況によると，平成26年12月末日時点における成年後見制度の利用者数184,670人のうち成年後見の利用者数は149,021人で全体の約80.7％である。http://www.courts.go.jp/vcms_lf/20150522-1.pdf

〔安井　祐子〕

コラム3
自己決定尊重と本人保護の間で揺れる日々

　平成26年1月に日本は「障害者の権利に関する条約」を批准しました。この条約の12条3項では「締約国は障害者がその法的能力の行使に当たって必要とする支援を利用する機会を提供するための適当な措置をとる」[1]ことを規定しています。

　ところが日本の成年後見制度は，本人に法的能力がない（あるいは不十分である）ことを前提に，本人のために本人を代理して法的能力を行使する後見人等を選任するという仕組みです。

　世界の潮流が「場合によっては対立することがあった被後見人の自己決定の尊重と（本人にとっての）最善の利益の関係を自己決定の尊重を優先することで解決」[2]する方向へ向かっている中で，日本の成年後見制度も大きな転換期を迎えています[3]。

　ただ，現行民法でも858条は後見人に成年被後見人の意思尊重と身上配慮義務を求めており，後見等業務の"現場"では筆者を含めて多くの後見人等が本人の意思（自己決定）尊重と本人保護との間で揺れる日々をおくっていることと思います。以下は筆者の体験したケースです（一部，アレンジを加えています）。

I 「買いたい」思いを支援したいけれど……。

　「膝，腰の痛みに」「いつまでも若々しく」など，心そそられる惹句に引き付けられて，数々のサプリメントや健康食品を購入していた被後見人のAさん（女性，82歳）。初めて訪問したご自宅には代金の督促状だけでなく，宅配便会社や郵便局からの不在時お届け通知が散乱していました。注文して受け取っている「コンドロイチン」，「グルコサミン」，「コエンザイムQ10」，「青汁」などは同じ種類で何社分もあり，督促されている代金の合計は20万円を超えていました。その上，一人暮らしなのに，蜂蜜や甘酒，タラバガニの足や明太子，大和煮の缶詰などの食品も，一度に食べきれない量を注文するため，Aさん宅の冷蔵庫の冷凍室はカニの足と明太子で満杯になっていました。

コラム3　自己決定尊重と本人保護の間で揺れる日々

　Aさんは通信販売のテレビCMやダイレクトメールなどを見て、「これがほしい！」と思うとすぐに電話をかけて注文するのですが、筆者が後見人に選任された時点で、Aさんはすでに歩行が不安定で一人で外出はできず、代金を銀行振込で支払うよう指定されている商品は未払いのままでした。また代引（商品は代金と引換えで渡す。）の商品も、2階の自室で過ごしている本人が玄関に出ていくのは相当に時間がかかり、配達の人がインターホンを押してもすぐには出ていけないので、「不在」と思われ、商品を持ち帰られてしまうことがほとんどでした。

　しかし、一番の問題は、本人の経済状況が本人が欲しいと思った商品全てを買うことを許さないことでした。

　サプリメントや食品を「日用品の範囲」とくくってしまうなら、後見人として取消権を行使することはできませんが、昨日、「コンドロイチン」を注文したのに、そのことを忘れ、今日は別の会社のCMを見て「コンドロイチン」を注文しているという本人のために、財産からの不要な出費を防ぐことは後見人としての仕事ではないかと考えました。

　そこで本人が電話注文をしていると思われた通販会社や健康食品の会社に片っ端から電話し、今後、本人から注文があれば、後見人に確認を入れてほしいと依頼しました。まだ注文していない商品ならば、本人の意思を尊重して購入すればいいですし、直近で同様の商品を別会社に注文している場合や、本人の経済状況では「日用品」と言えないもの（数万円もする高価な化粧品など）は、お断りすることにしました。

　Aさんは経済状況が厳しかったために、後見人として上記のような対応を取ることに迷いはありませんでした。しかし、本人が購入を希望し、経済的にも購入可能なものの場合は、本人の意思を尊重すべきだと筆者は考えています。そのため「本人の身体又は財産に重大な不利益が生じるおそれ」がある[4]として、本人に後見人の懸念を説明するべき（本人からすれば買わないように説得されていることになる。）なのはどんなケースなのか、判断に悩むことが今後起こるだろうと感じています。

　筆者がAさんの後見人に選任されてから最初の1年くらいは、

　「あのミキサーでなら、ジュースにしてたくさん野菜を摂れる。野菜

は体にいいんでしょう？　代引きのお金を家に持ってきて」

「この膝の痛みが軽くなるんなら，高くても買うわよ。私のお金なんだから」

というような電話を筆者の事務所に頻繁にかけてきていたAさんですが，ヘルパーさんに1日に来ていただく回数と時間を増やし，訪問診療を受けるようになるなど，他者との接触（会話）の機会が増えるにつれ，電話での注文は次第に減っていきました。

Ⅱ　本人の居所について

後見人等には本人の居所を指定する権利はありません。「本人保護」を優先して「自宅に帰りたい」という本人の希望を棚上げしているのは，自宅に帰っても本人が一人で生活できないことが前提にあるからですが，「もしかしたらこの人は介護や福祉サービスの利用で，自宅で生活することも可能かも…」と考えることがあります。

同居の子どもが本人への介護サービスを拒否し，本人の年金はこの子どもが管理していて，あるとき子どもの介助ミス（子どもはこのように語るが，直接的な暴力によるものかもしれず，原因がはっきりしない。）で，骨折して入院したBさん（80歳，男性）。本件は"虐待事案"として行政が介入することになり，市長による審判申立ての結果，当職が保佐人に選任されました。Bさんは行政や福祉関係者の説得で退院後は特別養護老人ホームでショートステイの更新を繰り返して過ごし，現在はこの特養に入所していますが，「自宅に帰りたい。ここは鎖なき牢獄だ」との訴えがなくなりません。

「自宅に帰れば，食事もまともにできませんよ」と言っても，「施設でみんなと同じものを食べさせられるより，一人でカップラーメンを食ってる方がマシ」。「子どもは俺が行きたいと言えば，そこに連れて行ってくれた。ここでは外出もできない」。

"虐待者"とされたBさんの子どもですが，会って話してみると，本人の年金を自分だけのために使っていた形跡はなく，介護技術がないので，結果的にネグレクトな状態になってしまっていたようでした。「もう失敗はしないから，父を家に帰してほしい」と子どもに言われると，

Bさんの希望とも重なり"ゴミ屋敷"化している自宅の片付け・清掃と適切な介護サービスの導入を自宅に帰る条件とし、それが可能であれば……と考えることもあります。

　しかし、「本人保護」の観点からは、いまの施設内での安全・安心な生活を捨てる方向には踏み出せません。周囲の反対の声も聞かず、保佐人が後押しして本人を自宅に戻したけれど、本人が、また事故に遭い、「やっぱり自宅では暮らせない」となったら、本人を受け入れてくれる施設は容易には見つからないだろう、本人が亡くなるという事故だってありうる…と危惧してしまうのです。

　「食べたいものを選ぶ自由がない」「買いたいものを買いに行けない」と言うBさんに、いまは月に2回、自費の外部ヘルパーを使って、外出の機会を作り、外食と買い物に行ってもらっています。

　Bさんの子どもが自宅内の片付けに容易に応じないために、踏み込んだ判断をしなくて済んでいるのですが、本人の自己決定権をないがしろにしたままでいるという思いを消すことができません。

Ⅲ　本人の希望を実現させるため、どこまで支援しなければならないか

　本人と話をしていると、本人が実現を希望する願いを聞かされることがしばしばあります。時には「それは犯罪です！」というものもありますし、現状の科学水準では無理という壮大な夢もあります。しかし、実現可能な希望について、後見人等はどこまで本人を支援するべきなのか、財産管理と身上監護に当たることを本分として、それ以上のことはしなくても構わないのか。事務繁多を理由に後者の考えに流れている筆者ですが、いつも気にかかっています。

　被補助人のCさん（88歳、女性）は要介護5ながら在宅独居。1日に3回、ヘルパーさんに入っていただき、昼食と夕食は配食サービスを受けていました。Cさんの夫は10年前に亡くなり、夫妻の間には子どもはいません。兄二人も数十年前に亡くなっていて、その子どもたちとは音信不通でした。

　Cさんは亡くなった母親の話をよくされており、「母の葬儀は私が一人で出した」と何度か聞いていたのですが、あるときから「母の墓参り

をしたい。お墓がどこにあるか探してほしい」と筆者に言われるようになりました。葬儀を出したはずのＣさんですが，お母さんのお墓の場所だけでなく，葬儀の時にお世話になった寺も覚えておられませんでした。自宅には亡母の位牌がありましたが，お墓の在り処を教えてくれるヒントにはなりません。

　「Ｔ市（本人の自宅のある市に隣接している。）のどこか」とか「母が最後に住んでいた市（それはＴ市ではない。）のどこか」と場所の記憶はおぼろげで，その墓地は公営か私営かもわかりませんでした。Ｃさんは「連れて行ってもらったらわかる」と言われるのですが，車椅子での座位を保てる時間が短くなってきていたＣさんを，介護タクシーを使うといっても，長時間，連れ回すことは困難でした。

　漠然としたヒントしかない中で，お墓を探し出すのは難しいと考えた筆者は，本人の願いをかなえるために積極的に動こうという気になれず，もちろん，本人財産から多額の金銭を支払って民間の調査機関に調査を依頼する気にもなれず，むしろ独居の本人の話し相手となる時間を確保する方が本人のためと考え，月２回の本人訪問を続けていました。その間にもＣさんの認知症は次第に進行し，記憶はますますあやふやになっていきました。

　自らの希望で在宅独居生活を続けていたＣさんですが，「一人で暮らすのは不安になってきた。安心して過ごせる場所を探してほしい」と筆者に依頼され，入所できた特別養護老人ホームで亡くなられました。

　Ｃさんについて，最後まで居所指定は自分でされ，それを支援することができたのはよかったと思う反面，お墓参りの希望実現に動かなかったことに対する忸怩たる思いが残っています。

　Ｃさんが「お墓があるかも」と示していた範囲はそんなに大きな面積ではありませんでした。結果が「わからなかった」であったとしても，「本人の意思，希望，価値観などを尊重することが後見人として求められる行動指針」[5]であるなら，補助人として本人の希望の実現のために努力できることがもう少しあったのではないかと，いまになって思います。

以上，筆者の直面したケースを紹介しました。現行の民法下でも，「本人の自己決定尊重」と「本人保護」の間に立っての後見人等の悩みがなくなることは恐らくないだろうと考えています。

注
1) 外務省HP「障害者の権利に関する条約」平成26年1月30日掲載
　 http://www.mofa.go.jp/mofaj/gaiko/inken/index_shogaisha.html
2) 北野俊光「代行判断決定法理と最善の利益基準の先にあるもの」実践成年後見53号45頁（2014）
3) 「障害者の権利に関する条約」批准をにらみ，批准前に施行された（平成25年4月1日）「障害者総合支援法」の条文には「障害者等の意思決定の支援に配慮する」という文言が多く見られる（同法42条，51条の22）。
4) 公益社団法人成年後見センター・リーガルサポート「後見人の行動指針」（2014）
　 https://www.legal-support.or.jp/act/index_pdf11.02.pdf
5) 前掲4)

〔寺田　康子〕

7 成年後見等監督人の監督事務
―― 監督人の「監督事務」の実情と同意権の有無の問題点を中心として ――

はじめに
Ⅰ 成年後見等監督人の監督権限
Ⅱ 監督人による「監督事務」の実情
Ⅲ 同意権のない保佐監督の問題点
むすび

はじめに

　成年後見人等は，成年被後見人等の財産を管理し，本人に代わって各種の契約を締結するなどの広範な包括代理権を有する。

　そのため，成年後見人等を監督する者が必要となるところ，成年後見人等を選任した家庭裁判所は，その選解任権を通じて，成年後見人等に対する監督権を有し（民863条），成年後見人等の不正行為や不適切な行為を是正することができるし，また事前に予防することもできる。

　もっとも，国家予算との関係等から，家庭裁判所における限られた人員では，年々増加する後見事件に対して事案に合わせたきめ細やかな監督を行うことが困難な状況にある。そこで，司法書士や弁護士を成年後見等監督人に選任し，成年後見等監督人が監督権（民851条1号，863条1項等）を行使して，事案の特性に合わせて，定期報告を求める頻度を多くしたり，また，成年後見人等の照会事項に回答したりするなどのきめ細やかな監督を行い，成年後見人等の不正行為や不適切な行為の是正，また事前予防に務めることが効果的である[1]。

　そこで，以下では，Ⅰで，成年後見等監督人の監督権限の内容を確認した上で，Ⅱで，民法上予定されている「本来型の監督事務」と民法上規定され

ていない「助言・指導型の監督事務」を紹介しつつ，成年後見等監督人による親族後見人等に対する「監督事務」の実情を紹介したい。

また，民法上，成年後見監督人には同意権が付与されている（民864条）が，保佐監督人には，このような同意権がない。そこで，Ⅲでは，この監督人の同意権の有無からみた保佐監督人による保佐監督の問題点を，後見監督の場合と比較しつつ，紹介したい。

I 成年後見等監督人[2]の監督権限

(1) 総 説

家庭裁判所は，必要があると認めるときは，一定の者の請求により，又は職権で，成年後見等監督人を選任することができる（民849条，876条の3第1項，876条の8第1項）。

成年後見等監督人による監督は，家庭裁判所による監督と並行する監督である（民863条1項，876条の5第2項で準用する863条1項，876条の10第1項で準用する863条1項）。

成年後見等監督人の権限としては，①成年後見人等による後見等の事務の執行を監督するという一般的な監督権（民851条1号等）の他に，②いつでも，成年後見人等に対して，後見等の事務の報告，財産目録の提出を求める権限（民863条1項前段），③成年後見人等による後見等の事務及び成年被後見人等の財産状況を調査する権限（民863条1項後段）がある。また，成年後見等監督人は，家庭裁判所に対して，成年後見人等に対する後見等の事務についての必要な処分を命ずる審判を行う旨の申立権（民863条2項）もある。さらに，成年後見人等に不正な行為，著しい不行跡その他後見等の任務に適しない事由があるときは，成年後見等監督人には，家庭裁判所に対する成年後見人等の解任請求申立権が付与されている（民846条，876条の3第2項で準用する846条，876条の8第2項で準用する846条）。

第 2 章　財産管理に関する行為

(2) 成年後見監督人に特有な事項

　成年被後見人の本人財産保護の見地から，成年後見人が成年被後見人を代理して，民法13条1項各号（ただし，同条同項1号の「元本の領収」は除く。）の行為を行う場合には，成年後見監督人の同意を得なければならず（民864条），その同意を欠く行為については，成年被後見人又は成年後見人は，当該行為を取り消すことができる（民865条1項）とされ，成年後見人の広範な包括代理権が制限されている。なお，保佐監督人及び補助監督人は，このような同意権を有しない。

II　監督人による「監督事務」の実情[3]

(1) 総　説

　民法が予定する成年後見等監督人の「監督」事務としては，成年後見人等の不正行為や不適切な行為を予防し，もって本人の財産を保全し，本人の快適な生活を確保するため，成年後見人等が行う後見等の事務を監視することである。

　しかし，実際の成年後見等監督人の職務には，このような「本来型の監督」事務を行う職務だけではなく，成年後見人等が適切に後見等の事務を遂行できない場合において，これを是正すべく，成年後見等監督人が成年後見人等の行う後見等の事務に対して助言・指導を行うこともある。

　以下において，「本来型の監督事務」（ケース1）と上記のような「助言・指導型の監督事務」（ケース2）のモデル事例を紹介する。

(2) 成年後見監督人の監督事務の事例

① 「本来型の監督事務」のモデル事例

―――――――――― ケース1 ――――――――――
　親族後見人Aは，本人Bの成年後見人に就任し，司法書士Cは，Bの成年後見監督人に就任した。

7　成年後見等監督人の監督事務
──監督人の「監督事務」の実情と同意権の有無の問題点を中心として──

　Aは，Bの預金通帳などを管理し，Bが入所する施設との間の事務処理を行っていた。
　Cは，Aに対して，監督権に基づき，後見事務報告書，Bの財産目録と収支予定表，これらの数字を裏付ける各種資料の提出を要請したところ，1か月後，Aは，上記各書類をCへ提出した。Cは，これらの書類を精査したところ，以下の点につき疑問があったので，Aへ照会した。
① 　平成○年○月○日　Aが○○銀行のB名義の預金口座から15万円を引き出しているが，その使途が不明であった。
② 　平成○年○月○日　○○銀行のB名義の預金口座からB名義のクレジットカード会社の立替金10万円の引き落としがあったが，その内訳が不明であった。

　成年後見監督人は，成年後見人の事務を監督することを職務としており（民851条1号），そのために，成年後見監督人は，成年後見人に対して後見事務の報告や財産目録の提出を求めたり，成年後見人の後見事務の状況や被後見人の財産の状況を調査する権限を有する（民863条1項）。
　このケース1では，Aが①15万円のもの使途不明金を発生させたり，②B名義のクレジットカードの引き落としをB名義の銀行口座から行い，その内訳が不明である[4]ので，場合によっては，Bの財産を不正に使用している可能性も考えられる。そのため，Cは，監督権に基づき，Aに対して①15万円の使途を質したり，②B名義のクレジットカードの利用分を確認し，Bの財産がBのために使用されているかどうかを確認する必要がある。
　このケース1は，親族後見人に不正行為や不適切な行為がないかをチェックするために，Cが監督権を行使している場合であり，これは，成年後見監督人の本来的な監督事務である。そして，親族後見人に不正行為や不適切な行為があった場合の成年後見監督人としての対応方法としては，親族後見人に対して，不適切な後見事務の是正を求めたり，場合によっては，親族後見人の解任申立て（民846条）や親族後見人に対して必要な処

分を求める審判申立て（民863条2項）などを行うことが考えられる。

② 「助言・指導型の監督事務」[5]のモデル事例

ケース2

親族後見人Aは，本人Bの成年後見人に就任し，司法書士Cは，Bの成年後見監督人に就任した。

Aは，もともとBの預金通帳を事実上管理しており，Aは，B名義の○○マンションに同居生活をしていた。

Cは，Aに対して，監督権に基づき，後見事務報告書，Bの財産目録や収支予定表，これらの数字を裏付ける各種資料の提出を要請したところ，後日，Aは，Cの事務所へ訪れ，Cに対して，「先生，後見事務報告書については，何とか作成できるのですが，私は，今まで家計簿など付けたことがなく，財産目録や収支予定表などを作成することができません。また，以前から，○○マンションの管理費や固定資産税，その他光熱費等については，全てBが負担しており，私とBとの生活費についても，全てBが負担しております。私とBとの生活費のうち，Bの負担部分と私の負担部分とを算定するように言われ，そのための資料も出すように言われましたが，どのようにすればよろしいのでしょうか。」との内容の問合せを行った。

このケース2では，Aは，本件後見事務に関して，特に不正行為や不適切な行為を行っているわけではない。

しかし，家庭裁判所は，基本的には，書面の審査を通じて後見監督を行っており，Aが，Bの後見事務に関する後見事務報告書等を正しく作成できなければ，家庭裁判所は，Aの後見事務の適正を判断できない。そこで，このような場合にも，成年後見監督人の制度が利用され，家庭裁判所は，親族後見人の事務処理が適正に行われるよう，司法書士や弁護士を成年後見監督人に選任し，成年後見監督人に親族後見人の事務処理を支援させることがある。また，後見開始の審判申立て当初から，家庭裁判所は，

その申立書などを考慮して親族後見人の事務処理能力に疑問を感じた場合にも，後見開始の審判と同時に，上記の目的で成年後見監督人を選任することもある。

このケース2では，成年後見監督人は，親族後見人の不正行為や不適切な行為をチェックするために監督権を行使しているのではなく，親族後見人の事務処理能力不足や法的知識などの後見実務に関する知識不足を補うため，親族後見人に対して助言・指導しているといえる。

(3) 「助言・指導型の監督事務」の問題点とその効果

① 法的根拠の不明確さ

民法上，予定されている成年後見等監督人の中心的な事務は，成年後見人等の不正行為や権限濫用等を未然に防止するため，成年後見人等の事務を監督することである（民851条1号，863条1項，864条等参照）。これは，上記のケース1の「本来型の監督事務」に対応する事務である。

他方，ケース2の「助言・指導型の監督事務」を直接根拠付ける規定は，民法上存しないものと思われる。

② 親族後見人を選任する意義の希薄化防止と専門職後見等監督人の研修機関としての役割

一般的にいえば，親族後見人は，本人が事理弁識能力を欠く常況になる前から，長期間にわたり本人の身近にいた者であり，専門職後見人に比べ，本人の考えや価値観などを熟知していることが多く，後見事務の中心的な事務である身上監護事務に長けているといえる。そのため，専門職後見等監督人が，親族後見人が行う後見等の事務に対して過度に助言・指導を行うと，親族後見人が専門職後見等監督人の後見等の事務に対する考え方などの影響を受けることによって，上記の親族後見人の良さを阻害するおそれがある。[6]

また，親族後見人の事務処理能力があまりにも低い場合には，事実上，親族後見人に代わり，専門職後見等監督人が後見等の事務を行っているのと同じことが生じかねない。

第 2 章　財産管理に関する行為

　このような結果では，親族後見人を選任し，その監督に当たらせるため，専門職後見等監督人を選任する意義があるとはいえず，端的に，専門職後見人を選任した方が良いように思われる。

　ところで，親族後見人が，本人財産を横領するなどの不正行為を行う場合はともかく，多額の使途不明金を発生させるなどの不適切な行為を行ってしまったり，後見事務報告書等の書類を作成できない場合の多くに，親族後見人には，後見実務に関する知識を学ぶ機会が少ないことが挙げられる。

　現在，成年後見人の担い手として，親族後見人の他，専門職後見人や市民後見人などが考えられる。このうち，専門職後見人には，その所属する各職能団体で各種の研修を受ける機会があり，市民後見人には，その育成団体（市町村や社協など）から事前研修や継続研修を受ける機会があるが，親族後見人には，多くても選任前に家庭裁判所が行う説明会程度しか後見実務に関する知識を学ぶ機会がないものと思われる[7]。

　そのため，自己の経験などを背景とした一般常識に照らして，後見等の事務を行ったところ，これが不適切な行為であると認定される場合[8]もある。これは，事前に親族後見人に対して，十分な後見実務に関する知識を学ぶ機会があれば防げた可能性もあるといえる。そこで，専門職後見等監督人が，ケース 2 のように親族後見人に対して助言・指導することによって，後見実務に関する知識を学ぶ機会が少ない親族後見人に対する研修としての役割を果たすことも期待される[9)10)]。

　このように，専門職後見等監督人が親族後見人に対する助言・指導を通じて，後見実務に関する知識を提供し，親族後見人の後見等の事務の適正を図るとともに，身上監護事務に長けている親族後見人が本人を支援するという構造も，新しい成年後見制度の理念である本人財産の保護と本人の自己決定の尊重等の調和を図るという制度趣旨に沿うものといえる。

III 同意権のない保佐監督の問題点

(1) 総　説

　保佐制度の基本設計は，本人が法律行為を行い，その際，原則として，民法13条1項に列挙された行為について保佐人の同意を得なければ，取り消すことができる（民13条4項）というものである。すなわち，原則として，成年後見人が本人に代わって法律行為を行うことが想定されている成年後見の場合とは異なり，保佐の場合には，原則として，本人が法律行為を行うことが想定されている。もっとも，本人保護の実効性を図る観点から，保佐人に代理権を付与する旨の審判（民876条の4第1項）によって，保佐人に代理権を付与し，その付与された代理権の範囲内で，保佐人が本人に代わって法律行為を行うこともできる。

　上記のとおり，保佐制度の基本設計は，本人が法律行為を行い，一定の重要な行為について保佐人が同意するという構造であるが，後見実務上，保佐開始の審判とともに，保佐人に代理権を付与する旨の審判が多くなされているのが現状である。また，そのような場合，金融機関との取引等の代理権が付与されていることが多く，保佐人が本人財産を管理していることも多い。加えて，保佐人に付与される代理権は，成年後見人が有する包括代理権ではなく，「特定の法律行為」に関する代理権ではあるが，事案によっては，多くの項目の代理権が付与されている事案もあり，成年後見人の包括代理権と実質的に変わらない場合もある。このように，後見実務上，民法上の基本設計とは異なり，保佐人が本人の財産を管理し，本人に代わって多くの法律行為を行っているのが現状である。

　以下において，成年後見監督人が選任されている後見事案で，親族後見人が本人名義の定期預金を解約したり，本人所有の非居住用不動産を売却したり，本人の入所する施設と施設入所契約を締結したりするモデル事例（ケース3）と保佐監督人が選任されている保佐事案で，親族保佐人が上記の各行為と同じ行為を行うモデル事例（ケース4）を紹介する。

(2) 成年後見監督人と保佐監督人の比較
① 「成年後見監督人の場合」のモデル事例

―― ケース3 ――

親族後見人Aは，本人Bの成年後見人に就任し，司法書士Cは，Bの成年後見監督人に就任した。

Aは，Bが施設へ入所することとなったので，その入所資金に充てるため，D銀行の「B成年後見人A」名義の定期預金を解約し，また，B所有の非居住用不動産の売却を行うこととした。

成年被後見人の本人財産保護の見地から，成年後見人が，成年被後見人を代理して，民法13条1項各号（ただし，同条同項1号の「元本の領収」は除く。）の行為を行う場合には，成年後見監督人の同意を得なければならず（民864条），その同意を欠く行為については，成年被後見人又は成年後見人は，当該行為を取り消すことができる（民865条1項）とされ，成年後見人の広範な包括代理権が制限されている。

そして，本人が入所する施設と施設入所契約を締結すること[11]，定期預金を解約すること[12]は，「その他重要な財産に関する権利の得喪を目的とする行為」に該当し，不動産を売却することは，「不動産…に関する権利の得喪を目的とする行為」に該当する（民13条1項3号）。

したがって，このケース3では，Aが，Bを代理して，施設入所契約を締結したり，D銀行の「B成年後見人A」名義の定期預金を解約したり，B所有の非居住用不動産を売却したり[13]することにつき，Cの同意が必要である。そのため，Aは，Cに対して，上記の行為を行う理由（必要性及び相当性）を説明しなければならず，Aは，慎重に上記の行為を行うことが求められる。

② 「保佐監督人の場合」のモデル事例

ケース4

親族保佐人Aは，本人Bの保佐人に就任し，司法書士Cは，Bの保佐監督人に就任した。

Aは，Bが施設へ入所することとなったので，その入所資金に充てるため，D銀行の「B保佐人A」名義の定期預金を解約し，また，B所有の非居住用不動産の売却を行うこととした。

なお，Aには，以下の代理権が付与されている。
① 本人に帰属する預貯金に関する取引（預貯金の管理・振込依頼・払戻し・口座の変更・解約等）
② 介護契約，福祉サービスの利用契約及び福祉関係施設への入所に関する契約の締結・変更・解除及び費用の支払
③ 不動産の購入，管理（家賃・地代等の受領を含む。）及び処分
④ 以上の各事項の処理に必要な費用の支払
⑤ 以上の各事項に関連する一切の事項

このケース4では，②Aには，Bの入所する施設と施設入所契約を締結する代理権，①B保佐人A名義の定期預金を解約する代理権，③B所有の不動産を売却する代理権が付与されている。そのため，Aは，これらの代理権を行使して，Bを代理して，上記の各行為を行うことができる。

もっとも，このケース4では，ケース3とは異なり，Aが上記の各行為を行う際，Cの同意は，不要である。[14] なぜなら，成年後見監督人には，本人財産保護の見地から，上記の同意権が付与されているが，この同意権を規定した民法864条及び865条は，保佐監督人には準用されていないからである。これは，上記のとおり，民法上，保佐制度の基本設計は，本人が法律行為を行い，一定の重要な行為について保佐人が同意するという構造であることから，保佐制度の原則形態として，成年後見人のように，本人に代わって保佐人が法律行為を行うことが想定されていないことによるも

のであると思われる。

しかし、上記のとおり、後見実務上、保佐人には、多くの代理権が付与され、保佐人は、本人の財産を管理し、本人を代理して多くの法律行為を行っているのが現状である。

(3) 保佐監督人による保佐監督の問題点
① 監督人の同意権の有無とその影響

上記のとおり、事実上、保佐人は、成年後見人と同等の代理権を付与され、成年後見人と同等の役割を務めているにもかかわらず、成年後見監督人には、同意権が付与されているが、保佐監督人には、同意権が付与されていない。そのため、上記ケース4の親族保佐人Aと上記ケース3の親族後見人Aは、事実上、同じような行為を行っているにもかかわらず、保佐の場合と成年後見の場合とでは、監督人の同意の要否が異なることとなる。

この点、確かに、成年後見監督人の同意権（民864条）の有効性について疑問がないわけではないが、制度上、監督人がこのような同意権を有していることにも、成年後見人の代理行為を慎重にさせるなどの一定の効果があるものと思われる。

また、現状、同意権を有する成年後見監督人でさえも、金融機関などの本人と取引関係にある相手方から軽視されがちであるのに、同意権を有しない保佐監督人（補助監督人も含む。）は、さらに軽視されるおそれがある。

② 保佐監督人への同意権付与

このような現状を踏まえると、保佐監督人にも、成年後見監督人に準じた同意権を付与してはどうかとも思われる。

しかし、その際、包括代理権を有する成年後見人と特定行為に対して個別に代理権が付与される保佐人との違い、成年後見と保佐との基本設計の違いや本人の事務弁識能力の程度の違いなどを考慮して、保佐監督人の同意権をどのような形で構成すればよいか難しい問題がある。

7 成年後見等監督人の監督事務
――監督人の「監督事務」の実情と同意権の有無の問題点を中心として――

むすび

　いまだ親族後見人の選任割合も多い[15]ことに加え，親族後見人は，後見実務に関する知識を学ぶ機会が少ないにもかかわらず，その大多数の親族後見人が適正に後見事務を行い，本人の権利擁護を行っているのが現状である。

　確かに，一部の親族後見人の不正行為が目に付くとはいえ，このことが，親族後見人全体に対する不信感へとつながることには，留意が必要であるものと思われる。なぜならば，親族後見人は，一般的に本人の考えや価値観などを熟知していることが多く，後見事務の中心的な事務である身上監護事務に長けていることから，極めて重要な成年後見人等の担い手であるといえるからである。そして，専門職後見等監督人が，このような親族後見人に対して，助言・指導を通じて後見実務に関する知識を提供し，親族後見人の後見事務に対するモチベーションを高めることで，ひいては，新しい成年後見制度の制度趣旨である本人の権利擁護へとつなげることもできるものと思われる。

　そのため，ケース１で紹介した成年後見等監督人の「本来型の監督事務」が重要であることはいうまでもないが，ケース２で紹介した成年後見等監督人の「助言・指導型の監督事務」も，親族後見人の良さを引き出し，本人の権利擁護へとつなげるため，成年後見等監督人の重要な職務であるといえる[16]。

　また，本人財産保護の見地から，ケース３で紹介したように，親族後見人が一定の重要な行為を行う場合には，成年後見監督人の同意権が存在することによって，親族後見人が当該行為を慎重に行うように制度的に担保しているといえる。このことは，ケース４で紹介した保佐監督人の場合にも，保佐制度の実務上の運用状況に鑑みれば，同じような制度的な担保が必要であるといえる。そこで，親族保佐人の代理行為が慎重に行われるように制度的に担保するため，何らかの形で，保佐監督人に対して，成年後見監督人の同意権のような権限を付与するのが必要ではないかと考える。

第2章 財産管理に関する行為

注
1）最近では，親族後見人に多額の預貯金を管理させることを回避すべく，後見制度支援信託を検討する案件が，都市部の家庭裁判所を中心として急激に増加している。その際，家庭裁判所が親族後見人に対して，後見制度支援信託を検討するように要請したところ，親族後見人がこれに難色を示した場合，成年後見監督人を選任する事例が大幅に増加している。これは，ここ最近みられる成年後見監督人制度を利用する場合の1つの傾向であり，この場合における成年後見監督人には，後見制度支援信託を視野に入れた監督事務を行うことが期待される場合もある。
2）任意後見監督人については，一部，成年後見等監督人とその監督権限の内容が異なることから，本文では，成年後見等監督人（成年後見監督人，保佐監督人及び補助監督人）について，その監督権限の内容を解説している。任意後見監督人の監督権限の内容を解説したものとして，公益社団法人成年後見センター・リーガルサポート編著『成年後見監督人の手引き』50頁以下（日本加除出版，2014）
3）成年後見等監督人の実務全般を解説したものとして，公益社団法人成年後見センター・リーガルサポート・前掲2）が大いに参考となる。
4）銀行の預金通帳には，1月分のクレジットカード利用総額が引き落とされたことしか記載されず，これだけでは，利用の内訳が分からないので，親族後見人からクレジットカードの利用明細の提出を受ける必要がある。その上で，利用明細にも一回分ごとの利用額（立替払金額）しか記載されていないので，その内訳を確認するために，親族後見人からレシートなどの書類の提出を受ける場合もある。
　そもそも，親族後見人が本人名義のクレジットカードを利用することについて，法律上の問題点や監督上の問題点があることに加え，配偶者が夫の親族後見人の場合で，本人（夫）名義のクレジットカードを利用する際，親族後見人（妻）が，本人（夫）のために購入した物と自己（親族後見人）のために購入した物を，一緒に本人名義のクレジットカードで決済することもよく見受けられるので，注意が必要である。
5）親族後見人との間で，緊張関係を前提とする「本来型の監督事務」と，親族後見人との間で，信頼関係を前提とする「助言・指導型の監督事務」の使い分け（両立）につき，その難しさや注意点を指摘したものとして，社団法人成年後見センター・リーガルサポート編著『成年後見教室　課題検討編』167頁〔高橋圭司〕（日本加除出版，2訂版，2010）

また，「本来型の監督事務」と「助言・指導型の監督事務」を当該事案に合わせて適切に使い分けすることが重要であることを指摘するものとして，赤沼康弘編著『成年後見制度をめぐる諸問題』222頁〔土肥尚子〕（新日本法規出版，2012）

6）専門職後見等監督人の親族後見人に対する監督権の行使のあり方として，法的根拠のある「本来型の監督事務」については，原則として，（親族後見人から照会等がなくても）積極的に，法的根拠のない「助言・指導型の監督事務」については，原則として，（親族後見人からの照会等があってから）消極的に行うのが妥当ではないかと考える。なぜならば，「助言・指導型の監督事務」について，あまり専門職後見等監督人が自己の後見事務に対する考え方を前面に出して親族後見人を指導することは，身上監護事務に長けている親族後見人の裁量判断（成年後見人の裁量権）を阻害し，ひいては本人のためにならない可能性があるからである。

なお，そうであるからといって，専門職後見等監督人が「助言・指導型の監督事務」を行うことに消極的であってはならないと考える。この点，専門職後見等監督人が「本来型の監督事務」のみしか行わず，「助言・指導型の監督事務」を行わないことに対する問題点を指摘するものとして，遠藤英嗣『高齢者を支える市民・家族による新しい地域後見人制度』67頁以下（日本加除出版，2015）

要するに，専門職後見等監督人が「助言・指導型の監督事務」を行うために監督権を行使するとして，親族後見人の後見事務に対して口出しする程度とそのタイミングを計るのが難しいのである。

7）一部の家庭裁判所における親族後見人等を対象とする継続研修の開催に関する報告について，東京家事事件研究会編『家事事件・人事訴訟事件の実務～家事事件手続法の趣旨を踏まえて～』322頁（法曹会，2015）

8）親族後見人の子（本人の孫）へ入学祝いとして本人財産から多額のお金を支出したり，お金に困っている本人の子に対して，本人が事理弁識能力を保持していたら援助するだろうと考え，親族後見人が本人財産から多額のお金を支出したりすることがある。これらは，一般的にはよく行われていることであるが，これらが適正な行為であるとされるのは，「事理弁識能力を有する本人がそう望んだから」という大前提があることを忘れてはならないものと思われる。

9）当面は，親族後見人が後見事務に関する知識を学ぶ機会を「老人福祉法第32条の2に定める「市民後見推進事業」」に求めるものとして，遠藤・前掲6）19頁

10) 専門職後見等監督人と親族後見人との関係性につき,「監督する側とされる側という対立関係だけで」捉えるのではなく,成年後見制度の制度趣旨や両者がともに本人に対して善管注意義務(後見人につき,民869条で準用する644条,後見監督人につき,民852条で準用する644条)を負っていることなどを考慮すれば,親族後見人も,専門職後見等監督人も,「本人の意思を尊重し,その生活を支援していくという目的は同じくするものである。」といえる。そして,「専門職の後見監督人としては,成年後見人の相談にのり,その後見事務の遂行をサポートしていくという姿勢も必要されている。」との指摘が重要であると思われる(赤沼・前掲5)221頁以下)。要するに,成年後見制度の制度趣旨である本人の権利擁護を図るという目的を達成すべく,親族後見人と専門職後見等監督人は,ともにその法的地位や役割を応じて,本人の権利擁護や生活支援などの職務を遂行することが重要であると思われる。
11) 施設入所契約の締結が「その他重要な財産に関する権利の得喪を目的とする行為」にあたると解されることについて,(小林昭彦=原司共著『平成11年民法一部改正法等の解説』106頁,110頁(法曹会,2002))
12) 定期預金の解約又は一部払戻しについては,「元本の領収」(民13条1項1号前段)には該当せず,「元本の利用」(同条同項1号後段)に該当し(赤沼・前掲5)226頁〔土肥尚子〕),あるいは「その他重要な財産に関する権利の得喪を目的とする行為」(同条同項3号)に該当する(山本英司「後見監督人と重要な行為」実践成年後見40号99頁(2012),「最高裁判所提案の「後見制度支援信託」導入の条件及び親族後見人の不祥事防止策についての意見書」(日本弁護士連合会,2011年10月18日)9頁)と解されている。
13) 居住用不動産の場合には,成年後見の場合でも保佐の場合でも家庭裁判所の居住用不動産の売却許可の審判が必要である(民859条の3,876条の5第2項で準用する859条の3)。

　他方,非居住用不動産の場合には,家庭裁判所の売却許可の審判を必要としないが,後見実務上,不動産という重要な財産を処分する場合には,当該処分行為を行う前提として,成年後見人又は保佐人は,事前に,家庭裁判所に対して,上申書等の提出などによって報告しているものと思われる。
14) 保佐監督人には,成年後見監督人の同意権のような権限が付与されていないとはいえ,後見実務上,親族保佐人が,事前に,保佐監督人に対して,その事情を説明することなく,勝手に本人を代理して定期預金の解約や施設入所契約の締結などの重要な行為を行っているわけではない。親族保佐人が本人を代理して重要な行為を行う場合にも,監督人の同意権の有無にかかわらず,事前に,

親族保佐人から保佐監督人に対して，その事情の説明などを行い，保佐監督人
　　の（事実上の）同意の下，当該行為を行っていることが多いものと思われる。
15)「成年後見関係事件の概況（―平成26年1月〜12月―）」（最高裁判所事務総
　　局家庭局）によれば，配偶者・親・子・兄弟姉妹などの親族後見人の選任割合
　　は，減少傾向にあるといっても，約35.0％あり，成年後見人等と本人との関係
　　別件数の項目別でみれば，「司法書士」が8,716件と一番多く，次いで「弁護士」
　　が6,961件，「子」が6,386件の順となっている。
16)　法的根拠のある「本来型の監督事務」と法的根拠のない「助言・指導型の監
　　督事務」との間で，両立できない事情が生じた場合には，成年後見等監督人の
　　第1次的な監督事務が「本来型の監督事務」であることから，この監督事務を
　　優先させなければならないことは，いうまでもないものと思われる。

〔吉田　結貴〕

8 未成年者の成年後見人に選ばれたとき

はじめに
Ⅰ　本人の支援に必要なこと
Ⅱ　本人支援として利用できる制度
Ⅲ　年長の未成年障害者の支援の在り方
むすび

はじめに

　児童虐待の防止等をはかり，児童の権利擁護の観点から，民法，児童福祉法等の一部を改正する法律が平成23年5月に成立し平成24年4月1日から施行された。

　2年以内の親権停止の制度の創設，親権喪失の審判請求ができる者の拡大，未成年後見制度の見直し等がなされた。児童福祉法も改正され，児童相談所長の権限拡大がはかられ，児童虐待への対応の改善がなされている。

　児童（18歳に満たない者）が虐待を受けている場合は，児童虐待の防止等に関する法律により福祉事務所若しくは児童相談所に通告し支援を求めることとなる[1]。しかし，養護者による障害者虐待で18歳以上の者については，障害者虐待の防止，障害者の養護者に対する支援等に関する法律（以下「障害者虐待防止法」という。）によって支援をすることとなる[2]。

　18歳以上で20歳未満の知的障害，精神障害により判断能力の不十分な障害者（以下「本人」という。）に対する養護者によるネグレクト，経済的虐待に対処する方法として，親権喪失，親権停止，管理権喪失の制度利用と並行して，本人について未成年後見制度，成年後見制度を利用することによる本人と養護者の支援を考える。

事例

　本人（知的障害児19才，療育手帳Ａ）は親権者である母親と二人暮らし，母親はうつ状態で，生活保護を受けて生活を維持している。本人は自宅で長期間放置され養護されておらず，外出もできていなかった。そのため障害者支援施設への措置入所となった。母親は，本人と生活したいとのことで本人を自宅へ戻すよう再三の申入れを施設にしている。

　父親は離婚し所在が不明であり，姉は結婚しており本人との関わりを拒否している。

　本人が成年に達すると障害年金の支給を受け，年金の管理をしていく必要もあることから市町村長申立てにより，成年後見開始の申立てをした。

I 本人の支援に必要なこと

(1) 問題の所在

　知的障害のある本人を支援するについて，虐待をした親の親権喪失，親権停止，管理権喪失の審判を求めて，未成年後見人の選任請求をして本人支援をすることと，親権はそのままで，本人について成年後見開始の申立てをして，成年後見制度の利用で本人支援をしていくことが考えられる。

　未成年後見は，未成年者に対して親権を行う者がないとき，又は親権を行う者が管理権を有しないときに後見が開始する（民838条1号）。未成年後見制度を利用するときは，本人に親権者がいる場合は，親権者の親権の喪失や停止，管理権喪失の審判を得るか，親権又は管理権の辞任許可を得る必要がある[3]。

　成年後見開始の審判の申立ては本人若しくは四親等内の親族が行うこととなるが，これらで申立てができない場合は，市町村長による申立てになる[4]。

　未成年後見は本人が成年に達すれば終了するが，成年後見は本人が成年に達しても支援は継続する。それぞれにメリットとデメリットがあると考えら

れる。

　適切に親権の行使がなされていないとき，知的障害のある本人の支援のため，後見開始の審判を受けて成年後見人が選任された場合について，財産管理の対応や身上監護について適切な支援を行うことができるであろうか。親権者と成年後見人との代理権限の衝突も考えられる。

(2) 本人と擁護者の関係

　保護者による児童虐待に至る恐れのある要因，虐待のリスクとして留意すべき点を厚生労働省の「子ども虐待対応の手引き」[5]では，①保護者が愛情を受けていなかったこと，②生活にストレスが積み重なって危機的状況にあること，③社会的に孤立化し，援助者がいないこと，④意に沿わない子であることの4つの要素をあげて，保護者側のリスク要因，子ども側のリスク要因，養育環境のリスク要因，その他虐待のリスクが高いと想定される場合のリスク要因が具体的に指摘されており，この4つの視点からリスク要因を的確に把握するとともに，家庭の養育状況を把握して支援につなげることが必要であるとしている。

　児童虐待にいたる各リスク要因の具体的な指摘の中で，保護者自身の性格や精神疾患等の精神的に不安定な状態から起因するもの，乳児，未熟児，障害児など，養育者にとって何らかの育てにくさを持っている子ども等，家庭の経済的困窮と社会的な孤立が大きく影響していることなどは，障害者の虐待へいたるリスク要因と同じと考えられる。

　これらのリスク要因を把握し，これを取り除いていくことは，本人支援を行う未成年後見人，成年後見人として身上監護を行う上での行うべき職務の一つであると考えられる。

　本人の生活を支える意思決定支援を充実したものにするためには，本人を中心とする「支援の輪」[6]を形成する必要がある。本人支援の後見事務をとおして，本人の日常生活を支える福祉関係者，医療関係者等や家族との関係を再構築していくこととなる。本人支援に未成年後見を選択しても，成年後見を選択しても，後見制度を利用し後見の事務執行をすることによって擁護

者の負担を軽減し，本人支援が円滑に行われることとなる。

II 本人支援として利用できる制度

(1) 未成年後見

　後見制度には，未成年後見と成年後見の制度がある[7]。未成年者に対して最後に親権を行う者は，遺言で未成年後見人を指定することができる（民839条1項）。この指定があれば指定を受けたものが未成年後見人となり，指定がない場合は，未成年後見人の選任申立てをして未成年後見人を選任する（民840条）。

　本人について，未成年後見人を選任するには，未成年者に対して親権を行う者がいないとき，又は親権を行う者が管理権を有しないときに未成年後見が開始することとされているため（民838条1号），事例の場合に未成年後見を開始するには，うつ状態の母親の親権喪失の審判（民834条）や親権停止の審判（民834条の2）又は，親権を辞する許可（民837条）を得ることの手続が必要なこととなる。

　これらの審判の請求をできる者は，子，その親族，未成年後見人，未成年後見監督人，又は検察官とされており[8]，事例においては審判請求をする者を確保することが難しい。

　児童相談所長等もこれらの審判請求はできるとされているが（児福33条の7ほか），児童相談所がかかわってこなかったケースなどでは適時に対応してもらえない恐れがある[9]。

　事例の場合は，本人に意思能力がなく，親族等の支援も受けられない状況であり，親権の停止，親権の喪失，管理権喪失等の審判請求手続が難しいため，未成年後見人の選任手続には困難があると考えられる。未成年後見を利用して本人支援を行う場合は，母親に親権又は管理権を辞する許可をしてもらうか，姉又は児童相談所長等に母親の親権の喪失等の審判請求をしてもらうこととなる。

　未成年後見人の選任がなされた場合の身上の監護について，未成年後見人

は親権を行う者と同様な権利義務を有している（民857条）。

　成年に達しない子は，父母の親権に服することとなる（民818条）。親権を行う者は，子の利益のために子の監護及び教育をする権利を有し，義務を負い（民820条），これに必要な範囲で子の懲戒をすることができる（民822条）。また，子は親権を行う者が指定した場所にその居所を定めなければならず（民821条），職業を営むには親権者の許可を得なければならない（民823条）とされている。

　未成年後見人を選任するには，未成年被後見人の年齢，心身の状態並びに生活及び財産の状況，未成年後見人となる者の職業及び経歴並びに未成年被後見人との利害関係の有無（未成年後見人となる者が法人であるときは，その事業の種類及び内容並びにその法人及びその代表者と未成年被後見人との利害関係の有無），未成年被後見人の意見その他一切の事情を考慮しなければならないとされている（民840条3項）。未成年後見人の選任では，成年後見人選任の考慮事情にない年齢が掲げられており，年齢によって職務の内容，継続期間等が大きく異なるためとされている[10]。

　未成年後見人の選任がなされた場合の財産の管理について，未成年後見人は，「子の利益のために」子の監護及び教育をする権利を有し，義務を負う[11]と身上監護ではされているが，財産管理については「子の利益のために」との規定はされていない。財産管理に関する規定については，利益相反の場合の特別代理人の選任規定[12]や子が成年に達したときの財産の管理の計算義務[13]など子の利益を保護するための用意がされているためとされている[14]。

　財産の管理については，親権者と未成年後見人で相違がある[15]。親権を行う者は，子の財産を管理し，かつ，その財産に関する法律行為について，その子を代表することとされている（民824条）。親権を行う者は，自己のためにするのと同一の注意をもって管理を行うとされる（民827条）。管理の計算においては，子が成年に達したときは，親権を行った者は，遅滞なくその管理の計算をしなければならない。ただし，その子の養育及び財産の管理の費用は，その子の財産の収益と相殺したものとみなすとされている（民828条）。

後見人は，被後見人の財産を管理し，かつ，その財産に関する法律行為について，被後見人を代表することとされている（民859条）。後見人については，善良な管理者の注意をもって財産管理することが求められている[16]。後見人が就任した場合や被後見人が包括財産を取得した場合は，後見人は，遅滞なく被後見人の財産の調査に着手し，1箇月以内に，その調査を終わり，かつ，その目録を作成しなければならない（民853条）。

　後見人の任務が終了したときは，後見人又はその相続人は，2箇月以内にその管理の計算をしなければならない（民870条）。

　後見での財産管理に比して親権者の財産管理については制限が少ない。

(2) 成年後見

　知的障害などにより事理弁識能力を欠く未成年者は親権者がいるときでも，後見等開始申立てにより，成年後見人等を選任して本人支援を受けることができるのか，未成年者について，成年後見制度の利用は可能か考察する。

　成年後見の法改正前の禁治産制度のときは，未成年者も心神喪失の常況にあれば，禁治産宣告を受けることができるとされていた[17]。

　後見の開始については，民法838条で定められている。同条1号で未成年者に対して親権を行う者がいないとき，又は親権を行う者が管理権を有しないときに後見が開始する。

　同条2号で後見開始の審判があったときに後見が開始するとされており，同条1号が未成年後見の開始であり同条2号が成年後見の開始である。

　成年後見開始の審判については，民法7条で，精神上の障害により事理を弁識する能力を欠く常況にある者について成年後見開始の審判をすることができるとされている。

　成年後見の開始の審判を受けた者は，成年被後見人とされ，成年後見人が付されることとなる。事例の場合，本人は，知的障害のA判定の手帳を取得しており，精神上の障害で事理を弁識する能力を欠く常況であれば，成年後見の開始の審判を受けることにより親権者と成年後見人が併存することになると考えられる。成年後見の立法担当者の解説やQ&Aにおいても未成年者

が成年被後見人になることも可能としている[18]。

　未成年者を，成年後見制度を利用して支援するとして，親権者と成年後見人の権限や義務はどのようになっているか確認をする。

　成年後見人は，成年被後見人の生活，療養看護及び財産の管理に関する事務を行うにあたっては，成年被後見人の意思を尊重し，かつ，その心身の状態及び生活の状況に配慮しなければならないとされる（民858条）。親権者は，子の利益のために子の監護及び教育をする権利を有し，義務を負うとされている（民820条）。

　事例では，母親はうつ状態であり，本人の養護ができておらず，障害者虐待防止法２条６項１号ニに定める障害者に対するネグレクトと考えられる。

　市町村は障害者虐待の通報を受けた場合，速やかに障害者の安全確認と通報等の事実確認をして，生命又は身体に重大な危険が生じているおそれがあると認められる場合には，障害者を知的障害者福祉法16条１項２号による障害者支援施設等への入所の措置等を講じることとされている。また，同法28条により，市町村長は，知的障害者につき，その福祉を図るため特に必要があると認めるときは，後見開始の審判申立てをすることができるとされており，障害者虐待防止法９条３項では，障害者の保護及び自立の支援が図られるよう適切に後見開始等の審判請求をするものと定められている。未成年後見については前述のとおり児童相談所長等が審判請求できるとされている（児福33条の７）。

　事例の本人は未成年であり，親権者の保護を見込めない状況のため，本人支援のために未成年後見制度と成年後見制度の利用が可能である。

　本人の抱える課題として，母親が施設に対して本人を自宅へ戻すよう要求することへの対応，措置で入所をしたが，法的な手続ができるようであれば，施設との入所契約をして入所の継続を図ること，成年に達した後に障害年金の支給を受け，年金の管理をしていくこと等である。

　事例の場合は事前に検討したように，親権喪失等の請求権者の問題などで，未成年後見人の選任は困難なようである。事例では，本人は知的障害があり後見開始の審判を受けられるようである。後見開始の審判の請求者としては

本人，配偶者，四親等内の親族，未成年後見人，未成年後見監督人，保佐人，保佐監督人，補助人，補助監督人又は検察官（民7条）とされ，知的障害者福祉法28条で市町村長も申立可能であるため，成年後見の利用については，未成年後見より利用がしやすいようである。また，成年後見は成人しても継続して支援を受けることができ，課題の一つである障害年金を受けての財産管理ができる。障害者虐待防止法9条2項によって入所の措置がされた場合は，同法13条により養護者との面談を制限できる。母親への対応では，成年後見人の支援が開始しても措置を継続することも可能であり，母親と和解後に入所契約に変更し入所契約を継続できる。

事例の場合においては，成年後見の利用が有用であると考えられる。

III 年長の未成年障害者の支援の在り方

(1) 「家族支援」としての後見制度

事例で，成年後見人を選任し支援を受けることとなって，施設との入所契約を行い，財産管理を成年後見人が行っている場合に，親権者より，施設との入所契約の解除や財産の引渡しを求められたときに，どのように対処することとなるのだろうか。

まず，母親から本人の引渡請求がある場合を考察する。

この場合は，障害者虐待による入所措置を継続して，母親の状況により本人との面談を受け入れ，又は拒否する等の対応をしながら，母親への支援を開始することができる。母親のうつの状態の改善を図るとともに，本人が安定した生活ができていることを，母親に理解してもらうことにより，入所契約解除についての請求を取り下げてもらうようにする現実的な対応がある。

一方，民法821条においては，子は，親権を行う者が指定した場所に，その居所を定めなければならないとされている。居所指定は，子に対して場所を指定してそこに居住するよう指示するのであるから，子が指示の意味を理解できることを前提とし，意思能力ある子に対してのみなされうるとされる[19]。また，事例において母親が自分との同居を指定する場合は，子を保護

し施設入所の措置を行った時の状況から居住の環境や母親の精神上の障害による病状などが改善されていなければ，子の心身に害悪を生じるものであって，子の居所としては不適切であり，母親の要求を拒否できるものと思われる。

親権を子の利益のために行わなければならないことは，平成23年民法等の改正前から理念とされていたが，改正により民法820条に「子の利益のために」が挿入されこの理念が明確にされている[20]。成年後見人としては，これらのことを施設側に説明し，本人への意思確認や身上に配慮をして，施設の入所を維持していくこととなろう。

子の財産の引渡しを母親が求めてきたときの対応について考察する。

親権を行う者は，子の財産を管理し，また，その財産に関する法律行為についてその子を代表すると定められている（民824条）。事例の場合は母子ともに生活保護を受けている。本人が施設に入所することによって，母子各自で生活保護費を受給することとなった。母親からの本人引渡し要求がされなくなったため，契約による施設入所となり本人には扶助費が支給され，これを成年後見人が管理している（民859条）。その他の収入として，わずかだが工賃の収入もある。第三者が親権者に管理させない意思を表示して未成年の子に無償で与えた財産（民830条1項），未成年者の労働契約による賃金請求権及びこれに基づき受け取った賃金等は，親権者に管理権は無いと解されている[21]。このことから，扶助費と工賃は親権者の財産管理の客体とならない財産と考えられる。母親が自己のために未成年の子の名をもって，借入れをしたような場合は，親権者と第三者の直接関係であって，未成年の子に債務を生じないとされ，親権者が代理権を濫用した場合には，未成年の子に対して法律上の効果は生じないと考えられる[22]。

未成年者の財産の管理は，親権の作用としてなされるものであるから，親権が権利であるとともに義務であると解される以上，財産管理も同様であり，したがって，親権者がこの義務に違反して，管理権の行使が不適当であることにより未成年の子の利益を害することとなり，財産を危うくしたときは管理権を喪失することとなる[23]。

親権者と成年後見人の財産管理権は重なり合う部分が多いが、成年後見人が適切に財産管理を行うことによって、本人に対する支援が確立でき、母親の支援につなげていくことが可能となる。

(2)　社会への参加と成年後見制度

　自らが権利主体であっても、法律行為ができず支援を必要としている未成年者や精神上の障害がある者の支援者である親権者、未成年後見人、成年後見人の違いを事例に沿いながら確認を試みた。未成年者の成年後見制度利用を考えたとき、監護や教育の権限はないものの、本人の意思決定支援と身上に配慮することによって、未成年者の生活を支えうるものであることが確認できた。

　養護者による児童虐待、障害者虐待、高齢者虐待などは、養護者と要支援者の関係性の中で、各々が問題をかかえ身動きの取れない状況となって、身体的虐待やネグレクトなどになって現れる。

　事例の場合も、未成年者を施設に入所させてしばらくの間は、母親は自宅に帰すよう再三にわたって施設や行政に対し申入れを行っていたが、本人が安定していく様子や母親自身がケースワーカーなどの支援を受けて安定してきて、施設とのトラブルはなくなった。

　本人は成年に達し、障害年金を受けるようになり、生活保護も打ち切りとなり、施設での安定した生活を営んでいる。年齢を問わず、支援を必要とする者を支援する方法は、種々の制度の中から選択し、要支援者にとって、受け入れやすい方法で支援をしていくことが望まれると感じた。本事例でも多数の支援者がかかわりをもって本人の思いを聞いてもらい、母親の思いも聞いてもらった。本人と母親の面談も随時行われており安定した関係性が保てるようになった。

　人とのつながりが多くなることによって、社会参加ができるようになれば、一定の安定した生活を構築していけるように感じた。

第2章　財産管理に関する行為

むすび

　障害者権利条約が批准され平成26年2月19日から日本に対して効力を生じることとなった。障害者権利条約12条は，障害者が生活のあらゆる側面において他の者との平等を基礎として法的能力を享有することを認め（障害者権利条約12条2項），障害者がその法的能力の行使にあたって必要とする支援を利用する機会を提供するための適当な措置をとる（障害者権利条約12条3項）とされている。

　平等権，人間の尊厳，自律の保障の観点から，判断能力に障害のある人の自己決定をどのように支えていくかが問われている。本稿では，支援者側からの価値観において，判断能力に障害のある人の支援を考えてきた。法的手続きをもって，障害のある人を保護するとの立場である。

　しかし，事例にあるように，本人の安定や母親の安定が問題解決の原点であり，この安定は，本人や母親の自己決定と合致したためであった。本人と母親が何を求めているかのコミュニケーションの積み重ねこそ，障害者権利条約で求められる自己決定支援ではないかと考える。後見という障害のある人の法的能力を制限する制度で，支援者の判断で支援するのではない，自己決定支援を充実させて，法的能力制限をなくした上での支援が今後可能かどうか考えていきたい。

注
1）児童虐待の防止等に関する法律2条（児童虐待の定義），6条（児童虐待に係る通告）
2）障害者虐待の防止，障害者の養護者に対する支援等に関する法律7条（養護者による障害者虐待に係る通報等）
3）民法834条（親権喪失の審判），834条の2（親権停止の審判），835条（管理権喪失の審判），837条（親権又は管理権の辞任及び回復）
4）民法7条，知的障害者福祉法28条，精神保健及び精神障害者福祉に関する法律（精神保健福祉法）51条の11の2，老人福祉法32条

5）厚生労働省雇用均等・児童家庭局総務課「子ども虐待対応の手引き」（平成25年8月改正版）26-29頁
6）PASネット『福祉専門職のための権利擁護支援ハンドブック（改訂版）』40頁（ミネルヴァ書房，2012）
7）民法838条1号（未成年後見）・2号（成年後見）
8）民法834条（親権喪失の審判），834条の2第1項（親権停止の審判），835条（管理権喪失の審判）
9）平成22年11月19日法制審議会児童虐待防止関連親権制度部会第9回会議参考資料15
10）飛澤知行編著『一問一答平成23年民法等改正　児童虐待防止に向けた親権制度の見直し』66頁（商事法務，2011）Q55
11）民法820条，857条で未成年後見人に準用
12）民法826条，860条で後見人に準用
13）民法828条，870条で後見人の後見の計算
14）飛澤・前掲10）17頁Q10
15）松川正毅『民法　親族・相続』178頁（有斐閣，第2版，2008）親権と未成年後見の相違
16）民法869条，644条を準用
17）於保不二雄＝中川淳編『新版注釈民法(25)親族(5)』22頁〔岩志和一郎〕，306-307頁〔犬伏由子〕（有斐閣，改訂版，2004）
18）小林昭彦＝大鷹一郎＝大門匡編『新版一問一答新しい成年後見制度』108頁（商事法務，2006）Q59注記，小林昭彦＝大門匡編『新成年後見制度の解説』124頁（金融財政事情研究会，2000）
19）於保＝中川・前掲17）105頁〔明山和夫，國府剛〕
20）飛澤・前掲10）16頁Q9
21）於保＝中川・前掲17）128頁〔中川淳〕
22）於保＝中川・前掲17）131-132頁〔中川淳〕
23）於保＝中川・前掲17）126頁〔中川淳〕

〔迫田　博幸〕

第3章
身分に関する行為

1　被後見人が養子縁組をしたとき
　　——身分行為に隠れた財産行為——

2　親族が介護の日当を請求したとき

3　被後見人が相続人になったとき

4　後見人の管理行為が被後見人の遺言処分と抵触するとき

1 被後見人が養子縁組をしたとき
——身分行為に隠れた財産行為——

はじめに
Ⅰ 身分行為と財産
Ⅱ 不適切な縁組を解消する方法
Ⅲ 問題解決にむけて
むすび

はじめに

　養子縁組や婚姻などの形成的身分行為は，代理になじまない行為であるとして，意思能力があれば被後見人も成年後見人の同意なくなしうる（民738条，799条等）とされているため，身分行為に関して成年後見人は何ら権限がないと思われがちである。また，一般的にも身分行為は一身専属的であるとして，本人以外は関与できないとの認識がある。しかし，身分と財産は密接な関係であることが多く，縁組による身分の変動に伴って，包括的な財産の変動が生じる。判断能力の衰えた本人がそれら身分行為をなしていたときに，本人保護の見地から，成年後見人が本人を代理してそれら身分行為を解消することができるかを検討したい。

事　例

　被後見人は85歳の女性で，有料老人ホームで生活をしている。夫とは約20年前に死別していて，子どもはいなかった。女性には二人の姉がいたがすでに亡くなっていて，その子である甥と姪ふたりがいる。女性に子供がいないことから，自分の亡くなった後のことを心配して，かねがね，甥姪たちには「遺産を相続させるから，葬式や墓のこと，自宅

の後始末などをよろしく頼む」と言っていた。

　女性が入所している老人ホームから，甥に「施設費が3か月間支払われていない。このままでは退所してもらわなければならない。入所手続をした姪に費用の支払いを求めているが応じてくれない。」との電話があった。そこで，施設費用を賄うために，女性名義の定期預金の解約が必要となり，甥が申立人となって成年後見人を選任したところ，姪の一人と養子縁組の届出がされていたことがわかった。姪は，女性が老人ホームに入所したため空き家になっている女性の自宅に住み，水光熱費も女性の預貯金通帳から引き落としとなっている。姪は女性の預貯金の通帳や印鑑も管理していて，現在，失業中であるため生活費も女性の口座から引き出しているようである。成年後見人が調査したところ，その他にも多額の預貯金が姪の口座に移し替えられていたことがわかった。

　自宅での生活が難しくなってきたため，女性を老人ホームに入所させることや，その手続をその姪が行うことは聞いていたが，縁組の事実を他の甥姪は全く知らなかった。養子縁組の届出がなされた当時，すでに女性は認知症がかなり進行していて，訪問介護ヘルパーが記載した介護日誌などの記録からは，女性は養子縁組をするというような複雑な行為を判断できる状況ではなかったと思われる。このような場合，成年後見人は，姪から勝手に引き出された女性の預貯金額を取り戻すとともに，姪との養子縁組をも解消することができるだろうか。

I　身分行為と財産

　縁組，離縁，婚姻，離婚は，基本的な身分関係を形成する法律行為で「形成的身分行為」と呼ばれる。縁組，婚姻等は，「身分行為」であると同時に，それら養親子，夫婦の財産の包括的な移転を伴うため，「財産的な行為」としての意味も持つ[1]。それは養子縁組や婚姻によって「親」「子」，「夫」「妻」という「身分」を取得すると，それに伴って財産的権利義務も生じるという

ことである。すなわち，養子縁組，婚姻をすると「親」「子」，「夫」「妻」が互いに相続人になり，扶養義務を負う関係になる。以下は，事例に沿って養子縁組で検討する。

(1) 養子縁組とは

養子縁組などの「形成的身分行為」は，その特徴として以下の4点があげられる。①届出が必要な要式行為であること（民739条，戸籍66条），②本人の意思が尊重され，養親子関係を発生させる縁組の意思が必要となること（民802条），③行為能力がなくても法律行為をなすことができ（民799条，738条），代理になじまない行為であるとして原則として代理を許さないこと，④身分行為の無効（民802条），取消し（民803条）については法律で特別の定めのあること，である。[2]

養子縁組が有効に成立するためには，形式的要件と実質的要件を満たしていなければならない。形式的要件は，届出（民739条）である。実質的要件のうち客観的要件としては，養親の年齢や後見人が被後見人を養子とする縁組の場合の裁判所の許可など民法792条から798条で定められた要件を満たす必要がある。また，実質的要件のうち主観的要件としては，特別養子制度に対して，ここで述べる一般の養子は普通養子と呼ばれ，縁組は契約としてとらえられており，当事者の縁組意思の合致が必要である。[3] 縁組の意思の内容は，「縁組の届出をする意思」と「縁組をする意思」である（民802条）。したがって，当然に，当事者にその意思能力が必要である。[4]

民法で定められている縁組の効果は，養子は縁組の日から養親の嫡出子の身分を取得し（民809条）養親の氏を称する（民810条）とされる。すなわち，縁組の効果として養子が未成年者であるときは，養親の親権に服し（民818条2項），養親子間には扶養義務が発生し（民730条，877条），養子は養方親族と相互に相続権を持ち（民887条，889条），養子が婚姻によって配偶者の氏を称している場合以外，養子は養親の氏を称する。

(2) 高齢者の養子縁組の目的

「家名を継がせる」、「愛情をもって親子の関係を築く」などと、養子縁組は、一般的には感情的、精神的な面が期待される制度であるが、実際には、成年養子縁組は、同じく形成的身分行為である婚姻と比較すると、財産の承継や扶養などの財産的な側面に、より、着目してなされている。特に、高齢者が当事者である成年養子縁組の場合には、財産的な要素である「扶養」「財産の承継」が、その直接の動機・目的となっていることが多い[5]。養子縁組は、少子高齢化という社会の変化にともなって、多くの高齢者が抱えることになった心配事である自身の介護や死後の祭祀供養、財産の承継といった問題を解決する一つの方法であると考えられているのではないか。

(3) 養子縁組による財産的な影響

養親子は互いに扶け合わなければならず、また互いに扶養をする義務が生じる（民877条、730条）。また、養子縁組によって、養親子は互いに相続をする関係になる。したがって、縁組により他の法定の相続人及びその相続分に変更が生じる。実際にも、判断能力が衰えた高齢者がしている縁組について、甥姪の一人が高齢者と縁組することによって、養子が第1順位の法定相続人となったため相続人ではなくなった兄弟姉妹・甥姪や、高齢者の孫や子の配偶者が高齢者と縁組することによって、法定の相続分が減少した他の子からの縁組無効の訴訟が提起されている（東京高判平成2年5月31日判時1352号72頁、東京地判平成5年5月25日判時1490号107頁他）。

その他にも長年、節税の目的で養子縁組が使われてきたが、相続税の基礎控除額が増加したり（相続税12条、15条、16条等）、小規模宅地の特例が受けられるなどの効果がある（租特69条の4）。そのほかにも、条件を満たせば養親は養子の遺族年金を受給することができ、互いに生命保険の受取人となることができる。このように、身分行為によって財産に様々な影響が生じるのである。

II 不適切な縁組を解消する方法

　では事例のように，当事者の自由な意思による養子縁組ではなかった場合に，縁組を解消するにはどうすればよいのか。養親子間に真に親子関係がなく，縁組を継続することが適切でない場合に，養親子関係を解消するために3つの方法が検討される，離縁，縁組無効，縁組の取消しである。

　協議離縁は，本人のみがすることができ代理になじまない行為であるため，成年後見人が協議離縁をすることはできない。裁判離縁に関しては，民法814条で要件が定まっている。以下，養子縁組は財産にも密接した行為であることから，成年被後見人の意思の尊重及び身上の配慮義務（民858条）及び財産の管理義務（民859条）に基づいて，成年後見人が縁組の無効及び取消しができるかについて検討する。

(1) 縁組の無効

　当事者に縁組の意思がなかった場合は，縁組無効である。特に養子縁組の当事者が高齢者である場合には，他の法律行為と同様に当事者に養子縁組をする時にその「意思能力」があったかどうかが問題となる。縁組は，制限行為能力者である被後見人が単独でなすことができる行為とされていることから，一般的に身分行為を為すために必要な能力は，財産行為を為すために必要な能力よりも低いとされていると思われがちである。しかし，当事者の日常生活，精神面にも影響を及ぼし，包括的な財産の変動が生じる縁組などの身分行為は，個別の財産の処分である財産行為以上に高度な判断能力が必要とされるのではないだろうか[6]。近時，高齢者の意思能力が問われた縁組無効の下級審判決が多く見られる。

① どのようなときに無効を主張できるか

　意思能力があれば被後見人も成年後見人の同意なく身分行為をなしうる（民799条等）とされているが，その理由は次のとおりである。成年後見制度は，契約の当事者としての行為能力制度である。一方で，成年後見制度

は自己決定権の尊重，残存能力の活用及びノーマライゼーションの3つの理念と本人保護の理念を調和させた制度である。したがって，特に縁組などの身分行為は，本人の自由な意思に基づくべきであり，被後見人も単独で，有効になすことができるとされているのである[7]。

しかし，養子縁組も法律行為であるから，当事者が縁組時に，縁組による法的効果を理解できる程度の判断能力を有することが必要である。判例は，縁組当事者の意思能力を一律に定義せず，当事者がその縁組によって，具体的にどのような効果を欲していたか，また，その結果を判断する能力があったかどうかを縁組ごとに個別具体的に検討して決せられている[8]（前掲東京高判平成2年5月31日判時1352号72頁，名古屋家審平成22年9月3日判タ1339号188頁他）。

認知症が中位程度になると，理解・判断力に障害がおこり，症状として，観念的な事柄と，現実的，具体的な事柄が結びつかなくなる[9]とされている。社会の成年養子縁組への多種多様なニーズに応えるべく，縁組の法的効果の一部を目的とした縁組も有効であるとして，実質的意思説を緩和する有力な説も現れている[10]。しかし，認知症により，介護や身の回りの世話などの現実的な事柄を主な目的とし，養子縁組によって生じる様々な財産の変動といった観念的な事柄との関係の理解ができずにされた養子縁組の有効性については，慎重に判断されるべきであろう。

② 誰が主張できるか

制限行為能力者であっても意思能力があれば，本人は無効を主張できる。当事者が意思能力を欠いて有効な訴訟行為をすることができないときは，成年後見人が被後見人のために訴え，又は訴えられることができる（人訴14条1項）。成年後見人は，被後見人の手続行為能力を補完する立場である。

③ 縁組無効の効果

縁組無効により，最初から縁組が成立しなかったことになる（民802条）。

(2) 縁組の取消し

① どのような時に取消しを主張できるか

　民法792条から798条の縁組要件を満たしていない縁組は，取り消すことができる（民808条，747条）。また，当事者が相手方または第三者から詐欺，強迫を受けて縁組をしていた場合はその縁組を取り消すことができる（民808条，747条）。養子が，する気もないのに，「将来，養親に介護が必要となったときには，手厚く介護をする」などと虚偽の事実を伝えて，養親を錯誤に陥らせて縁組の合意をさせ，養親の財産を養子に贈与させて，相続時精算課税制度（直系親族間の贈与）の適用を受け，養親が他の親族に縁組の経緯を伝えていた場合，介護が必要となった際に，養子がそれを実行しない時は，詐欺による縁組として養子縁組の取消原因となり得るのではないか。

② 誰が主張できるか

　縁組の取消しは，縁組無効と同様に意思能力を有する限り，縁組をした本人が主張できる。当事者が意思能力を欠いて有効な訴訟行為をすることができないときには，成年後見人が被後見人のために訴え，または訴えられることができる（人訴14条1項）。被後見人が，民法792条から798条の縁組要件を満たしていない縁組をしていた場合に本人が意思能力を有しないときは，成年後見人は，民法804条から808条に従い，縁組の取消しをすることになると考える。

③ 縁組取消しの効果

　縁組取消しの効果は，既往に及ぼさない（民808条，748条）。取消しまでに生じていた法律関係は全て有効である。縁組取消しに伴って，不当利得の規定に従って（民703条，704条）精算する（民808条，748条）。

III　問題解決にむけて

(1) 事例での検討

　Iで述べたように，身分と財産は密接な関係であることが多い。したがっ

て，財産管理の観点から，被後見人がした不適切な養子縁組を成年後見人が解消することを認めてもよいのではないか。まず，被後見人の縁組当時の身体的・精神的な状況，日常生活の状況，通院の状況，財産の種類，財産の形成過程，養子となっている姪とのこれまでの関係，その他の甥姪や周囲の親族との関係，養子縁組をする必要性，養子縁組について周囲の関係者にどのように話していたか，届書を作成した時の状況などの情報収集をする。それらの情報を元に縁組当時，被後見人に「縁組をする意思」「縁組の届出をする意思」及びその意思能力があったか，本人の意思というよりは養子縁組によって養子が被後見人の財産の取得をもっぱら意図していることが明白な場合縁組に際して養子や第三者の詐欺や強迫があったかどうかを判断し，縁組の無効や取消しを検討することになろう。

(2) 改善策

事例のような養子縁組がなされるのは，なぜであろうか。わが国では，縁組の手続は容易である。縁組の届出を受け付ける行政窓口には形式的な審査権しかなく，仮に意思能力を欠いた縁組の届出がなされても窓口に届書が提出されれば，戸籍事務担当者は，届出書を持参した者の本人確認をしたうえで，上記の客観的要件，届出地，証人など他の要件を満たしているときは受理せざるを得ない（戸籍25条，民799条，戸籍27条の2第1項など）。[11] 成年養子縁組については，縁組の実質的な内容をチェックする機能が存在しないのである。

成年養子縁組の効果として養親の財産の承継という目的に着目すると，他の制度では，遺言がまず思い浮かぶ。高齢者の判断能力の低下が「能力」として問題とされることは，遺言においても同様である。遺言者は，遺言をするときにその能力を有しなければならず（民963条），被後見人が事理を弁識する能力を一時回復したときにおいて遺言をするには医師二人以上の立会いがなければならない（民973条）とされている。高齢者が成年後見制度を利用していれば，遺言の有効性は担保される。しかし社会には，周りの助けによって日常生活ができているため，判断能力は衰えていても成年後見制度の

利用に到っておらず，法的には行為能力者として生活をしている高齢者は多く存在し，その高齢者がなした遺言の有効性について，後に，厳しく争われている事例が多数あることは周知である。

　確かに，養子縁組は，当事者の間に真の親子関係を作り出すという意思が必要で，精神的なつながり，親子間の愛情等を考えると，本人の意思が第一に尊重されなければならない。しかし，前述のように，身分には財産が密接に関係し，その変動は包括的であることから，縁組には高度な判断能力が必要な場合もある。特に高齢者が養子縁組をなす場合は，近い将来，判断能力が衰え意思能力がなくなったときに，養親子間に不都合な事情が生じていても離縁をすることも難しい。高齢者の精神面，日常生活，財産に大きな影響を与える養子縁組に関しては，成年被後見人とともに成年後見制度をまだ利用していない高齢者に対しても保護が必要である。

　今日，養子縁組の理念は，未成年の子に養育，監護の場を与えるという「子の福祉」のためであるとして，成年者養子縁組を認めていない国も多い。したがって欧米の養子縁組制度は，縁組の契約性を否定して，裁判所が縁組の適否を判断するという特色がある。[12]

　フランス養子法では，未成年者・成年者を問わず養子縁組は，大審裁判所の判決によって成立する。裁判所で，当該養子縁組が「法定要件を満たしているか」，「養子の利益に合致するか」が判断され，判決により検察官が申請して身分登録簿へ登録される。[13] ドイツの養子制度は，未成年養子，成年養子を問わず宣告主義をとり，後見裁判所の言渡しにより縁組が成立する。[14] このように，成年養子を認めている国でも縁組手続に裁判所等の公的な機関が関与し，その縁組が真に親子の関係を作り出す目的となっているか否かの判断がなされている。

むすび

　わが国では，近時，縁組無効訴訟が下級審に多く見られるが，それらは法定相続人などの関係者が存在するために提訴がなされているものである。し

かし，判断能力のない縁組当事者に配偶者や子がおらず，親しい親族もいない場合，すなわち，いわゆる無縁と言われる状態であった場合には，高齢者が意思能力を欠く養子縁組をしていても，縁組無効の訴えを起こされること自体がない可能性がある。[15] そのような場合には，本人の意思によらず縁組がなされていることによって，勝手に高齢者等の財産が費消され，後には本人が望まなかったであろう相続人によってその遺産が承継されることになる。

また，法務省民事局は平成22年12月に養子縁組の届出に関する取扱いについて，縁組意思がないまま氏を変更することを目的とする養子縁組の届出を未然に防止するための措置として，民事局長通達を出している。これは，消費者金融から借入れを行う等を目的として，他人が勝手に嘘の養子縁組届を提出して戸籍に真実でない記載がされるという事件も発生している[16] ことへの対応である。判断能力の衰えた高齢者等が，自らの意思によらず，犯罪行為などに巻き込まれてしまう危険性までも生じているのである。

このようなことから，1年間に80,000件を超える養子縁組がなされていることを考えると容易なことではないが，わが国においても医師や法律家をも交えて家庭裁判所等が実質的な審査をするなどのシステムの構築が望ましいのではないか。

注
1）升田純『高齢者を悩ませる法律問題』277頁（判例時報社，1998）
2）佐藤義彦ほか『民法Ⅴ』3，4頁〔右近健男〕（有斐閣，第4版，2012）
3）内田貴『民法Ⅳ（補訂版）』252-253頁（東京大学出版会，2008）
4）升田・前掲1）277頁以下
5）升田・前掲1）277頁
6）須永醇『意思能力と行為能力』399頁（日本評論社，2010）
7）内田・前掲3）75頁（婚姻）
　　内田貴『民法Ⅰ』104-105頁（東京大学出版会，第4版，2008）
8）升田・前掲1）277頁以下
9）厚生労働省HP「認知症の症状」
　　http://www.mhlw.go.jp/topics/kaigo/dementia/a02.html
10）北野俊光・梶村太市編『家事・人訴事件の理論と実務』414頁（民事法研究

11）山下敦子『戸籍の窓口Ⅱ』5頁（日本加除出版，2014）
12）内田・前掲3）247頁以下
13）中川善之助・山畠正男編『新版注釈民法(24)』1頁以下（有斐閣，1994）
14）中川・前掲13）16頁以下
15）野田愛子・梶村太市総編集『新家族法実務大系 第2巻』257頁〔相原佳子〕（新日本法規出版，2008）
16）法務省民事局「養子縁組の届出に関する取扱い等について」（平成22年12月27日）http://www.moj.go.jp/MINJI/minji04_00016.html

〔岸川　久美子〕

第3章 身分に関する行為

2 親族が介護の日当を請求したとき

はじめに
Ⅰ 親族による本人に対する介護の金銭的評価
Ⅱ 介護の日当を支払う場合の留意点
むすび

事 例

　被後見人は84歳女性。夫とは20年前に死別。娘が3人いる。長女と二女は結婚して他県に住んでおり、現在は未婚の三女と自宅で同居。三女による介護を受けながら生活している。

　被後見人は1年前に転倒し、骨折して3か月間入院。退院して自宅に戻ったが、一人での歩行が困難となり、在宅での介護が必要となった。また、入院をきっかけに認知症の症状があらわれはじめたため、常に見守りも必要である。三女は就業していたため、日中は訪問介護・ショートステイ等のサービスを利用し、夜間は三女が介護・見守りをしてきた。しかし、介護と仕事との両立が難しくなり、三女は仕事を辞めて、被後見人の介護に専念することになった。

　半年前に三女が自らを後見人候補者として後見申立てを行ったが、後見人には司法書士が選任された。

　後見人は、三女から、「母の介護の日当をいただくことはできますか。母の介護は訪問介護だけでは足りないし、私が介護をしていることで母も喜んでいます。私は母の介護のために仕事を辞め、今は収入が全くありません。」と訊ねられた。

　このような場合、後見人は、三女に対し、介護の日当を支払ってもよいであろうか。

はじめに

　親族の本人に対する介護の日当の支払いについて，東京家裁後見問題研究会の見解では，「親族が後見人に対し施設・病院にいる本人に対する介護や見舞の日当・費用を請求することがあります。これが親族としての情愛に基づいて行うべき見舞程度のものである場合には日当・費用を支払うべきではありません。しかし，そのレベルを超え，有償のサービス提供を受けたのと等しい労務提供に達しているような場合には，支払を認めることもあり得ます。」[1]として，親族の労務提供のレベルによって，支払が認められ得るか否かを判断している。

　しかし，この見解では，なぜ労務提供のレベルによるのか，その理由については必ずしも明確ではない。また，支払を認める場合の法的根拠については触れられておらず，後見人はどのような根拠に基づいて支払えばよいのかが，必ずしも明らかではない。日当の支払が認められるということは，すなわち，親族による本人に対する介護が金銭的に評価されているということになる。そこで，本稿では，まず，事例のような親族による本人に対する介護が金銭的に評価され得るかについて，療養看護という状態が類似する寄与分の制度を参考に，検討する（Ⅰ）。次に，金銭的に評価することができるとした場合，実際に介護の日当を支払う際の法的根拠及び留意点を検討する（Ⅱ）。最後に，親族による本人に対する介護をより積極的に評価する必要性及び家族間契約の締結の検討について述べる。

I 親族による本人に対する介護の金銭的評価

　民法904条の2は，相続人の被相続人に対する寄与行為が「特別」の寄与である場合，寄与分として法的に評価する制度である（被相続人の財産の維持又は増加をもたらしたことも要件とされるが，ここでは省略する。）。寄与行為の類型の中に「被相続人の療養看護」があり，「療養看護とは病気療養中の

被相続人を介護することである。」[2] これは親族の本人に対する介護とその態様は同じである。そうであるならば、親族の本人に対する介護が「特別」の寄与に当たる場合、本人が亡くなってからではなく生前においても、寄与分と同じように金銭的に評価することができるのではないだろうか。

親族の本人に対する介護が「特別」の寄与にあたるか

　寄与行為は「特別」な寄与行為でなければならないとされている。「特別」な寄与というのは「当該の身分関係に基づいて通常期待されるような程度を超える貢献をいう」[3]。民法上、身分関係に基づく高齢者の介護に関する義務は3つあり、夫婦間の同居・協力・扶助義務（民752条）、親族間の扶養義務（民877条1項）、親族間の互助義務（民730条）である。「これらの義務の範囲内の行為は通常の寄与であって、「特別」の寄与には当たらないとされる」[3]。それでは、介護はこれらの義務の範囲内に含まれるのであろうか。それとも、義務の範囲を超えた「特別」の寄与にあたるのであろうか。

① 夫婦間の同居・協力・扶助義務

　民752条　夫婦は同居し、互いに協力し扶助しなければならない。

　夫婦間の協力扶助義務は、身上監護を含むものであるため、夫婦の一方は他方に対し介護義務を負う。したがって、夫婦間の介護は義務の範囲内に含まれる。しかし、夫婦間であれば一切の介護が義務に含まれるという意味ではない。夫婦間の協力扶助義務は親族間のそれより高度なものと解されるので、夫婦間の寄与とされるためには、より高度な貢献が要求されるという意味である。

② 親族間の扶養義務

　民877条1項　直系血族及び兄弟姉妹は、互いに扶養をする義務がある。

　ア　要　件

　老親に対する子の扶養義務は、判例通説によれば生活扶助義務とされる。生活扶助の関係においては、扶養義務の発生には、当該身分関係の存在以外に、親が要扶養状態にあり、子に扶養能力があることの二要件が必要であるとされている。要扶養状態とは、旧民法959条で「扶養ノ

義務ハ扶養ヲ受クヘキ者カ自己ノ資産又ハ労務ニ依リテ生活ヲ為スコト能ハサルトキニノミ存在ス」と規定されており，現行法においても，この要件は要求される。したがって，要件から見ると，「資力ある老親は，身辺介護が必要になった場合に，子に対して扶養請求をすることはできない」[4]。つまり，「身辺介護の必要性のみによっては，扶養義務は発生しない」[5]ということになる。

イ　方　法

　上記要件を満たし，つまり親が要扶養状態にあり扶養義務が発生する場合であっても，その履行については，経済的扶養が原則であるとされ，実際の面倒見・介護は必ずしも履行方法とはならない。扶養義務の履行には，面倒見的扶養と経済的扶養があり，経済的扶養については強制力の発動が可能であるが，面倒見的扶養については，扶養義務者の実行意思を離れてこれを命じてみても実効性がないからである。

ウ　歴史的変遷

　歴史的に見ても，経済的扶養が原則であることが見て取れる。明治民法が成立する前の旧民法では，扶養は経済的給付（養料）として規定されていた。その後，旧法では，「家」制度を確立させ，扶養義務者に引取扶養か金銭扶養かの選択権を認めることにより，経済的給付のみならず世話も行われることが期待された。敗戦後，「家」制度が廃止され，引取扶養に関する規定は排除され，扶養義務の内容については方法も含めて当事者間の協議又は家裁の審判に委ねられることになった。したがって，扶養の方法として引取扶養を選択することは協議又は審判で可能ではあるが，旧法との比較でいえば，引取扶養の比重は明らかに低下し，その意味で扶養概念は引取扶養という形で行われる世話を含みつつも，その中心は経済的給付（金銭給付）として理解されたのである[6]。

エ　義務の一内容

　そもそも介護が扶養の義務の一内容に含まれるかについては学説上の対立がある。介護も扶養義務の一内容とする少数説（仮に「扶養説」とする。）と，介護は扶養義務には含まれず，介護と扶養は別異とする多

第3章　身分に関する行為

数説（仮に「契約説」とする。）である。[7] 契約説が有力であり、上記アイウに加え、下記のように主張する。「老人介護を家族の私的負担から社会全体の公的負担へ移転しようとする社会福祉の方向に、水をさすような扶養義務の解釈論だけはすべきではなく、老人福祉の将来を見通した現実的な解釈論を考えるべきである。」[8]「老人介護は、保健・看護・医療と連携し、これらを総合化するものとなり、そのことによって家族介護は補助的な役割しか果たせないものになるので、家族介護の第一次的責任を追認するような扶養義務の解釈をすべきではない。」[9]

オ　審判例

介護と扶養義務の関係についての審判例（大阪家審昭和59年3月31日家月37巻1号129頁）は、親族間の扶養義務の履行方法として認められている引取扶養には、扶養義務者の金銭支出に加え、扶養権利者の身辺看護という要素が含まれているから、親族間扶養にも、引取扶養とは別個に、身上監護を行う扶養が法的義務として認められると解するのが相当である。しかし、身上監護扶養は扶養義務者に長期間の労務の提供を強いることになるから、直接強制、間接強制は認められないとして、理論構成としては身上監護扶養を扶養義務の一内容として法的に扶養義務に含まれるとしているが、当事者間の合意がある場合を除いて、審判で認容されるケースはないと言ってよい[10]と考えられる。

以上により、親族間の扶養義務において、老親の介護は、無償を原則とする子の扶養義務には含まれないといえる。

③　親族間の互助義務

民730条　直系血族及び同居の親族は、互いに扶け合わなければならない。

この規定は単なる道徳的義務にすぎないとされており、介護に関して言えば、「介護の話し合いをすることを義務付ける程度の意義しか持たない」[11]（最近の学説には本条を老人「養護」義務の法的根拠と捉えるべきであるとする見解もある[12]）。

よって、介護は義務の範囲を超えた「特別」の寄与にあたるといえ、生

前においても，寄与分と同じように金銭的に評価することができると考えられる。

II 介護の日当を支払う場合の留意点

では，親族による本人に対する介護が金銭的に評価され，実際に介護の日当の支払が認められる場合には，後見人としてどのような点に留意しておくべきであるのか。

(1) 契約の締結

前述のとおり，介護は民法上の義務ではないとすれば，介護義務が発生するには，当事者間の合意，つまり，契約が必要であると考えられる。「介護の義務は，当事者間の介護サービス提供契約により設定され得る」[13] 後見人は，介護を行う親族との間で，本人の法定代理人として介護サービス提供契約を締結する。

(2) 契約の内容

① 日当の支払額

東京家裁後見問題研究会の見解では，親族としての情愛に基づいて行うべき見舞程度のレベルを超え，有償のサービス提供を受けたのと等しい労務提供に達しているような場合における日当の支払額について，「問題は支払額ですが，賃金センサスの介護職（ホームヘルパー）の平均賃金や，交通事故被害者に対する近親者の付添料などが参考資料となるでしょう。」[1] としている。

事例の場合，三女には退職して本人の介護に専念したという事情があり，「以前のお給料に見合う金額を補償してほしい。」と言われた場合には後見人としてどう対応すべきであろうか。親族に支払うのは，本人に対する介護サービスの対価であり，得られたであろう利益ではないと考えられることから，東京家裁後見問題研究会の見解に基づくべきと考える。加えて，

215

第3章　身分に関する行為

後見人には善管注意義務があり，親族に支払う日当の金額についても，一般的に適正な額である必要があると思われること，及び適正な額であるかの客観的な担保も必要であると思われることから，やはり上記のように解すべきであると考える。

② **日当の負担**

日当の負担は本人が負い，不足する場合には本人の扶養義務者がその資力の範囲内で負担することになる[15]。または，相続債務として相続人に負担させることとなる。親族が本人の相続人である場合には，介護の日当相当額は契約関係で決済されていることになるので，後日寄与分としてさらに主張することは難しくなるであろう。

③ **その他**

親族間での介護サービス提供契約は，福祉による契約と異なり，その内容を細かく明確に定めることは難しい。しかし，本人の生命・身体・人権にかかわるものであるから，契約の特徴を考慮して，ポイントを押さえておくことが必要である。

サービス提供契約という特徴から，まずはサービスを受ける本人の意思を確認し，尊重しなければならない。介護を行う親族と，その内容や質について，事前によく話し合っておく必要がある。また，親族には記録をとっておいてもらい，契約どおり履行されているか等，後見人が確認できるようにしておく。

継続的な契約であるという特徴から，後見人はいつでも解約できるようにしておく必要がある。債務不履行や，本人の心身の状況の変化に応じて，柔軟に対応できるようにしておく。一方，親族からも解約できるようにしておく必要があるであろう。介護は当事者の合意が当然の前提となるものであるからである。

(3) **契約の効果**

① **介護を行う親族にとってのメリット**

介護をする親族にとってのメリットは，寄与分との比較において大きい。

寄与分を受けることができる者は共同相続人に限られる。そのため、配偶者と子が共同相続人である場合に、兄弟姉妹が熱心に介護したとしても寄与分は認められない。また、寄与分が認められるためには被相続人の財産の維持又は増加が要件とされるので、相続人が誠心誠意をもって被相続人を介護し、被相続人が感謝していても、その介護が財産に反映されない場合、寄与分は認められない。[16] 寄与の時期について、例えば介護が長年にわたる場合、古い時期の寄与は立証が困難になるほか、被相続人の財産の維持又は増加との因果関係に明確性を欠く場合があり、評価が低くなることもある。そして、寄与分の算定は複雑であり、様々な事情の影響を受け、不安定である。契約を締結することによって、介護をする親族に対する権利の保障につながる。

② 本人にとってのメリット

契約関係とすることで、してもらっているのではなく、お互いに対等な立場となる。介護の内容や質についても、曖昧な取決めではなく、より明確に定めることができる。後見人も親族に対し要望を伝えやすくなり、履行状況のチェックも可能になる。そういったことによって、本人の意思の尊重や身上監護により効果があると思われる。

(4) 過去の日当

親族から「これまで面倒を見てきたお礼が欲しい」等、過去の分の日当を請求された場合はどうすればよいであろうか。親族と本人との間で明示的または黙示的に契約を締結しているような場合で、介護が実際になされていたかどうか、後見人が他の親族等から聴取するなどして確認できる場合には、支払うことも可能であろう。

むすび

今回の事例の場合、後見人は三女に対し介護の日当を支払うことが認められ得ると思われる。しかしながら、現実問題として、日当を支払うことがで

第3章 身分に関する行為

きるのは，本人に十分な資産がある場合に限られるであろう。資産があるのであれば，介護の専門職に頼めばいいのではないかという意見もある。しかし，在宅介護の場合には，介護保険によるサービスだけでは介護をまかなえない状況にあるのが実情であり，家族による介護は必須である。また，家族による介護は，介護の技術の問題だけではなく，本人にとっては，「家族に見守られている」という安堵感といった精神的効果が大きいように思う。これは家族であるからこそもたらされるものである。そのような理由から，たとえ資産がある場合であっても，家族による介護を積極的に評価すべきであると考える。

そして，そういった親族の本人に対する介護については，これまで，相続人による被相続人に対する療養看護として，本人亡き後，寄与分として遺産分割の場面で評価してきた。しかし，寄与分では解決されない様々な問題点も指摘されるところであり，親族間の衡平性が実現されていないことも多い。こういった問題を，生前において，財産法上の根拠，つまり契約に基づいて金銭的に評価することによって，解決できるのではないだろうか。確かに，家族間で明確な形で契約を締結することは難しい。そもそも家族間において契約をするという意識が弱く，契約内容をどうするかも判断が困難であるからである。しかし，私達司法書士が後見人として家族に関わることで，家族間での契約締結も可能となるのではないだろうか。

親族による介護が本人の身上監護に有益であるならば，法定後見においても，後見人として親族との契約を考えていくことが，近い将来には必要となってくると思われる。ただし，親族間の契約で介護を明確化することは，相続を回避する手段になったり，遺留分減殺から免れたりすることにもなりかねない。正当性の問題も含めて，契約の可否に関しては詳細な分析が必要であると考えている。

注

1）東京家裁後見問題研究会編著「後見の実務」別冊判タ36号82頁（2013）
2）谷口知平ほか編『新版注釈民法(27)相続(2)〔補訂版〕』254頁〔有地亨・犬伏由

2　親族が介護の日当を請求したとき

子〕（有斐閣，2013）
3）谷口ほか編・前掲2）250頁
4）上野雅和「介護と家族法」山中永之佑ほか編『介護と家族』100頁（早稲田大学出版部，2001）
5）上野・前掲4）102頁
6）山脇貞司「老親と子の介護契約をめぐる問題」野田愛子ほか編『新家族法実務大系第2巻親族［Ⅱ］─親子・後見─』480頁（新日本法規出版，2008）
7）山脇・前掲6）482頁
8）山脇・前掲6）483頁
9）山脇・前掲6）484頁
10）山脇・前掲6）485頁
11）上野・前掲4）105頁
12）青山道夫ほか編『新版注釈民法(21)親族(1)』141頁（有斐閣，1989）
13）上野・前掲4）103頁
14）東京家裁後見問題研究会・前掲1）82頁
15）山脇・前掲6）484頁
16）谷口ほか編・前掲2）254頁

参考文献
・執行秀幸「福祉契約─介護契約を中心に」椿寿夫ほか編『非典型契約の総合的検討』（別冊NBL142号）134頁（商事法務，2013）
・上野雅和「扶養契約─老人扶養をめぐって」遠藤浩ほか監修『現代契約法大系第7巻　サービス・労務供給契約』（有斐閣，1984）
・日本弁護士連合会「介護保険サービス契約のモデル案（改訂版）」

〔福田　麻紀子〕

第3章　身分に関する行為

3 被後見人が相続人になったとき

はじめに
Ⅰ　遺産分割を行うに際しての後見人等の基本的執務姿勢
Ⅱ　遺産分割を行うに際しての後見人等の事務に関して
Ⅲ　事例の検討
むすび

はじめに

　司法書士が，判断能力が不十分な高齢者や障害者の成年後見人・保佐人・補助人（以下「後見人等」という。）に選任されるときには，成年被後見人・被保佐人・被補助人（以下「被後見人等」という。）である本人が相続人となる相続手続が予定されている場合がある。

　筆者は，後見人等が相続手続において遺産分割を行うに当たり，相続財産に対する相続人である被後見人等の法定相続分を確保することが後見人等としての善管注意義務であると考えている。

　そのように考えると，相続財産が現金・預貯金や現金化が容易な株式・投資信託等だけの場合，あるいは，不動産が含まれても代償分割のための現金・預貯金がある場合には後見人等が遺産分割において被後見人等の法定相続分を確保することは難しいことではない。相続財産に不動産が含まれ，当該不動産が農地で相続人の一人が農業を引き継ぐ場合であったり，被相続人が営んでいた事業を相続人の一部が承継する場合には，不動産に関する遺産分割は通常は一人の相続人の単独名義や一部の相続人の共有名義とすることが良いと考えられる。しかし，このような場合で代償分割のために必要な現金・預貯金がないときには，後見人等は被後見人等の法定相続分を確保するという後見人等としての善管注意義務を果たすためには，被後見人等を含めた共有名義による遺産分割を求めることが必要となるがこれもできないこと

ではない。

しかし、後見人等は被後見人等の法定相続分を確保するだけではなく、被後見人等の財産が少ない場合においては被後見人等の将来の身上監護等を考えると法定相続分を上回る相続財産の確保に努める必要があると筆者は考えている。また、他方で、「被後見人等が将来の身上監護等に必要な財産を所有している」という条件はあるだろうが、被後見人等が他の相続人の相続分を多くすることを希望した場合、その意思を尊重するために後見人等はどのような対応が必要なのであろう。

そこで、遺産分割を行う場合の後見人等の基本的執務姿勢や事務について検討するとともに、法定相続分の確保に関し相反する二つの事例について検討する。

I 遺産分割を行うに際しての後見人等の基本的執務姿勢

被後見人等が相続人となる相続が発生したとき、多くの場合被後見人等の他にも相続人がいるため、被相続人の遺産を各相続人がどのように相続するのかを決定するための遺産分割協議が必要となる。この場合、後見人等に選任されている司法書士等の専門職は、遺産分割に当たりどのようなことに注意、配慮する必要があるのであろう。

(1) 成年後見人の場合

後見人は、「被後見人の財産を管理し、かつ、その財産に関する法律行為について被後見人を代表する。」（民859条1項）とあるように、被後見人を代理して遺産分割協議を行うことになる。さらに、「成年後見人は、成年被後見人の生活、療養看護及び財産の管理に関する事務を行うに当たっては、成年被後見人の意思を尊重し、かつ、その心身の状態及び生活の状況に配慮しなければならない。」（民858条）とあるように、後見人は被後見人を代理して遺産分割を行う場合にも、被後見人の意思を尊重し、心身の状態及び生活の状況に対しても配慮する必要がある。また、被後見人の意思を尊重すると

いう観点から、場合によっては被後見人に対し説明したり、被後見人とも相談した上で遺産分割を行うことが必要なこともあろう。

(2) 保佐人・補助人の場合

保佐人・補助人（以下「保佐人等」という。）について明文規定はないが、「遺産分割に関する手続」は保佐人等の代理権の対象行為で、代理権付与の審判があれば保佐人等が被保佐人・被補助人（以下「被保佐人等」という。）に代わり遺産分割を行うことができる（民876条の4、876条の9）。しかし、被後見人とは異なり、被保佐人等も遺産分割を行うことができるため、まず遺産分割に関し被保佐人等自らが遺産分割を行うのか、それとも重要な財産に関する判断であるため保佐人等に委ね保佐人等が代理権を行使してすすめるのか、保佐人等は被保佐人等に確認する必要がある。その結果、保佐人等が代理権を行使して遺産分割を保佐人等が行うこととなった場合でも、被保佐人等の心身の状態及び生活の状況に対して配慮することはもちろん、被保佐人等の意思を尊重するという観点から、後見人の場合よりにも増して被保佐人等に対し十分に説明し、その考えや意見を確認した上で対応する必要がある。

一方、被保佐人が保佐人の同意を得ずに合意した遺産分割協議の内容が、被保佐人の今後の療養看護や財産管理を考慮すると著しく不適当であると判断する場合には、保佐人は当該遺産分割協議を取り消すことができる（民13条1項6号・4項）。なお、取消しに当たっては、被保佐人の意思を尊重し、考えや意見を十分に聞き取り、被保佐人に対し今後の療養看護や財産管理に関し支障があること等を十分に説明した上で取消しを行うことは言うまでもないことである。補助人においても、遺産分割に関する同意権付与の審判を受けている場合は同様である（民17条1項・4項）。

II 遺産分割を行うに際しての後見人等の事務に関して

各相続人が相続財産をどのように相続するのかを決定する遺産分割協議を行う前に、相続人中に高齢や障害等を起因とする判断能力が不十分な高齢者

や障害者がいない場合であっても，各相続人は相続財産を調査するとともに相続財産の評価額を確認した上で，相続財産に関する分割協議を行うことになるのが通常である。

　未成年後見事件において遺産分割に関し選任された特別代理人が，被相続人の相続財産全体を把握せずに遺産分割を成立させたことが，未成年者保護の観点から善管注意義務違反を問われたように，相続財産の調査，確認は非常に重要な事務である[1]。

　ここでは，これらの事務において後見業務特有の注意すべき事項を考える。

(1) 単純承認・限定承認又は相続放棄の申述

　被相続人の相続財産に関し消極的財産が多く債務超過のおそれが予想される場合には，相続の開始があったことを知ったときから3か月以内において単純承認・限定承認又は相続放棄の申述をしなければならず（民915条1項），3か月の熟慮期間内にこの判断ができないと思われる場合にはその期間の伸長申立てをすることができる（民915条1項但書）。いずれも期限内の申述が必要であり，被相続人に債務超過のおそれが予想される場合には，相続財産に関する調査や評価を迅速に行う必要がある。後見人等として親族でない第三者である専門職が選任され，特に就任して間もなく相続が発生した場合には，被相続人の債務に関する情報が少なく債務超過のおそれがあるのかどうかの判断は非常に難しい。

(2) 相続財産の調査・確認における後見業務特有の事情

　① 被後見人等以外の相続人からの情報に基づく調査となる。
　② 被後見人等以外の相続人が調査に協力的ではない場合がある。

　後見等開始申立ての審判に際し，相続財産の有無も含めた財産の調査が十分に行われ相続財産が全て把握できている場合もあろうが，場合によっては被後見人等以外の相続人に説明や確認を求める等し，これに対する報告や回答に基づき再調査が必要な場合も考えられる。また，元々被後見人等を含む相続人間に相続争いがある場合には他の相続人が調査等に協力的

第3章　身分に関する行為

でないこともある。あるいは，被後見人等に関する後見等開始が申立てされる以前に被相続人の預貯金や株式・投資信託等の有価証券が解約・払戻・売却等が行われたおそれがある場合には，これらの被相続人の財産を処分したことにより被相続人が得た金銭の使途や流れも調査することが必要となる場合もあると考える。

(3) 具体的な相続財産の調査・確認方法

① 不動産に関して不明なものの存在が疑われるときは，被相続人の住所地の市町村に対し固定資産税に係る名寄帳を請求する。

② 預貯金に関する金融機関に対する取引履歴の開示請求は使途不明金を発見するための有力な方法である。

「預金者の共同相続人の一人は，共同相続人全員に帰属する預金契約上の地位に基づき，被相続人名義の預金口座の取引経過開示を求める権利を単独で行使することができる。」と判示されているので，相続人である被後見人等の後見人等も請求することができる[2]。

③ 株式，投資信託等の有価証券に関しても不明なものの存在が疑われるときは，証券会社に対し「預かり残高ならびに取引報告書」に係る開示請求を行う。また，被相続人を受取人とする生命保険金請求権に関しても，不明なものの存在が疑われるときは，保険会社に対し開示請求を行うことは必要である。

④ 現金や自動車，貴金属，絵画，骨董品等の動産に関しては，他の相続人の協力がない場合は簡単ではないが，被相続人の自宅や施設等生活の本拠を訪問し調査する。

⑤ 消極財産に関しては，他の相続人等から得られた情報により被相続人が消極財産を有しているおそれがある場合には，信用情報センターに対する情報開示請求を行う必要がある。

(4) 分割協議内容の決定に関する家庭裁判所の許可等

分割協議の内容は相続財産に対する相続人である被後見人等の法定相続分

3 被後見人が相続人になったとき

を下回らないのが原則であるが，分割協議内容を決定するに当たり家庭裁判所から許可を得る必要はない。また，遺産分割協議の結果，被後見人等が居住している不動産を相続しない場合であっても，遺産分割は処分に当たらないため家庭裁判所からの許可を得る必要はない。

しかし，後見人等は相続財産の評価方法や死亡保険金が特別受益の対象となるか否か等の判断に疑義がある場合などには，後見人等の判断や考えについて書面（大阪家庭裁判所では「連絡票」という。）を提出し裁判官の意見を確認した上で最終判断を決定することは，後見人等として善管注意義務を果す上で判断を誤らない一つの方策であると筆者は考えている。

  事例の検討

(1) 事例1

> 被後見人等が相続人となる相続に関する遺産分割において，被後見人等の法定相続分を下回る内容の分割協議につき，後見人等が合意することは善管注意義務に違反するのであろうか。

筆者自身は，後見人として被後見人の法定相続分を下回る内容の分割協議を合意した経験はない。しかし，被後見人の身上看護全般に必要な財産の確保状況，収支状況，他の相続人の被相続人の療養看護に対する特別の貢献，他の相続人が被相続人の事業を承継する等の特別の事情がある場合には，後見人は被後見人の法定相続分を下回る内容の分割協議に合意せざる得ない場合もあるのではないかと考えている。ここでは，筆者が補助人であった被補助人の妻が同人の法定相続分を大きく下回る内容の自筆証書遺言を残していたが，筆者は補助人として遺留分減殺請求を行使せず，被補助人の法定相続分を下回る内容の遺産分割協議に合意した事案を検討する。

第3章　身分に関する行為

① 事案の内容
　ア　被補助人の状況
　　介護付き有料老人ホームに入所している70歳代後半の補助類型の男性で判断能力はあるが，脳梗塞の後遺症で文字を書くのに非常に時間を要し，話すことはできるものの声が非常に聴き取り難く，財産は自宅不動産（実勢価格が約3,000万円）の他に預貯金が4,600万円で，年間収支は50万円程度の黒字である。
　イ　（被相続人である）妻及び他の相続人の状況
　　妻は後妻であり，被補助人である夫との間に子供はなく，末期の肺がんで入院しており，余命は数か月程と言われ，相続人は妻の姉1名，甥姪4名の合計5名
　ウ　補助人に対し遺産分割に関する代理権は付与されている。
② 経緯（遺言書の存在，内容等）
　ア　平成17年7月16日に夫に関する補助開始の審判が確定し，その直後の7月27日に妻が死亡した。
　イ　平成18年2月初めに妻の身上看護を中心的にしていた姪から，「平成16年10月頃に入院先の病室で，被相続人である補助人の妻の自筆証書遺言（封印なし）を本人より預かっていた」との連絡を受け，補助人は平成18年2月15日に姪から自筆証書遺言を預かった。
　ウ　遺言内容については，相続財産のうちの預貯金に関する内容が一部不明であったものの，相続財産の約80％に相当する株式，外国証券，投資信託については姉と入院中の世話をした甥，姪に相続させるとの内容であった。なお，株式等は妻が実家から相続により取得したもので，婚姻後も妻の収入により運用等を行っていたものである。
③ 補助人としての対応
　ア　被補助人に対し亡き妻が遺言書を残していたことを伝え，妻の相続財産について遺言書に基づき執行するかどうかについて，被補助人の了解を得た上で施設関係者の同席の下で3回面談し被補助人の考えや意思を確認した。

イ　上記面談から以下が確認できた。
　・　被補助人は妻が44歳の時に結婚し，妻は結婚するまで20年以上に渡り保険会社に勤務していたので妻自身の財産を有しており，60歳からは妻自身も厚生年金を受給していた。
　・　被補助人夫婦は，各自の収入により各自の財産をつくり，「被補助人（夫）が貯蓄したものは被補助人（夫）のもの，妻が貯蓄したものは妻のもの」との考えであった。
　・　被補助人夫婦は，二人が入院をし始めた直後に，生命保険の死亡保険金の受取人を被補助人の子や妻の姉に変更するとともに，妻は入院した直後の平成16年10月13日に自筆証書遺言を作成する等し，各自が自主的に死亡後の財産承継につき対応を開始していた。
　・　被補助人は，妻の相続財産に関し遺産分割協議が必要なことも理解しており，自己の財産も多くはないが（3,000万円程度の自宅不動産の他に，預貯金が4,600万円程度）今後の生活に支障がないため妻の遺志である遺言を尊重してやりたいと考えていた。

ウ　イで確認できた被補助人夫婦のこれまでの各自の財産承継に関する対応状況並びに「妻の遺志である遺言を尊重してやりたい」という被補助人の意思に基づき，遺言に対する遺留分減殺請求を行わず，預貯金に関する遺言内容が一部不明であったこともあり，相続財産の80％に相当する株式，外国証券，投資信託は妻の姉，甥，姪が取得し，これ以外の預貯金全部は被補助人が取得することとする内容の遺産分割協議を行うこととした。

エ　遺産分割協議書に署名押印するに際しては，連絡票を提出し「補助人の事務方針どおり遺産分割協議を進めてよい。」旨の裁判官からの回答を確認した上で，被補助人を代理し，被補助人の法定相続分（4分の3）を大きく下回る遺産の約20％を被補助人が相続する内容の遺産分割協議について合意した。

④　まとめ

筆者は，本事例においては，以下のような特別な事情があったため，被

補助人の法定相続分を大きく下回る内容の遺産分割協議に合意することが認められたものと考えている。

　ア　被補助人に判断能力が残存していた。
　イ　「妻の遺志（遺言）を実現してやりたい」という被補助人の意思を確認することができた。
　ウ　被補助人が自身の身上看護を継続するための十分な財産を保有し、年間収支も50万円程度の黒字であった。
　エ　被補助人夫婦が各自の収入により各自の財産を形成しており、また、遺留分減殺請求の対象となる株式等は、妻が実家から相続により取得したもので、婚姻後も妻の収入により運用等を行っており、被補助人の収入は株式等の形成・運用に投入されていなかった。
　オ　妻が入院した後に各自が生命保険金の受取人を各自の親族に変更するとともに、妻は自筆証書遺言を作成する等、各自が自主的に死亡後の財産承継につき対応していた。

(2) 事例2

> 被後見人等が相続人となる相続に関する遺産分割において、後見人等は被後見人等の法定相続分を確保するだけでよいのであろうか。

　後見人として被後見人に代わり遺産分割を行う場合には、被後見人の法定相続分を確保するだけでなく、民法858条による「身上配慮義務」に基づき、後見人は被後見人の生活、療養看護に必要な財産をできるだけ多く確保することが大切であると筆者は考えている。ここでは、筆者が補助人であった被補助人の父が死亡した際における遺産分割協議において、補助人として、他の相続人との遺産分割協議において、預貯金・株式等の有価証券は法定相続分に基づき解約・売却した金額の2分の1を取得したが、実家の土地・建物は被補助人が全部取得した。固定資産税評価額で約2,000万円相当分を余分に取得した。

3 被後見人が相続人になったとき

① 事案の内容
　ア　被補助人の状況
　　25歳の頃に仕事上のストレスが原因で被害妄想や幻聴を訴え統合失調症との診断を受け精神科に通院を開始し，44歳の時に被害妄想が激しくなり精神科病院に入院したが，統合失調症の急性期状態は3か月程で回復したので退院した。退院後は精神科病院のデイケア施設への通所や訪問看護を受けながら，賃貸住宅において一人住まいを開始した。
　　48歳のときに，肺炎により死亡した父親の相続手続が必要となり補助開始の申立てを行い，被補助人は，パソコンやエアコン等の高額製品を購入するときや公共料金や健康保険料等の口座振替手続が必要なときに補助人に依頼してくる等判断能力はある。
　　財産は，父親の相続財産を除き，預貯金・株式が約2,000万円，年間収支は約72万円の赤字で，高齢になると一人住まいが困難になる可能性が予想され，有料老人ホーム等施設入所に備えた財産の確保が必要である。
　イ　補助人に対し遺産分割に関する代理権は付与されている
② 経緯，補助人の対応
　ア　平成20年2月28日に補助開始の審判及び遺産分割に関する代理権等付与の審判が確定した。
　イ　被補助人に対し父親の相続手続について説明し，遺産分割協議は補助人が代理権を行使し行うことを確認した。
　ウ　同日から戸籍謄本等による相続人に関する調査を開始し，被相続人には30年以上前に離婚した妻との間には被補助人の他に既に死亡していたが，もう一人子供（長女）がいたこと，代襲相続人として未成年である2名の子供がいることが判明した。
　エ　平成20年4月24日に2名の代襲相続人の父親に対し相続手続に関する通知を行い同年5月17日に面会し，相続手続に関し，相続財産目録を提示し，遺産分割を行うのに当たり特別代理人の選任及び特別代理人候補者の決定が必要な旨，遺産分割協議内容の決定に際しては，被補助人

が高齢になったときの将来の身上監護費用を考慮してほしい旨を伝えた。

オ　平成21年2月18日に，利害関係人として家庭裁判所に対し代襲相続人の1名に関して，遺産分割協議を行うために子の祖父を特別代理人候補者とし，預貯金・株式等有価証券約5,400万円は法定相続により，実家の土地・建物は被補助人が全部相続する内容の遺産分割で特別代理人選任の申立てを行い，同年3月19日付けで子の祖父が特別代理人に選任された。

カ　平成21年4月28日に補助人，代襲相続人Aの親権者である父親と代襲相続人Bの特別代理人である祖父との間で遺産分割協議が成立し，平成21年5月21日以降，遺産分割協議内容に基づく預貯金の解約，株式等有価証券の売却を行い，これにより得た金銭に関し平成21年11月16日他の相続人に対する分配を完了した。

　また，実家の土地・建物は被補助人が全部相続する内容の遺産分割協議に基づき被補助人が単独名義人となる相続登記を完了した。

③　まとめ

　本事例では，遺産分割協議の相手方である代襲相続人Aの親権者である父親及び代襲相続人Bの特別代理人である祖父の二人ともが，被補助人の状況を理解するとともに，被補助人の老後の生活に対する財産確保の必要性も理解していただけたため，被補助人の法定相続分を大きく上回る遺産分割協議が成立した。通常の場合，被補助人が実家の土地・建物を全て相続するとすれば，代償分割により預貯金の解約や株式等有価証券の売却により得られた金銭は，代襲相続人Aと代襲相続人Bが多く相続することを主張されても仕方ない事例であったと考えている。

むすび

　筆者は，後見人等が相続手続において遺産分割を行うに当たり，被後見人等の法定相続分を確保することが善管注意義務であると考えており，多くの場合においてそれほど難しいことではないとはじめに述べた。成年被後見人

の多くは判断能力に支障があると考えるが，全く判断能力が無いわけではなく，意思を確認できることもある。さらに，被保佐人等の場合にはより一層判断能力が残っており，意思を確認できることが多いであろう。被後見人等に判断能力が残っており，表示された意思が確認できる場合には被後見人等の意思を確認し実現することや，被後見人等の将来の身上監護等を考慮し法定相続分を上回る相続財産を確保することを視野に入れ対応することが求められると筆者は考えている。

注
1） 広島高岡山支判平成23年8月25日判時2146号53頁
2） 最一小判平成21年1月22日民集63巻1号228頁

〔馬場　雅貴〕

第3章 身分に関する行為

4 後見人の管理行為が被後見人の遺言処分と抵触するとき

はじめに
I 遺言処分の成年後見人による撤回について（民法1023条2項の撤回）
II 処分する財産の順番について
III 処分に伴う成年後見人の責任について
むすび

はじめに

　成年後見人は，成年被後見人による遺言が存在する場合であっても，遺贈の対象となっている成年被後見人所有の不動産の売却等，遺言の内容とは異なる生前処分を行い，成年被後見人の今後の生活費を捻出せざるを得ないようなことはよくあることである。ところで，遺言の内容に抵触する生前処分がなされた場合には，抵触する部分については，遺言を撤回したものとみなすとされている（民1023条2項による撤回擬制）。それでは，成年後見人が遺贈の対象となっている不動産を，成年被後見人の生活費を捻出するために処分した場合，民法1023条2項の遺言の撤回との関係はどうなるのであろうか。
　また，例えば，成年被後見人が作成した遺言書が，成年被後見人名義の複数の不動産を，別々の者に遺贈するとする内容のものであった場合，成年後見人としては，いずれの不動産を処分するべきか，あるいは，いずれの不動産を先に処分するべきか，判断に迷うところであり，難しい問題である。さらに，成年後見人が，遺言の内容に抵触する処分行為を行ったことにより，あるいは，処分する不動産の順番等により，後になって受遺者であった相続人等から何らかの責任を問われる可能性があるのか否かについても非常に関心のあるところである。
　そこで，ここでは，I．成年後見人による遺言の内容に抵触する生前処分

行為と民法1023条2項の撤回との関係，Ⅱ．複数の不動産を別々の者に遺贈する内容の遺言があった場合に，成年後見人は処分の順番をどのようにして決定すべきかについて，そして，Ⅲ．それにより，成年後見人が何らかの法的責任に問われる可能性があるのかについての考察を行いたいと思う。

I 遺言処分の成年後見人による撤回について（民法1023条2項の撤回）

　まず，成年後見人の権利・義務について，民法858条で「成年後見人は，成年被後見人の生活，療養看護及び財産の管理に関する事務を行うに当たっては，成年被後見人の意思を尊重し，かつ，その心身の状態及び生活の状況に配慮しなければならない。」と規定されているように，成年後見人は身上配慮義務を負っている。また，民法859条1項で「後見人は，被後見人の財産を管理し，かつ，その財産に関する法律行為について被後見人を代表する。」と規定しているとおり，成年後見人は，成年被後見人の財産を管理する財産管理権を有している。この管理権には，不動産の売却等の処分行為も当然に含まれ，「後見人は，被後見人の財産に関する法律行為について，これを代理する権限を有する（法定代理権）」[1]。

　したがって，成年後見人は，成年被後見人が生活をしていくうえで必要な場合には，成年被後見人が所有している不動産を売却して金銭を捻出し，それをもって，成年被後見人の生活費にあてることにより，適切に身上配慮義務を果たすことが必要であり，また，身上配慮義務を果たすために必要な法律行為を行うための適切な代理権も有しており，有効に不動産を売却することができる。

　それでは，成年後見人が，適切に身上配慮義務を果たすために，成年被後見人の遺言の内容に抵触する生前処分を行った場合，民法1023条2項の撤回との関係はどうなるのであろうか。

　民法1023条2項の撤回について，「抵触する生前行為による撤回が擬制されるためには，遺言者本人が，遺言に抵触する生前処分その他の法律行為を

することが必要である。したがって，遺言者の法定代理人が遺言に抵触する行為をした場合，また，遺言者の債権者が遺贈の目的である不動産を競売した場合，それによって遺言の内容が実現されないことがあっても，それは民1023条2項による撤回の擬制のためではない」[2]。「遺言をしても，その後，気持ちが変われば，本人がそれと矛盾する行為をすることはありうる。そこで，本人が遺言内容と抵触する行為をした場合には，民法も遺言を取消（撤回）したものとみなすこととしている（1023条）。これはあくまでも本人の最新の意思を尊重する趣旨の規程であるから，本人の意思に基づく行為でなければならない。このような観点から，遺言者の法定代理人（成年後見人もこれに含まれる）による抵触行為はこれに含まれないと解されている。従って，遺言者が判断能力を失った後に，その意思に関係なく，後見人によって，遺言の内容が変更されることはない」[3]とされる[4]。

したがって，この説では，民法1023条2項による生前処分その他の法律行為によって撤回の効力が生じるためには，遺言者自身が生前処分その他の法律行為をすることを要し，成年後見人による処分行為がなされた場合であっても，撤回の効力は生じないことになる。

もし，成年後見人による遺言の内容に抵触する生前処分行為がなされた場合であっても，民法1023条2項の撤回の効力は生じないとする説のとおりに考えた場合，遺言の効力が生じた時（成年被後見人が死亡した時），遺言執行者は，成年後見人によって既に処分された遺贈の対象不動産を受遺者に引き渡さなければならないこととなる。しかし，不動産は既に処分されているため，不動産の取得者と受遺者との関係をどのようにとらえればよいのであろうか。対抗問題として解決を図ることになるのであろうか。あるいは，代償金として，不動産相当価額を受遺者に引き渡すことになるのであろうか。その場合には，その金員はどこから拠出することになるのであろうか。このように考えると，成年後見人による処分行為に撤回の効力を認めないとした場合，遺言執行の段階において様々な問題が生じる可能性があるのではないかと思われる。

成年後見人による遺言の内容に抵触する生前処分行為と民法1023条2項の

撤回との関係に関しては,「このことと,後見人が本人の生活費を捻出するためにその預金を消費できるかどうかとは別の問題である。後見人は,被後見人の生活,療養看護につき配慮しかつ財産を管理する権限を有しているから(858条,859条),それに必要な範囲で本人を代理してその財産を処分することもできる。本人の生活費は本人の財産から支弁するのが原則であるから,他に適当な資産がなければ,本人の銀行預金を引き出して生活費に当てることは,後見人として当然にできる代理行為である。もちろん,後見人には善管注意義務(過失なく財産管理をする義務)が課せられているから,その義務に反するような消費であれば,損害賠償責任が発生する。預金が正当に消費された場合には,その結果,遺言の一部分が実現不可能になるが,それはやむを得ないことである。例えば,遺贈の対象であった建物が焼失した場合も遺言は実現できないが,その場合と同様である」[5]。また,後見制度支援信託に関する部分の記述ではあるが,「後見人には,本人の意思を尊重する義務(民法858)はありますが,遺言書を発見する義務や,遺言に従う義務はないことから,信託を利用した結果,遺言の内容を実現することができないこととなっても,責任は生じません」[6]として,遺言の内容に抵触する処分行為を成年後見人が行うこと自体は容認しているものと思われる記述もある。しかし,このいずれもが,「別の問題」,「やむを得ないこと」,「遺言に従う義務はない」とするのみであり,成年後見人による遺言の内容に抵触する生前処分行為に撤回の効力までをも認めたものではないものと思われる。成年後見人による遺言の内容に抵触する生前処分行為は認められるが,その処分行為に撤回の効力は認められないとすると,結局,問題は解決されないことになるのではなかろうか。

　成年後見人による処分行為に遺言の撤回の効力を認めない趣旨としては,民法1023条の規程が,あくまでも本人の最新の意思を尊重する趣旨の規程であることから,その処分行為も,本人の意思に基づく行為でなければならない,とするものである[7]。しかし,遺言者が成年被後見人という状況になってしまった場合にも,本人にしか遺言の撤回行為をすることができないとすることには,問題があるものと考える。先にも述べた生活費を捻出するため

第3章　身分に関する行為

の不動産の売却や，例えば，遺言者が養子縁組をして，養子に不動産を遺贈する旨の遺言書を作成したものの，養子の不行跡のために，後に離縁をしたが，遺言を書き換える前に認知症となり，成年被後見人になってしまったような場合はどうであろうか。遺言者の意思を推定する場合，もし，遺言者が成年被後見人になっていなかったならば，恐らくは，生活費を捻出するために遺贈の対象となっている不動産を売却したであろうし，また，養子への遺贈の撤回行為を行ったのではなかろうか。

しかし，成年後見人の処分行為が遺言者（成年被後見人）の推定される意思に適ってなされたものであるかどうかで，遺言の撤回の効力の有無を判断するということは，恐らく非常に困難なことであり，法律関係を極端に不安定なものにするものと考える。

そこで，筆者は，成年後見人によって遺言の内容に抵触する処分行為がなされた場合には，遺言の撤回の効力を認めるべきではないかと考える。成年後見人は成年被後見人の法定代理人であり（民859条1項），代理人の行った行為の効力は本人に帰属するという代理の原則（民99条1項）に則り，成年後見人による遺言対象不動産の処分行為の効力は，遺言者たる成年被後見人に帰属し，結果，遺言の撤回の効力が生じると考えるものである。これについては，「遺言者カ遺言ヲ為シタル後其法定代理人カ是ト抵触スル法律行為ヲ為シタルトキハ如何曰ク法定代理人ノ行為ハ法律上本人ノ行為ニ均シキカ故ニ亦本條第二項ヲ適用スヘキモノトス例ヘハ十五年以上ノ未成年者又ハ禁治産者カ遺言ヲ為シタル後其親権者又ハ後見人カ其遺言ノ目的物ヲ他人ニ譲渡シタル場合ニ於テハ其遺言ハ取消サレタルモノト看做スヘキモノトス」[8]とする記述がある。

ただし，その処分行為は，成年後見人が適切に成年被後見人に対する身上配慮義務を果たし，適切な成年後見業務を行うために必要な範囲で認められるものであり，後でも述べるが，もし，その処分行為が，財産管理にあたって成年後見人に課せられる善管注意義務（民869条による644条の準用）や身上配慮義務（民858条）に違反し，成年被後見人に損害が発生するような場合には，成年後見人は，受遺者に限らず，成年被後見人本人や，その親族等か

ら損害賠償責任を問われうるものであると考える。

II 処分する財産の順番について

　Iで述べたように，適切に成年後見業務を行い，成年被後見人に対する身上配慮義務を果たすために必要な範囲であれば，成年後見人による，結果として遺言の内容と抵触する財産の処分行為であっても認められるものであると考えるが，甲不動産はＡ，乙不動産はＢへ遺贈するといった受遺者が異なる内容の遺言である場合には，どちらの不動産を，あるいは，どちらの不動産から売却すべきであろうか。これが不動産ではなく預貯金である場合であっても同じ問題が考えられる。

　この問題を考えるにあたっては，これまでにも出てきている身上配慮義務について考える必要があるものと考える。身上配慮義務については，民法858条にその根拠を求めることができる。民法858条では，「成年後見人は，成年被後見人の生活，療養看護及び財産の管理に関する事務を行うに当たっては，成年被後見人の意思を尊重し，かつ，その心身の状態及び生活の状況に配慮しなければならない。」と規定している。「身上監護についても財産管理についても，成年後見人による事務処理のあり方が被後見人の身上に重大な影響を及ぼす可能性は大きい。そこで本条は，後見事務の執行にあたって，被後見人の意思の尊重およびその心身の状態・生活の状況への配慮を成年後見人の善管注意義務として定めた（身上配慮義務）。とりわけ「被後見人の意思の尊重」は，成年後見制度改正の理念（自己決定の尊重）を明確に示すものである」[9]とされる。

　そこで，成年後見人が，いずれの不動産を処分すべきかについて決定する際には，成年被後見人の心身の状態・生活の状況を配慮した結果，その不動産の処分が必要であること（例えば，他に利用しうる財産があるにもかかわらず，不動産の処分をしようとしていないか），そして，いずれを処分するかの決定においては，成年被後見人の意思の尊重あるいは意思の推定というところが重要なポイントとなってくるものと考える。以下に，筆者が考えるポイン

第3章　身分に関する行為

を掲げる。

(1) 本人自身の意思・言葉

　他に利用できる財産が無く，いよいよ遺贈の対象となっている不動産を売却しなければならないときには，成年被後見人の意思を尊重して処分する不動産を決定すると言うことになろう。

　成年被後見人の意思を尊重して処分する不動産を決定するということであるが，成年被後見人であるからといって一律に意思能力が完全にないものと考えるべきではなく，その現有能力には個々で差がある。成年被後見人自らが，いずれの不動産を処分したいかの意思を表明できることもありうるであろう。そのような場合には，成年被後見人の意思に基づいて選択された不動産を売却することとなろう。

(2) 本人の推定される意思の探求

　しかし，やはり，完全には自らの意思を表明できないような場合も多くあろうかと思われる。このような場合でも，成年後見人が安易に勝手に処分すべき不動産を決定するのではなく，成年後見人は，成年被後見人が意思決定をするためのあらゆる支援を行い，成年被後見人自らが，いずれの不動産を売却したいのか決定することの支援を行ったり，あるいは，成年被後見人の意思を推定するための情報収集手段の一つとして親族や周囲の関係者等を活用し，そこから可能な限りの情報を収集するなどの努力をして，得られた情報に基づいて成年被後見人の推定される意思を探り，その推定される意思に基づいて，処分すべき不動産を決定すべきであろうと考える。

　意思決定の支援といった考え方は，現在の世界の成年後見制度の流れとなってきており，障害者権利条約を批准した日本においても，今後，ますます，意思決定支援の方向に向かうものと思われ，わが国のこれからの方向性とも合致する考え方であると考える。

(3) 総合的・現実的判断

　それでも，どれだけ努力をしても処分すべき不動産を決定できないような場合もあろうかと思われる。そのような場合には，身上配慮義務を果たすために必要となる最小限の範囲での売却から始めるべきではなかろうかと考える。具体的に言うと，まずは安価な方の不動産から売却すべきではないかと考える。そして，その不動産の売却によって得た金銭を，成年被後見人の身上監護に必要なことに使用し，再び現金が不足する事態になれば，あらためて，身上監護に必要な現金を得るために，残されている不動産を売却すべきではないかと考える。

　しかし，一方の不動産は山林や畑で，もう一方は宅地であるような場合に，安価な不動産は容易に売却できず，高価な不動産の方が売却しやすいようなことも考えられる。先に安価な不動産を売却することを十分に検討した上で，結果として高価な不動産を売却しなければならないような場合には，それはやむを得ないことであると考える。なぜならば，もし，成年被後見人が，例えば認知症に罹患せず，成年被後見人となっていなかったとしても，生活するために現金が必要であれば，不動産を処分して，その処分によって得た現金を生活費に充てていたであろう。背に腹はかえられないから，たとえそれが自分の意思に反していたとしても，売れる方の不動産を売却せざるを得なかったであろう。

　そして，この問題については，何も遺言の対象不動産の売却の場合にのみ固有の問題ではなく，遺言が無い通常の相続の場合でも同じ問題である。いずれの不動産が相続財産となるかについては，相続人にとっては重要な関心事であるからである。

　もちろん，以上に述べたこと以外にも，成年後見人は，善管注意義務をしっかりと意識して，売却に際して適正な価額で売却することや，処分する不動産が居住用不動産である場合には家庭裁判所の許可を得なければならないということ（民859条の３）は言うまでもない。また，居住用不動産ではなく，処分にあたり家庭裁判所の許可が必要でない不動産の処分であっても，いずれの不動産を処分すべきか等については，事前に十分に家庭裁判所と相

談しておくことが望ましいと思われる。

III 処分に伴う成年後見人の責任について

　成年後見人は，成年被後見人の財産を管理する財産管理権を有し，その管理する財産を処分する権限も有する。そして，成年被後見人の財産に関する法律行為について，これを代理する権限も有する。また，成年後見人は，成年被後見人に対する身上配慮義務も負っていることから，成年被後見人の生活費を捻出するために必要がある場合には，遺言の対象となっている不動産を売却することもやむを得ないことである。したがって，成年後見人が，遺言の内容に抵触する処分行為をしたということのみをもって，直ちに何らかの責任を問われるということはないものと考える。

　ただ，遺言の対象となっている不動産の処分に関しては，「成年後見人は被後見人の財産を管理する権利と義務を有しているから，必要があれば，不動産を換金しなければならないが，その不動産が遺言によって特定の者に相続または遺贈されていることが分かっている場合には，当該不動産の処分は慎重にすべきである。他の方法があるのに，売却処分したような場合には，善管注意義務違反の責任を問われる恐れがある」[10]とする。

　また，遺言の対象になっている不動産の処分固有のものではないが，「下級審裁判例ではあるが，後見人が（旧）禁治産者の不動産を廉価で売却したことが，後見人の善管注意義務に違反し，不法行為にあたるとしたものがある（東地判平11.1.25判時1701・85）」[11]。

　こうして考えると，不動産の売却に伴う成年後見人の責任については，なにも遺言の対象になっている不動産を売却した場合にだけ発生する固有の問題ではなく，不動産の売却全般について発生する可能性がある問題であると言うことができる。

　つまり，成年後見人が適切に成年被後見人に対する身上配慮義務を果たし，適切な成年後見業務を行うために必要な範囲で行った処分行為として認められるものであるかどうかをもって，成年後見人による処分行為の適法性を判

断し，もし，その処分行為が，財産管理にあたって課せられる善管注意義務（民869条による644条の準用）や身上配慮義務（民858条）に違反し，成年被後見人に損害が発生するような場合には，成年後見人は，受遺者に限らず，成年被後見人本人や，その親族等から損害賠償責任を問われうるものであると考える。

したがって，不動産を処分する際には，善管注意義務違反に問われないよう十分に配慮したうえで処分を進める必要があると言えるが，その一方で，成年後見人による遺言の内容に抵触する処分行為に撤回の効果を認めることは自然なことであると考える。

むすび

　成年被後見人が遺言をしている場合には，成年後見人が遺言の対象である財産について処分等の行為を行ったとしても，その処分行為は遺言の撤回の効力を有しない，そのために，成年後見人自身は処分行為もできない，と考えてしまうと，成年被後見人の生活はたちまち立ちいかなくなってしまい，事実上，後見業務を遂行することが不可能な事態に陥ってしまうことは容易に想像がつく。また，多くの場合，遺贈の対象として預貯金が含まれている。日常の生活を送るための資金として，遺贈の対象となっている預貯金から出金すらできないということになると，成年後見人は，成年後見業務の財産管理はおろか身上監護すら果たすことができないということになる。このようなことになれば，成年後見制度自体の大きな問題になってくる。

　そもそも財産管理や身上監護をすることができないような状況にもかかわらず，成年後見人が身上監護義務違反又は善管注意義務違反に問われ，損害賠償責任を負うことになるのであろうか。これは，まったく現実的ではない。

　成年後見人は，身上配慮義務を果たすために必要な法律行為を行うための適切な代理権を有しており，有効に不動産を売却することができるため，成年後見人による遺言の内容に抵触する処分行為がなされた場合には，その処分行為に撤回の効力を認めるべきではないかと考える。その結果，その部分

第3章 身分に関する行為

の遺言は撤回されたこととなり，その遺言の内容を実現することはできなくなるため，受遺者や相続人においては，その限りで不利益を被ることとなるが，それが，成年後見人に要求される適切な身上配慮義務を果たすためになされた処分行為である限りにおいては，その処分行為から，成年後見人に対する責任は生じないものと考える。ただし，その処分行為が，善管注意義務（民869条による644条の準用）や身上配慮義務（民858条）に違反し，成年被後見人に損害が発生するような場合には，成年後見人は，受遺者に限らず，成年被後見人本人や，その親族等から損害賠償責任を問われうるものであると考える。

　成年後見人は，成年被後見人の不動産を処分する際には，当然に十分な注意と検討を要しなければならず，不動産の売却に先立っては，他に利用できる財産が無いか，他に利用できる財産があるのであれば，まず，その財産を成年被後見人の生活のために消費し，それが無くなってから，遺言の対象となっている財産を処分すべきでないか，また，売却する価格は適正かどうか等を慎重に検討に検討を重ねたうえで処分する必要があろう。どのようなことが善管注意義務違反に該当するかについては，個々の事例によっても異なるであろうが，これらのことを十分に検討することもなく，ましてや，あまりにも廉価な価格で売却したような場合には，成年後見人は善管注意義務違反に問われる可能性があろう。

　こうして考えると，例えば，成年被後見人が施設に入所していて自宅に戻れる可能性も少ないような場合に，成年後見人が，その管理に手間がかかる等の理由のみをもって（この理由により家庭裁判所が処分の許可を出すかどうかは別として），成年被後見人所有の不動産を売却しようと考えることは，特に遺言書の存在が明らかになっているような場合には注意が必要である。売却の必要性があることが重要であり，それを十分に検討することなく，それが無いにもかかわらず，売却してしまうことには問題があるものと考える。

注
1）松川正毅・島津一郎編『別冊法学セミナー　基本法コンメンタール　親族』

259頁〔神谷遊〕（日本評論社，第5版，2008）
2）久貴忠彦編集代表『遺言と遺留分　第1巻　遺言』309頁（日本評論社，第2版，2011）
3）田山輝明『続・成年後見法制の研究』299頁（成文堂，2002）
4）その他，生前処分その他の法律行為によって撤回の効力が生じるためには，遺言者自身が生前処分その他の法律行為をすることを要するとする学説につき，「撤回が擬制されるためには，それが遺言者の意思の推測を主たる立法理由とするところから，まず，生前処分ないし法律行為が撤回権を有する遺言者自身によってなされたものであることが必要である。遺言者の法定代理人による抵触行為，他人の不法行為による滅失など，すべて撤回の効力を生じない」（中川善之助・加藤永一編『新版注釈民法(28)相続(3)〔補訂版〕』405頁（有斐閣，2002）），「撤回の効果が生じるためには，遺言者自身による生前処分・法律行為であることが必要である。遺言者が生前行為を他人に委任して代理権を授与した場合には，任意代理人の抵触行為は，遺言者自身の抵触行為と同視される。法定代理については，本人の意思とは関係なく行われるものであるから，撤回の効力を認めると，法定代理人が実質上遺言の効力発生を差し止める権限を有する結果にもなる。したがって，法定代理人の抵触行為があっても，撤回の効力を認めるべきではない（阿部徹「遺言の取消し（撤回）」講座家族法6―六九頁）」（松川＝島津・前掲1）207頁〔二宮周平〕），「なお，かつて，法定代理人の行為は法律上本人の行為とみなしうるから，法定代理人による抵触行為も撤回の効果があるとし，たとえば，15歳以上の未成年者または禁治産者〔現―成年被後見人〕が遺言をした後その親権者または後見人〔現―成年後見人〕が遺贈目的物を他人に譲渡した場合も撤回の効力を生ずるとする見解が見られたが（梅417），妥当ではあるまい」（中川＝加藤編・前掲同頁）など。
5）田山・前掲3）300頁
6）東京家裁後見問題研究会「後見の実務」別冊判タ36号48頁（2013）
7）田山・前掲3）299頁参照
8）梅謙次郎『民法要義巻之五（相続編）』417頁（有斐閣，復刻版，2001）
9）松川＝島津・前掲1）258頁〔神谷遊〕
10）田山・前掲3）300頁
11）同上

〔石田　頼義〕

第3章　身分に関する行為

> **コラム4**
> **会社経営者が被後見人になったとき——事業承継——**

　小さい会社の株式のほとんどを保有する筆頭株主が精神上の障害により判断能力を喪失した場合，会社の経営が行き詰まってしまうことにもなりかねない。このような緊急時に就任した第三者である専門職後見人が会社の事業承継に関わることができるのか，本人の代理人として議決権行使を行うことができるのか。成年後見制度の目的は判断能力の衰えた本人の身上監護及び財産管理をすることにより，本人の権利擁護を行うことである。以下のような事例で専門職後見人に，何ができるのかを考えてみる。

事 例

　X株式会社の筆頭株主で社長であるA氏は，会社の唯一の取締役である。A氏は「この会社は俺の会社だ。自分が立ち上げ，頑張って大きくしてきたこの会社は自分の人生そのものだ。」と常々言っている。X株式会社の業績は好調で規模が小さいながらも業界での需要は今後も見込まれ，会社としては順風満帆，A氏は社員からも対外的にもトップとして信頼されている。ところがA氏は最近物忘れが多くなったことに不安を感じてはじめている。この間も大切な顧客との面談をすっかり忘れてしまい，あやうく破談になるところであった。この時は，即座に対処し事なきを得たが，その後，ますます症状が悪化し，病院で診察を受けることになった。診断結果は「アルツハイマー型認知症」。A氏は自分のことよりも会社の行く末に言いようのない不安を感じている。医師の診断によれば「後見相当」であった。A氏の妻はA氏が会社の経営者という難しい立場であることから司法書士Bを後見人の候補者として後見開始の審判申立てを行い，Bが成年後見人に選任された。そして，A氏は取締役の欠格事由に相当し，取

コラム4　会社経営者が被後見人になったとき―事業承継―

締役を退任することになった（会社331条1項2号）。

I　規模の小さい会社の株式

　筆頭株主が唯一の取締役であるという会社は，よく見られる。このような会社では創始者あるいはその相続人が会社のほとんどの株式を持っているのが通常である。株主総会も実際は開かれることもなく，社長の判断で全てが決まっていく。そのようなワンマン経営者がしっかり判断ができる状態であれば，むしろ安全な状態である。規模が小さい会社においては，一人の経営者が経営ノウハウ（業務経験，知識，人脈，経営理念，リーダーシップ等）を持っており，全ての責任を引き受ける。このことにより，対外的にも「A氏の会社」という評価がなされている。事業承継はこのような会社形態の場合，徐々に株式をはじめとする経営の実権を承継していくことができれば理想的である。ところが事例のように急激にワンマン経営者の判断能力が衰えてきた場合あるいは全く喪失してしまった場合，株式は単に被後見人の財産ということではなく，会社経営そのものの問題に波及することになる。被後見人が自社株式や事業用資産を持ち，会社債務の連帯保証人でもある。会社の全ての権利義務を背負っている者が正常な判断ができなくなったような場合，会社はかなり危機的な状況に陥ることになる。成年後見申立てをしたとしても，申立てから審判が下されるまでには4ヶ月近くかかることもあり，その間，株主総会が開催できず，新しい取締役を選任することもできない。その後に就任する成年後見人は，早急に事態を把握し，株主である被後見人の代理人として対応する必要がある。

　株式には2つの側面がある。つまり，財産としての株式と経営に係わる権利義務としての株式である。配当を受ける権利，資産としての株式という面では財産と見ることができ，株主総会における議決権としての株式という面では経営権と見ることができる。この2つの性質は，分けて考えていかなければいけない。なぜなら，株式を財産と考えるならば，「被後見人の財産を処分する必要がある場合は，後見人の責任で，被後見人に損害を与えないよう，処分の必要性，他の安全な方法の有無，被

後見人の財産の額などを検討して，必要最小限の範囲で行う」というのが裁判所の基本姿勢であることから[1]株式は価格が低下する危険性があり，元本割れを起こすことが考えられ，安全な現金に変えてしまうといった方法を取ることになる。これに対して，株式を経営権と考えるならば，価格安定とはかかわりなく，株主として，この先の会社経営のことに留意する必要がある。被後見人の意思を尊重し，今後も会社経営に適した後継者に引き継ぐことができるまでは，株式を保持する。その後，事業承継を行う等の対応が考えられる。

Ⅱ　事業承継と成年後見制度

(1)　議決権行使と管理行為

被後見人自身は，保佐あるいは後見開始の審判がなされると，取締役の欠格事由に相当することになり（会社331条1項2号），取締役の資格を喪失し退任することになる。取締役や代表取締役が欠けていて株主総会をすぐに開催できないという状態であれば，裁判所に対して，一時取締役等職務代行者（仮役員）選任申立てをすることが考えられる（会社346条2項。代表取締役につき同351条2項）。一時取締役等職務代行者（仮役員）は，中立性を確保するため，原則として，裁判所が適任と考える弁護士を選任する[2]選任された職務代行者が株主総会を召集し，正式に取締役及び代表取締役など会社の後継者を選任することになるだろう。そして役員選任の次に考えなければならない問題は，被後見人の保有する株式の処分である。取締役の選任と保有する株式の処分は別問題であるが後見人の対応としては，並行して行ったほうが良いように思える。経営権と財産権は分離されているとはいえ，小さい会社においては，家族で会社のことをよくわかっている者が後継者となることが大半であり，株式についても一定の後継者に集中させることが事業承継をスムーズに行うにはいいと考えられるからである。

成年後見人は，被後見人の財産の保存行為及び管理行為を行うことができる[3]ことから株主総会において議決権を代理して行使することができると考えられる。ただし，今後の会社経営を左右する重大事である取締役選任やその他重要事項を，今まで会社の経営にかかわってきたわ

けでもない第三者である後見人が議決権を代理行使することについては慎重に考えなければならない。

(2) 今後の課題と対策

　成年後見人は，ノーマライゼーションの観点から，本人の意思尊重を第一に考えなければならない。ただし，本人が意思能力を失ってしまっている状況においては，財産の保全をまず優先すべきと考えられる。後継者問題はあくまで会社の問題で本人の権利擁護には直接結びつかないからである。

　家庭裁判所においては，困難な成年後見案件で，親族後見人よりは第三者後見人を選任する傾向にあるが，本件のような事例は専門職であっても事例が非常に数少なく対応が難しい。現状では法整備が適正に行われていないのに後見人には善管注意義務が課せられ，しかも，明確な成年後見人の財産管理の範囲は明示されていない。

　中小企業の事業承継に関しては，中小企業庁も事業承継円滑化に向けた総合的支援策に乗り出し，[4]「事業引継ぎ相談窓口」や「事業引継ぎ支援センター」の設置により，問題解決に向けた取組みがなされている[5]。

　高度な専門知識を必要とする事業承継に係わる後見事例が増えてくることが予測される状況において，成年後見人が一人で問題を抱え込むのではなく，前記のような経営者が相談することのできる機関や成年後見人を支援するサポート体制の整備，成年後見実務に精通した人材の育成が望まれる。

参考文献

1) 東京家庭裁判所・東京家庭裁判所立川支部「成年後見人保佐人補助人Q&A」11頁　Q10　被後見人の財産の処分（平成25年1月）
2) 大阪地裁ホームページ
　http://www.courts.go.jp/osaka/saiban/minji4/dai2_6
3) 於保不二雄＝中川淳編『新版注釈民法(25)親族(5)〔改訂版〕』407-408頁（有斐閣，2004）
4) 中小企業庁・中小企業事業承継ハンドブック～これだけは知っておきたいポイント29問29答～平成23年度税制改正対応版
5) 中小企業庁ホームページ　財務サポート「事業承継」平成25年4月

5日

　後継者不在などで，事業の存続に悩みを抱える中小企業・小規模事業者の方の相談に対応するため，「産業活力の再生及び産業活動の革新に関する特別措置法（以下「産活法」という）」に基づく全国47都道府県の認定支援機関に「事業引継ぎ相談窓口」を設置しております。

　また，特に事業引継ぎ支援の需要が多い全国7箇所に「事業引継ぎ支援センター」を設置しております。

※　「事業引継ぎ」とは，後継者不在などで事業活動を継続できない企業が，事業を他の企業に売却し，事業を引き継いでいただくことです。
http://www.chusho.meti.go.jp/zaimu/shoukei/2011/110630Hikitsugi Madoguchi.htm

〔上野　博子〕

第4章 特別寄稿

台湾の後見と介護

台湾の後見と介護

Ⅰ　はじめに
Ⅱ　後見報酬請求の裁判例
Ⅲ　親族後見人の報酬の特徴と機能

I はじめに

(1) 介護行為は成年後見人の職務内容ではない

　成年後見制度は，主として判断能力の不十分な成年者を支援するための制度である。しかし，台湾の成年後見人の権限は，財産に関する法律行為についての代理権のみならず，身上に関する行為についての代行決定権をも有している。すなわち，成年後見人は，本人（被後見人）の代わりに施設入所契約や医療契約等を締結し，必要な費用を本人の財産から支出することができるに止まらず，個々の医療行為，例えば，手術や電気けいれん療法に対する同意をも代行することができる[1]。これに対して，日本では現在のところ，成年後見人には手術や治療行為へ同意権（代諾権）がないと一般的に解されている[2]。つまり，台湾の成年後見人の権限の範囲は極めて広く，法律行為に限られないといえる。

　とはいえ，成年後見制度は，本人の判断力の低下を支援するものであり，身上の世話を約束するものではない。成年後見人は広範な権限を有するが，それはあくまで代行決定者[3]であり，事実行為としての介護活動等に従事することを要求されていない。つまり，成年後見人は，「成年被後見人の生活，療養看護及び財産の管理に関する事務を行うに当たっては，成年被後見人の意思を尊重し，かつ，その心身の状態及び生活の状況に配慮しなければならない」（台湾の民法1112条）が，自らおむつを替え，食事を口に運ぶような介護や身の回りの世話を職務内容とするものではない[4]。このことは台湾

249

の法律の明文や文献には記載されていないが，台湾の民法1111条の2は，本人の介護に従事する法人やその代表者・責任者ないし当該法人と雇用・委任等の関係を有する者が，成年後見人に選任されることを禁じている。なぜなら，それらの者の利益は本人の利益と相反する可能性があり，成年後見人として適任ではないからである。この規定から，利益相反のため，成年後見人が（有償な）介護サービス提供者を兼ねてはならないという帰結を導くことができる。

(2) 親族後見人兼介護者の現実とその問題

しかし，台湾の後見の実状はこのような結論とは甚だ異なる。まず，台湾では親族後見人が90％以上を占めており，残りの多くは公的後見で，専門職後見人が少ない。[5] 次に，台湾では介護保険制度がまだ導入されておらず，本人の介護や身の回りの世話についていえば，施設に入居しまたはヘルパーを雇い在宅して介護してもらう者は確かに存在するが，本人の資力や心身状況等の理由から，親族である後見人と同居し，後見人とその家族から介護サービスを得る者も決して少なくない。[6] 介護の仕事が重い負担であることに鑑みれば，介護契約は有償であるべきで，介護者が報酬を請求し得るという考え方は徐々に浸透してきている。しかし，家族間の介護に対する清算の法的な枠組みは，未だに欠如しており，とりわけ介護者が後見人またはその家族である場合は，問題は一層複雑となる。

介護者である後見人が介護の仕事の対価を求める事例を想定しよう。上述したように，本来，介護者である後見人が，本人との間に介護契約を成立させるわけにはいかない（これは利益相反行為であるのみならず，台湾の民法1102条は後見人が本人から財産を譲り受けることを禁止する。）ので，直接に介護の報酬を請求することは困難である。このことは日本及び台湾でも同様である。ただし，少なくとも日本には寄与分制度があり，このような介護は，被相続人の財産の維持又は増加についての特別の寄与として，遺産分割の際に考慮される可能性がある。これに対して，台湾には寄与分制度が存在せず，相続の過程で評価されないため，結局は，介護者である後見人は，形を変えて後

見の報酬を請求することとなる。つまり，台湾では，後見人の報酬請求は，性質として介護の報酬請求を兼ねている場合もあると考えられる。

次節では，台湾の後見報酬請求に関する裁判例を取り上げ，具体的な事案の中で，どのようなサービスが，後見として認められ，報酬を請求することができるのか，その中に介護の清算の部分が含まれているのか，あるいは親族間の互助と評価されて，報酬請求が拒まれるのか等についてさらに検討を加える。

II 後見報酬請求の裁判例

台湾の民法1104条は，「（未成年者の）後見人は報酬を請求することができ，その金額は，裁判所が後見人の労力および被後見人の資力を斟酌し決定する。」と定め，さらに，1113条により，同条は成年後見人にも準用される。これに基づいて，家事事件法 3 条 5 項11号は，「後見人報酬（請求）事件」を戊類事件として位置づけ，非訟手続によると規定している（同法74条）。また，前述のとおり，民法1102条は後見人が本人から財産を譲り受けることを禁止しているので，成年後見人は，本人の財産から何か（報酬）を得るためには，非訟手続による報酬決定という裁判所の手続を経由しなければならない。現在台湾における裁判は公開されているため，司法院の「法学資料検索システム」[7]で，2013年末までの全ての裁判所における後見報酬請求の事件を調べた結果，合計14件[8]の事件が得られた。裁判所が認めた報酬金額は月 0 元から 8 万元までででばらつきが多い。本稿は，親族後見人の後見報酬には，介護に対する評価が混入するのではないかという問題意識から出発するので，以下では，まず第三者後見人の事件を取り上げ，その報酬額と考慮要素を観察してから，親族後見人の事件を検討し，両者の違いを比較することとしたい。

(1) 第三者後見人の報酬請求事件

14件のうち，台北地院97家声13，新北地院102家訴114，士林地院94財管47

と彰化地院103監宣28の4件は第三者後見人の報酬が関係する事件である。また，前述したとおり，第三者後見人の多くが，公的後見すなわち県・市の社会局が後見人として選任される類型の後見であり，公費で後見事務に従事するため，報酬を請求することはない。したがって，この4件は，いずれも公的後見ではなく，専門職後見人のケースである。

① 台北地院97家声13

このケースは成年後見制度が改正される以前すなわち禁治産宣告の時代の事案である。旧法では，禁治産者の後見人は，一定の範囲の親族からの人選に限られており，そのような親族が存在しない場合に，はじめて裁判所によって選任されることになる（旧法1111条）。この事件は本人に親族が存在しないから，裁判所が弁護士を後見人に選任した珍しいケースである。後見人は，2005年12月の選任から2008年3月の本人の死亡まで，約2年3か月間後見事務に従事した。本人の財産が裕福なのであろうか，裁判所は，本人の死亡後，財産を清算し，剰余を相続人に引き渡すよう後見人に命じるとともに，後見報酬として総額900,000元を認めた。単純に計算すれば，1か月で33,333元である。しかし，当該弁護士が具体的にどのような仕事をしてきたのか，禁治産者がどのような生活状態であったのかははっきりしない。

② 新北地院102家訴114と士林地院94財管47

二件目の新北地院の決定と三件目の士林地院の決定は，実は同じ事件であるにもかかわらず，二つの裁判所が下した判断には大きな差が出ている。本件の被後見人Zは台湾に相続人がない男性の退役軍人で，最初は某財団法人が経営する有料老人ホームAに入居したが，2001年に症状が悪化し，別の病院に転院し，同年4月1日に禁治産宣告を受け，裁判所はAの責任者のBを後見人に選任した。2004年2月にZは死亡したが，遺産が1千万元以上あった。士林地院94財管47は，Bが実際に被後見人の介護をしておらず，その仕事内容は定期的に病院へ見舞いに行き，Zの有価証券，印鑑，通帳を保管するに過ぎず，負担が重いとはいえないとして，34か月間の後見報酬について一括して3,000元しか認めなかった。

これに対して，Bが不満を持ったのであろうか，Bは自らの後見報酬請求権をAに譲渡した。Aが8年半後の2013年にZの遺産管理人に対して後見報酬を請求したのが新北地院102家訴114である。今回は，裁判所は，Aの主張すなわち当時の最低賃金月額15,840元をもって後見の34か月間に乗じた538,560元（これもまたBの士林地院94財管47における主張）を全面的に認容した。しかし，新北地院102家訴114は，Bの仕事内容について，士林地院94財管47と異なった認定をしておらず，なぜ報酬が月15,840元なのかについて明確に述べていない。

③　彰化地院103監宣28

　四件目は，後見人が弁護士，財産目録作製の立会人が県の社会福祉士という事例である。この事件以前に，同裁判所は101監宣155でZの後見開始を認め，後見人の選任に当たって，以下のように家族関係等を整理した。Zには4人の子（A，B，C，D）があり，後見開始前にはAと同居し，Aに面倒を見てもらっていたが，AはZに暴力をふるい，裁判所によって保護命令を出されたことがある。また，BとCは，Aが他に恐喝，文書偽造，名誉毀損等の犯罪に関わるのみならず，Zの数百万元の財産を横領したと主張し，Aとの間に頻繁に争いが起こっていた。Dは中立であるが，農家であり月6～7,000元の収入しか得られないため，Zを世話する余裕がないと主張した。101監宣155は，AとB・C間の信頼関係がまったく存在せず，お互いに協力して母のZの後見事務に従事することが期待できないこと，Zの財産の行方をまず確認する必要があることから，中立で客観的な専門家すなわち弁護士を後見人に選任した。2年後に，Aが，弁護士である後見人の解任を求めたのが本件（彰化地院103監宣28）であり，そこから，後見人の報酬が毎月12,000元で，被後見人の財産総額が400万元であることが見て取れる。裁判所は，Aの解任の申立てを棄却したが，弁護士である後見人の辞任を認めた。

④　小　括

　以上の4件は全て専門職後見人による後見であり，後見人が被後見人と同居しておらず，事実上の介護や面倒見がなく，その仕事はもっぱら財産

管理（または他の意思代行決定）である。また，後見人は被後見人の親族ではない「赤の他人」であるから，報酬請求は当然だと裁判所も考え，請求自体が棄却されることはなかった。この点は親族後見人の状況とは大きく異なっている。それはともかく，同じく財産管理を中心とした専門職後見人の職務であるのに，なぜ報酬額が総額3,000元から，月12,000元・15,840元・33,333元等と大きく異なっているのか。民法1104条の挙げる考慮要素は後見人の費やした労力と被後見人の資力の二つである。上述した四つの裁判例の中で，3の彰化地院103監宣28では，被後見人の子の間に争いがあり，そのうちの1人（A）が後見人である弁護士に対して（根拠なく）殺人未遂や名誉毀損等の刑事告訴及び後見人解任の申立てを提起し，様々な妨害を加えており，後見人にとっては負担が最も重い事件であろう（現実に後見人はそれに耐えきれず辞任を求めた。）。他の3件は，いずれも身寄りのない高齢者であり，周囲には複雑な親族間の葛藤がない。それにもかかわらず，3の彰化地院103監宣28は後見報酬として月12,000元しか認めていない。おそらく，被後見人の財産の多寡が報酬を左右する要因ではないだろうか。とりわけ，被後見人がすでに死亡し，遺産が多いにもかかわらず相続人が存在しない事件では，裁判所は後見報酬を寛大に認める傾向がある。

(2) 親族後見人の報酬請求事件

14件の裁判例の中で，10件が親族後見人の事件である。これらの裁判例を，報酬額がゼロ（つまり申立ての棄却），低額（10,000元以下）と高額の三つのカテゴリーに分けて分析を加えることとする。

① 報酬請求が棄却されたもの

後見人の報酬請求が棄却された事件は，台北地院100監181，新北地院99監宣15，台中地院102監宣170，屏東地院100家声206の4件であり，その理由も類似している。

台北地院100監181では，被後見人は老人ホームに入居しており，裁判所は，後見人（被後見人の息子）が被後見人の死亡まで2～3年間は後見職

務に従事したものの，介護や療養監護ではなく，実質には定期的な見舞いやリハビリテーションへの同行に過ぎず，これは本来子の親孝行というべきであり，後見の報酬を請求することはできないと判示した。ちなみに，被後見人の遺産は8件の不動産と現金287,197元であり，後見人が請求した報酬も287,197元である。

　二件目の新北地院99監宣15も類似した事件であり，被後見人は施設に入居しており，後見人すなわち80歳の配偶者（夫）は，見舞いをしているに過ぎず，報酬を請求し得ないとされている。

　台中地院102監宣170は，同じく後見人は息子であり，被後見人が生前に老人ホームと病院に入所し，すでに死亡したケースである。裁判所は，「後見人は被後見人の子であり，被後見人の世話をする責任を負い，後見人が被後見人の入院・転院・手術・看護等の事務を処理し，送迎することは，子のすべき親孝行である。」と述べ，さらに，後見人の入院治療や看護費用は全て自らの財産によって支払われたので，後見報酬の請求を認めなかった。

　屏東地院100家声206は，やや特殊な事案である。すなわち被後見人は施設ではなく，後見人（被後見人の兄）と同居しているが，被後見人は知的障害者だが健康状態は良好であり，財産が約180万元で，後見人の仕事は食事の提供や病院への送迎などに限られていた。また，被後見人の生活費は月9,870元程度であり，全て自らの貯金から支弁されていた。裁判所は，兄である後見人は本来，被後見人の面倒を見る扶養義務を負い，かつ現在の後見職務が単純なものだからという理由で，報酬の請求を認めなかった。

② **報酬が低額のもの**

　このカテゴリーに属する事件には，台北地院101監宣332，100監402，台中地院101監宣742，南投地院88監10の4件がある。

　台北地院101監宣332の事実関係は，上述の①の裁判例と若干類似する部分があり，すなわち，被後見人は10年以上に渡り施設に入居しており，その息子が後見人である。ただし，この事件の後見人は，一般的な財産の保管のほか，被後見人の所有する建物をリフォームした上で，賃貸して利益

を上げていた。そのためか，裁判所は，「子の親に対する面倒見・世話の義務は，後見人の報酬請求とは異なる法律関係で」あり，月3,000元の報酬を認め，後見人の職務を積極的に評価した。ちなみに，本件の被後見人は，不動産を所有するほか，毎月21,875元の高齢障害手当を得ており，3,000元の後見報酬には被後見人の生活費用は含まれていないと推測できる。

二件目の台北地院100監402では，後見人は被後見人の娘であり，9年半に渡って後見職務に従事しており，最初に被後見人を施設に入所させ，その後，被後見人のために家屋を賃借し，さらに購入し，24時間のヘルパーを雇った結果，報酬は月8,333元（年100,000元）と認められた。ただし，被後見人の資産状況や生活費の由来は不明である。

三件目の台中地院101監宣742の事実関係は，上述①の屏東地院100家声206に若干類似する。すなわち，被後見人は知的障害者であり，その兄が後見人で，両者は同居していたが，被後見人の財産は335万元であり，自ら食事し，ペットと散歩し，歩行は可能であり，健康状態は良好であった。後見人によれば，被後見人の衣食等の生活費用は，全て後見人の財産によって支払われてきた。裁判所は，後見事務が必ずしも過重なものとはいえないという理由で月8,000元の報酬を認めた。

四件目の南投地院88監10も知的障害者のケースであるが，その生活費用は後見人が立て替えていたようで，最後に認められた報酬は月6,000元（当時の所得税の扶養控除額）である。

③ 報酬が高額のもの

残りの2件すなわち台北地院101監宣488と101監214は，比較的高額な報酬が認められたケースである。

台北地院101監宣488では，被後見人Zは900万元の財産を有し，その長男A（とその同居者）が実際に介護を行っており，介護状態は適切であるが，Aは他の3人兄弟B・C・Dとは性格が合わなかった。裁判所は，在宅介護がZの利益に適うとした上で，身上監護の後見人にAを，財産管理の後見人として次男Bを選任し，Zの重要な財産をBに保管させ，Bが毎月Z

の生活費である20,000元を特定の口座に振込みAに使用させることを命じた。これに対して，実際にZを介護する後見人Aは，後見報酬を求めたが，裁判所は，Zが自力で歩行できず，一人で放置されると危険があり，常に同伴者が必要である状況，さらに，一般の介護施設の費用が月30,000～35,000元であり，専門の24時間ヘルパーの費用は月60,000元～66,000元であるものの，「家族介護が専門的な介護とは質が異なるため，同一の価格では計算できない」という理由から，Aに対して月35,000元の後見報酬を認めた。

台北地院101監214では，後見人は被後見人の息子であり，仕事を辞め，配偶者とともに24時間で介護していた。ところが，その後，後見人自身が病気に罹り，介護ができなくなり，外国籍ヘルパーを雇い，在宅介護を続けた。裁判所は理由を詳しく述べてはいないが，月80,000元の後見報酬を認めた。

④　小　括

報酬請求が棄却された事件の共通点は，後見人は被後見人に生活費と介護サービスを提供していないことである。被後見人のために，医療契約・入院契約・看護契約の締結を支援したり，食事や送迎を提供したりすることは，親孝行や扶養義務等，裁判所により用語が異なるが，負担は軽い，すなわち親族間の無償の助け合いに過ぎないと位置づけられている。仮に後見人がそれ以上のサービスを提供していたケース，例えば，被後見人の不動産を積極的に修繕し，賃貸して利益をあげていた場合には，ようやく月3,000元の報酬が認められることになる。その上，月6,000元～8,000元の報酬のケースでは，後見人は介護まではしていないが，被後見人の日常生活の費用を立て替えたものであり，報酬には，生活費が含まれている。最後に，35,000元や80,000元のような異常に高額な報酬には，明らかに後見人が提供した介護サービスの対価が含まれている。

III 親族後見人の報酬の特徴と機能

　日本では裁判所が成年後見人の報酬額の目安を公表しており，原則的には管理財産額が高ければ報酬が高く，また，身上監護等に特別困難な事情があった場合等には付加報酬が付けられる。また，親族後見人による報酬の申立てがあった場合は，この報酬額の目安を参考に事案に応じて減額されることがある。[9] 台湾には専門職後見人が少ないためか，このような報酬額の目安は未だ存在しない。とはいえ，以上の台湾の裁判例を見ると，専門職後見人の報酬額は確かに被後見人の資産額と関係している。また，専門職後見人と親族後見人の職務執行に対する評価は確実に異なっており，すなわち，専門職後見人が必ず報酬を得られるのに対して，親族後見人はそうではない。親族後見人による財産管理行為が被後見人の資産の維持や増加に間違いなく貢献した場合には，後見の報酬は少ないものの，一応は認められる。しかし，親族後見人が行った身上監護に関する法律行為すなわち医療契約・入院契約・看護契約・介護契約等の代理締結や手術同意等の意思代行決定等は，「親孝行や扶養義務等」と性質決定される傾向がある。[10] ただし，この「扶養義務」は民法上の扶養義務とは意味が異なる。裁判所の真意は，このような行為は親族間の支え合いや助け合いに属し，無償であるべきだということであろう。

　また，親族後見人の報酬額の幅（ゼロから月80,000元まで）は，専門職後見人のそれ（一括3,000元から月33,000元まで）より大きい。なぜなら，親族後見人の報酬額には，純粋な財産管理と身上監護の職務の対価のほか，立て替えられた生活費の償還や介護サービスの対価のような，本来は後見人の報酬請求とは別の法理で清算すべきものが混入しているからである。このような事態は，被後見人と同居せず自分では介護を行わない専門職後見人では発生しようがない。とはいえ，介護は，重い負担であり，その市場化の進展により，親族間の助け合いには必ずしも含まれない有償的なものと認識されつつあるので，これを何らかの方法で評価すべきであろうというニーズは現実に存在

している。寄与分制度のない台湾では，相続の場面で親族間で提供された介護を清算するのは困難であり，そこで，後見の報酬は一つの突破口となった。このような考え方は，Ⅱの(2)の③で紹介した台北地院101監宣488に如実に現れている。すなわち，裁判所は，自ら介護行為を行うのは後見人の職務に適さないという法原則を捨て，介護者のＡ（被後見人の長男）を身上監護の後見人に選任し，報酬の考慮要素としてＡとＡの事実婚の配偶者の介護行為を明確にあげている。仮にこのような事例が日本で問題となった場合は，裁判所はおそらく，仲の悪いＡ（長男）とＢ（次男）のいずれも後見人に選任することなく，中立な第三者である専門職後見人を選任し，さらに，後見人によって業者との間に介護契約が結ばれるのではないかと推測する。しかし，専門職後見人の不足が深刻であり，市場での介護サービスが高価で，かつ相続法に相続人の寄与に対する評価方法がない台湾では，被後見人に支援する仕事を，いかに葛藤をかかえた親族間で分担させ，公平に評価するかが裁判所の重要な課題である。本稿は，後見人の報酬がその一つの調整措置として利用されていることを明らかにしたと考える。当然ながら，これで全ての問題を解決できるわけではなく，例えば，仮に実際の介護者が（日本で多く見られるような）長男の嫁であるものの後見人として選任されていない場合には，後見人の報酬という方法で介護を評価することは不可能である。したがって，将来はやはり親族による介護や身辺の世話を適切に評価する法的な枠組みを整備し，後見を純粋な意思決定の支援に戻すべきではないかと考える。

　＊本稿は，科技部103年度専題研究計画「成年監護代行決定基準之研究」（MOST 103-2410-H-002-055）の研究成果の一部である。

注
1）成年後見人の代行決定権の行使に対する審査のメカニズムは存在しない。しかし，優生手術や重大な身体の手術等は本人の人格ないし生命に密接に関わるため，このような軽卒な定め方には多くの問題が含まれている。黄詩淳「台湾の成年後見制度の概要と特色」新・アジア家族法三国会議編『成年後見制度』

125-128頁（日本加除出版，2014）
2）法務省民事局参事官室『成年後見制度の改正に関する要綱試案の解説——要綱試案・概要・補足説明』43頁（金融財政事情研究会，1998）
3）台湾の現行法が，本人を行為無能力者とした（民法15条）上で，成年後見人に包括的な代理権を与えている（同法1113条による1098条１項の準用）ため，本人に必要な法律行為はすべて成年後見人によって代行される。また，前述したように，手術への同意等，法律行為でない事項にまで，成年後見人の代行決定権が認められている。しかし，このような代行意思決定（substituted decision-making）の制度設計は，国連障害者権利条約12条の趣旨に反しかねない。詳しくは，黃詩淳「從身心障礙者權利公約之觀點評析臺灣之成年監護制度」月旦法學233期145-148頁（2014）を参照。
4）このことは日本でも台湾でも同様である。日本の状況については，河上正二『民法学入門——民法総則講義・序論〔第２版増補版〕』234頁（日本評論社，2014）
5）黃詩淳「不動産の処分に対する台湾の裁判所の許可から成年被後見人の利益を考える」成年後見法研究10号116頁（2013），「『監護宣告之實務與課題』座談會記錄」黃詩淳・陳自強編著『高齡化社會法律之新挑戰：以財產管理為中心』392頁（新學林，2014）
6）現実に台湾では介護付の有料老人ホームは，月額の費用は35,000台湾元である（2015年10月15日の為替レート0.27で計算したら，約129,630日本円に相当する。）。これに対して，労働保険の高齢年金では，標準報酬月額の最高額の43,900元及び加入期間が30年という条件で計算すると，毎月得られる年金は24,497元に過ぎない（2015年10月15日の時点の試算結果）。そのため，介護付の有料老人ホームは台湾の一般の労働者にとっては費用負担が困難である。
7）http://jirs.judicial.gov.tw/Index.htm　なお，未成年者又は性犯罪に関する裁判内容は公表されないが，事件自体の存在すなわち裁判番号は判明できる。
8）検索方法は，キーワード欄に「監護宣告＆報酬」また「輔助宣告＆報酬」を入れた。そうすると，後見報酬の請求の申立てはもちろん，他の類型の申立て（例えば後見の開始や後見人の解任）の中に，後見人の報酬が言及・判断されるものも検索に当たる。結局は，台北地院101監宣332，101監宣488，101監宣214，100監402，100監181，97家声13，士林地院94財管47，新北地院102家訴114，99監宣15，台中地院102監宣170，101監宣742，彰化地院103監宣28，南投地院88監10，屏東地院100家声206，合計14件が該当する。例えば，「台北地院101監宣332」とは，台北地方法院（家事庭）が，民国101年度（1911を足すと西暦年，

すなわち2012年）の監宣332号の決定である。
9）東京家庭裁判所・東京家庭裁判所立川支部「成年後見人等の報酬額のめやす」
http://www.courts.go.jp/tokyo-f/vcms_lf/130131seinenkoukennintounohoshugakunomeyasu.pdf#search='成年後見人等の報酬額のめやす'（2013年1月1日）
10）親族後見人ではなく，専門職後見人の場合に関する検討ではあるが，日本でも，財産管理に対する評価が高く，身上監護に関する評価が低いという後見現場の不満が指摘されている。馬場雅貴「後見人等に対する報酬」松川正毅編『成年後見における死後の事務——事例にみる問題点と対応策』（日本加除出版，2011）165頁

〔黄詩淳〕

成年後見における意思の探求と日常の事務
——事例にみる問題点と対応策——

定価:本体2,800円(税別)

平成28年1月29日　初版発行

編　者　松　川　正　毅
発行者　尾　中　哲　夫

発行所　日本加除出版株式会社
本　社　郵便番号 171-8516
　　　　東京都豊島区南長崎3丁目16番6号
　　　　ＴＥＬ　(03)3953-5757(代表)
　　　　　　　　(03)3952-5759(編集)
　　　　ＦＡＸ　(03)3953-5772
　　　　ＵＲＬ　http://www.kajo.co.jp/
営業部　郵便番号 171-8516
　　　　東京都豊島区南長崎3丁目16番6号
　　　　ＴＥＬ　(03)3953-5642
　　　　ＦＡＸ　(03)3953-2061

組版・印刷 ㈱郁　文／製本 牧製本印刷㈱

落丁本・乱丁本は本社でお取替えいたします。
Ⓒ 2016
Printed in Japan
ISBN978-4-8178-4284-8 C2032 ¥2800E

JCOPY 〈出版者著作権管理機構 委託出版物〉

本書を無断で複写複製(電子化を含む)することは、著作権法上の例外を除き、禁じられています。複写される場合は、そのつど事前に出版者著作権管理機構(JCOPY)の許諾を得てください。
また本書を代行業者等の第三者に依頼してスキャンやデジタル化することは、たとえ個人や家庭内での利用であっても一切認められておりません。

〈JCOPY〉 ＨＰ：http://www.jcopy.or.jp/, e-mail：info@jcopy.or.jp
　　　　電話：03-3513-6969, FAX：03-3513-6979

| 日本司法書士会連合会　会長推薦 | (公社)成年後見センター・リーガルサポート　理事長推薦 |

成年後見における死後の事務　事例にみる問題点と対応策

松川正毅 編
2011年2月刊 A5判 288頁 本体2,800円＋税　978-4-8178-3903-9　商品番号：40419　略号：死後事務

財産管理の理論と実務

水野紀子・窪田充見 編集代表
2015年6月刊 A5判上製 596頁 本体7,000円＋税　978-4-8178-4236-7　商品番号：40589　略号：財理

これからの後見人の行動指針　よりよい後見事務の道しるべ
(公社)成年後見センター・リーガルサポート 編著
2015年5月刊 B5判 144頁 本体1,500円＋税　978-4-8178-4229-9　商品番号：40585　略号：後指

成年後見監督人の手引き
(公社)成年後見センター・リーガルサポート 編著
2014年9月刊 B5判 240頁 本体2,500円＋税　978-4-8178-4188-9　商品番号：40564　略号：成監

成年後見教室　実務実践編　3訂版
(公社)成年後見センター・リーガルサポート 編著
2013年2月刊 A5判 332頁 本体2,500円＋税　978-4-8178-4063-9　商品番号：40372　略号：成教実

成年後見教室　課題検討編　2訂版
(公社)成年後見センター・リーガルサポート 編著
2010年10月刊 A5判 304頁 本体2,500円＋税　978-4-8178-3891-9　商品番号：40373　略号：成教課

これで安心！これならわかる
はじめての成年後見　第2版　後見人の心得　お教えします
(公社)成年後見センター・リーガルサポート 編著
2015年6月刊 B5判 80頁 本体1,000円＋税　978-4-8178-4235-0　商品番号：40253　略号：安成後

かんたん記入式
成年後見人のための管理手帳　第2版
(公社)成年後見センター・リーガルサポート 編著
2014年2月刊 B5判 112頁 本体1,000円＋税　978-4-8178-4142-1　商品番号：40403　略号：成手

12人の成年後見人　たった一つの人生に捧げる後見物語
(公社)成年後見センター・リーガルサポート 編著
2008年2月刊 A5判上製 432頁 本体3,400円＋税　978-4-8178-1362-6　商品番号：40199　略号：成後見

日本加除出版
〒171-8516　東京都豊島区南長崎 3 丁目16番 6 号
TEL (03)3953-5642　FAX (03)3953-2061 （営業部）
http://www.kajo.co.jp/